莊雅琦等 著

百年文心
——政大中文學人群像

文學 叢刊

文史哲出版社印行

國家圖書館出版品預行編目資料

百年文心：政大中文學人群像 / 莊雅琦等著.
-- 初版 -- 臺北市：文史哲，民 96.08
頁； 公分--（文學叢刊；189）
ISBN 978-957-549-729-3（平裝）

857.85　　　　　　　　　　96015816

文　學　叢　刊　　189

百　年　文　心
政大中文學人群像

主　　　編：張　　　　堂　　　錡
編　輯　者：林　淑　禎 · 林　家　儀
封面設計：陳　　招　　　財
著　　　者：莊　雅　琦　等
出　版　者：文　史　哲　出　版　社
http://www.lapen.com.tw
e-mail：lapen@ms74.hinet.net
登記證字號：行政院新聞局版臺業字五三三七號
發　行　人：彭　　正　　雄
發　行　所：文　史　哲　出　版　社
印　刷　者：文　史　哲　出　版　社
臺北市羅斯福路一段七十二巷四號
郵政劃撥帳號：一六一八〇一七五
電話886-2-23511028 · 傳真886-2-23965656

定價新臺幣四四〇元

二〇〇七年（民九十六）八月初版

ISBN 978-957-549-729-3　　　08189

序：生命風景的美好交會

張 堂 錡

1

　　這是一本具有歷史、文學、生命意義的人物報導作品集。從 2006 年的初夏，到 2007 年的盛夏，由中文系選修「報導文學」課程的近百位學生共同完成。

　　對所有政大中文系的師生來說，它將成為一份美好歲月的見證，一種真實生命的紀錄，以及中文系五十年系史上溫暖而動人的一頁。同時，它也是中文系五十多位專、兼任教師一次集體的發聲，訴說著身為大學學術研究者、教學者的曲折心情與這一路上滿盈的收穫。從某個意義上說，它是政大中文系師生之間情感交流、心靈碰撞的生動呈現，也是這些美好生命在特定時空交會後的圖景再現。

　　兩個夏天，有許多故事在此發生。「報導文學」課程，成了一個平台，讓系上許許多多位有故事的人，將他們的生命體悟、生活觸感，像說故事一般，告訴採訪的學生，記錄下來，編織成這本書中一幕幕精采的生命風景。這是課堂理論延伸的產物，而這樣的構想，源自於「報導文學」這門學科的特性。

2

　　報導文學是一種講究行動、追求實踐的文類，正如《人間》雜誌的創辦人陳映真所言：「教室就在採訪的現場，老師就是受訪

的對象。」理論滔滔不絕，理念口沫橫飛，都不如拿起紙筆，走向
人群，以關懷的心、注視現實來得實際而有用。

　　從歷史發展的角度看，這個介乎文學與新聞的年輕文類，興
起於知識分子紛紛走出學院、靈魂躁動不安的七〇年代，在《人
間》副刊主編高信疆指揮若定的手勢下，風起雲湧於威權解體、
思想多元的八〇年代，最終在解嚴之後、九〇年代的前夕，隨著
《人間》雜誌的黯然停刊而逐漸沉潛下來。從理論探索的角度看，
深度報導、調查報導到「新新聞學」，德俄與歐美的理論共同促成
了報導文學春天的來臨，向文學借火，向新聞越界，報導文學有
著複雜難以釐清的身世，同時，也有著不可低估的動能與潛力。
作爲一門學科，歷史、理論都是不能迴避的重要課題。然而，一
個文類的誕生與發展，是奠基在無數作家筆下一篇篇精采的作品
上；文類理論的構成，也是研究者在無數出色作家與作品的歸納
整理中思索而得。換言之，離開了作家與作品，一切文類的歷史
與理論都將如風中之塵沙、空中之樓閣，虛幻、可疑、遙遠。

　　報導文學尤其如此。理論的分析與歷史的回眸，只是爲投入
實際書寫的行動做好準備而已。新聞的眼，文學的筆，親臨現場
的體驗，現實脈動的捕捉，人道關懷的批判，人文理想的堅持，
在在使得報導文學能與生活貼近，與心靈對話，

　　與社會同步，與時代接軌。作爲一個報導文學的寫作者，他
必須體認到，只有深入生活的底層去觀察，認真而謙卑地向每一
個受訪對象學習才有意義，這樣的書寫才有價值。

3

　　我們對報導文學的期待如此，要求也如此。這本書的編輯完
成，雖然離上述的理想還有一段距離，但每一位採訪寫作者的用

心與專注，認真與謙卑，卻是值得肯定的。這是他們親身採訪經驗的練習發表，也是集體行動書寫的成果呈現，無論如何，他們已經朝著報導文學的寫作之路邁出了讓人驚艷的第一步。

在報社工作近十年，講授採訪寫作與報導文學也多年，深深覺得一切的採訪都離不開人物，可以說，人物採訪是報導文學的中心，也是每個採訪者必須終生面對、學習與投入的功課。一如電影《阿甘正傳》裡的那句名言：「人生就像一盒巧克力，你永遠不知道會拿到哪一顆。」人物採訪也是這樣，你永遠不能預期會踏入什麼樣的生命風景，看到什麼樣的精采內容。人物報導的惱人在此，迷人也在此。為了讓修習「報導文學」課程的學生能體會這種挑戰與樂趣，我總會要求他們必須交出一份採訪報導的作業，在字裡行間，看他們是否學會用眼觀察、用心傾聽，並且掌握受訪者的內心世界。

這兩年所開設的報導文學課程，由於修習的學生大都是中文系的學生，這讓我興起了採訪本系老師的構想。事實上，一直就希望能將系上的老師以這種方式編輯成冊，因為政大中文系就像一個和樂融融的大家庭，不論是同事相處，還是師生之間，都親如家人，有情有義有活力，如果能從學生的角度，將他們平日敬愛的師長們許多深刻、生動、生活的另一面呈現出來，應該是一件有情味、有意義的嘗試。同時，政大中文系的老師們，也是一個出色而富競爭力的學術團隊，在許多學術領域都有傑出的表現，如果能留下他們在學思歷程上的真實紀錄，不論對學界同行、未來的學弟妹們，都將會是一份很好的參考材料。

這個念頭縈繞於心久矣，如今得以實現並出版成書，心中十分快慰。

4

　　在編排上，本書共分三輯，並以姓氏筆劃爲序。輯一是目前在本系專任的老師，共三十五位；輯二是目前在本系兼任的退休老師，共十三位；輯三則是負責系上行政事務的五位助教。在此，必須由衷感謝每位老師的寬容與支持，抽空接受採訪，修改學生的作業，並留下美麗而珍貴的身影；也要感謝每位參與同學的積極投入，抽籤時的興奮、採訪時的緊張、寫作時的苦惱、下標題時的用心，最後準時無誤地全部交齊作業，我都清晰記得並感念於心。「一個都不能少」，是我們共同的約定，最終它實現了。

　　中文系前主任、文學院王文顏院長，以及現任的林啓屏主任都對這個構想的實現提供了大力的支持；林淑禎助教則自始至終關心並給予積極的協助；林家儀犧牲睡眠、用心編排的付出，都容我在此一併致謝。原本學生的作業中附有和老師合影的照片，可惜因爲各圖解析度的差異無法收入，留下一絲遺憾。還好，文史哲出版社彭正雄社長不僅答應出版此書，還願意加入許多彩色圖片，填補了這個遺憾，在出版業極不景氣的今天，他對文化教育的熱心付出與對友朋的豪爽真情，令人感念，在此誠摯地向他表達我們的謝意。

　　2007 年的夏天，我們不只共同完成了一份恐怕將「空前絕後」的作業，更彌足珍貴的是，我們得以和這些美好的生命風景交會，並因此在自己的生命史上留下一道秀異的風景線，在將來的歲月裡，時時浮現。

2007 年 6 月於百年樓

百 年 文 心

政大中文系學人群像

目　　次

輯　二

輯　三

對所有中文系的師生而言，一切故事都在百年樓揭開序幕。

在綠樹掩映中，百年樓散發著濃厚的人文氣息。

百年樓一隅。遠處有山，我們在山中上演著屬於我們的一頁傳奇。

2007 年夏天，百年樓中庭盛開的鳳凰花，燦爛得像一場夢境。

紅磚綠樹，走過小徑，百年樓就在眼前。

令人望而生畏的行健道，是我們
通往貓空的捷徑。

在藍天白雲襯映下，百年樓頓時
顯得氣勢不凡。

兩隻白鵝，是文學院新添的生力軍。2007年夏天，
生了十六顆蛋。

纍纍的香蕉，是中文系王文顏老師努力耕耘的成果。

多久以前的事了？從王夢鷗老師和學生們合影中，可以看到
好多位老師當年「清純」的模樣。

2002年聚餐。右起張雙英、唐翼明、張堂錡、朱自力、
劉紀華、林素珍、耿湘沅、熊琬老師。

2003 年於系務會議結束後在季陶樓的一次難得合影。

2006 年聚餐合影。右起黃美娥、李癸雲、蔡欣欣、
洪燕梅、王志楣老師。

2006 年聚餐合影。右起劉又銘、廖棟樑、林宏明老師。

2007 年 6 月在亞太會館聚餐合影。有人退休，有人升等，
氣氛歡樂中有感傷。

2007 年 6 月聚餐合影。右起呂凱、丁敏、林麗娥、劉紀華、高桂惠老師。

中文系老師的信箱。各種活動、學術信息都在這裡往返投遞，當然也包括學生交的作業。

系上老師的部分學術成果。對學術的熱忱與活力，這是
最具説服力的見證。

本系學生曾經辦過的刊物，琳瑯滿目，才華洋溢。

2004 年春天，黃志民老師與同學共遊貓空杏花林。

2004 年北區迎新活動學生留影。

2004年包種茶節。前排左邊第一位就是無所不在的
百年樓一小萬。

2004年文化盃比賽，中文系學生賣力演出。

2004 年書法比賽。

2005 年運動會，王文顏老師與同學一起滾大球。

2005 年包種茶節，高莉芬老師與同學合影。

2006 年啦啦隊比賽，青春、活力又美麗的精采演出。

2006 年迎新宿營，在小叮噹遊樂園區。

2006 年包種茶節，羅宗濤老師與師母到攤位上給同學鼓勵。

2006年文化盃比賽。別緻的服裝，天籟般的歌聲，交織成令人難忘的回憶。

2006年文化盃比賽後，林啓屏、高莉芬老師來給同學們鼓勵。

2006 年壘球系際盃冠軍。林啓屏、馮藝超老師與同學合影。

2007 年「大衍百年」政大中文系 50 週年系慶晚會，
啦啦隊精采的表演。

輯　一

一顆寧靜平和的心

── 丁敏老師專訪

莊 雅 琦

笑起來像小孩般天真可愛，這是我對丁敏老師的第一印象。

踏進老師的研究室，擺設得十分雅致，且充滿著寧靜平和的氣氛。書桌旁的小窗上，掛著透明材質、炫麗繽紛的窗簾，增添了研究室的風采，亦將外界塵世的紛擾隔絕了，讓處在其中的人，可以全然地沉浸在寧靜自在之中。

老師的父親是海軍，極愛中國文化與哲學，常常對老師述說中國文化的博大精深，在耳濡目染之下，老師漸漸喜歡上迷人的中國文化。

國中時，九年義務教育的教育政策實施不久，師資十分良莠不齊，老師的物理老師教得很差，於是她直接到校長室，爭取學生的權利，跟校長表達希望換掉物理老師的意見，因此，一連換掉了兩個物理老師，但這也導致第三個物理老師對她的不諒解。但老師做自己認為對的事，一個敢於直接向校長建議換老師的學生，其實是很有勇氣的。

小時候與中國文化的相遇，到了政大中文系得以繼續延續這緣分。其實老師是可以也想要轉系的，因為那時的課程很無趣（老師強調是那時候），但是在一位學長的介紹下，到一位滿清遺老毓鋆老先生所開設的類似書塾的地方聽課，當時有很多台、政、師

大的學生，都在那裡上課，老師聽毓老講述、傳授四書五經，越聽越引發對中文的興趣，便打消了轉系的念頭。毓老不時還會訓學生，說他們都不認真，老師每每聽到毓老的訓話，就會變得更認真。後來還去聽了一位輔仁大學哲學碩士潘栢世老師的課，更增加了對中國文化的喜愛。因為潘師母會彈奏古琴，老師在那裏第一次聽到了「古琴」的聲音，並深深的為它的音樂著迷。

鐘聲悠悠，觸動心靈

伴隨晨曦，指南宮的鐘聲響起，深遠而悠長。鐘聲傳進了老師的心裡，觸動老師的心靈，讓老師不由自主的思考生命的意義、生死的問題。

老師成為中文所研究生不久之後，住在政大的宿舍，常在清晨寫著作業，指南宮的鐘聲每每在清晨迴盪，在老師的心中，開始想探詢生命。

在大學的生涯中，老師對於儒家、老子和詞是最有興趣的，但是儒家所說的「立德、立功、立言」三不朽，無法滿足老師對生死的疑惑，老子講清淨無為，對於人世的一切處之淡然，同樣不能回答老師的疑問。幾番衝突之下，當心中疑惑之際，老師注意到在她隔壁的學妹是個虔誠的佛教徒，總是散發一種十分平和的、寧靜的感覺，老師便很想知道學妹這樣的寧靜，究竟是如何得到的，於是轉而研究佛學，所以一開始是以質疑、研究的角度去接觸佛學的。但也在研究佛學的契機之下，老師成為虔誠的佛教徒，在往後的人生，佛學的思想影響老師很多、很深。

修心的哲理

老師並和我分享了她教學的經驗。在早年教書的時候，有一

次點學生起來問問題，但是學生就是不理老師，於是老師轉而點別人回答，後來校慶時，在校園和學生遇到，學生一看到老師就抱住她，對她說當時不回答問題是有原因的，老師慶幸在當時能選擇不與學生的情緒對抗。還有一個學生因為操性拿了乙等，對老師臭臉相向，老師特地去問原因，學生說她是因為生病才不得已請假，卻還要被扣分，很不開心，老師聽到學生這樣說，也覺得很有道理，但也向學生解釋雖然她能理解這樣的想法，畢竟規定是規定，學生因老師的解釋，才終於釋懷。在老師與學生有衝突時，她都選擇以平和的態度解決。受到佛學的影響，老師強調「修心」，「隨時隨地回過頭看自己的起心，隨時隨地保持一顆寧靜安祥的心，以不強求的態度面對朋友、學生，尤其是家人，便能隨緣自在。」老師認為因為不強求，就不會想要去要求別人，不拿自己的觀點去要求別人，自己也會過得自在，這樣的哲理不只是可以運用在與學生的關係上，在親人之間，擁有這樣的想法，也是可以帶來很多自在的。

「佛家常常會要我們回過頭看自己的心念，因為外在一切都是源自於心，所以需要修心。」，也是因為老師「修心」，所以才能以一顆寧靜的心面對學生。「常常打掃內心的負面情緒，才能擁有新的寧靜。」老師即是以這樣的哲理與人相處的。

老師很熱愛教學，對她而言，在大學教書，總體來說過得很愉快，學生的純真不同於社會上的陰險狡詐，因此整天與學生相處，老師覺得她的心也跟著年輕、純真了起來。最讓老師感動的是，有很多學生畢業好幾年了，還跟老師繼續保持聯繫。一個在美國住了十年的學生，回台灣五天，特地空出一天來政大找老師，讓老師甚為感動，另一個學生在美國求學，每回台灣總會到政大看她。這些學生在生活遇到困惑的時候總會跟老師傾訴，從老師

這邊得到解決的良方，對於他們而言，老師就像他們的心靈導師，為他們提供人生的方向。修過老師課的我，深深的可以理解為什麼即使學生畢業多年，還仍舊記得她，因為老師真的很為學生付出，除了課堂的教導，在對人生的態度，或對未來的出路，都希望能給予學生方向，讓學生不再茫然。此外，老師覺得人要有熱情，且要認真的做自己的工作，這是外在的方面。於內在，則要接受自己的每一向度、面目，老師並期許自己走向合一的修行之路。同樣是佛教徒，老師很欣賞作家奚淞的生命態度，認為他對生命的觀照做得很深入。面對未來，老師期許自己在退休前能做好教學與研究，退休後則做自己想做的事。

採訪時，老師不管是對過去的追述、回憶，或是對現在的生命、對未來的想望，總與人一種任真自在、平靜和諧的感覺，我想老師所強調的「保持一顆寧靜的心」，或許就是老師常常看起來這麼自在的原因吧！

誰人無事種芭蕉
── 王文顏老師專訪

呂 佳 蓉

「你在做什麼？」

一句簡單的問話，是招呼語，也是問候語。每個踏進系辦的人，他都認真的對待，不厭其煩的如此詢問，只有中文系的師生才能領會，這簡短五字背後的溫暖關懷和濃濃的師生情誼。

校慶運動會，為了精神總錦標，他會全力以赴的參加師生趣味競賽，藍色功夫鞋下，跑出不錯的成績；平時會用過期的珍珠奶茶澆花；喜歡逛網拍找尋物美價廉的好東西。他是前任中文系的主任、現任的文學院院長，王文顏老師。

土生土長的鄉下人

民國四十年在桃園慈湖附近出生的文顏老師，小時候遇到雙十節、蔣公誕辰等國定假日，地方實施交通管制，經常得繞道而行，非常不方便。日後又在蔣公創立的政大讀書、任教，其中或許也有那麼點因緣吧。

家中以務農為生，身為長子，文顏老師時常幫忙田裡的工作，因而培養出園藝的本事。父母雖不識字，卻仍供他上學，他也不辜負期望，小學考初中時是六百人中的第六名。考高中時，放棄最不擅長的英文，考入桃園區聯考名校武陵高中。接下來三

年，每天早晚換三班車上、下學，沒有補習，但充分利用等車、搭車時間唸書。喜歡文史的他放棄了數學，轉而改讀英文，翻爛了一本硬皮的梁實秋英文小字典，最後如願考上了政大中文系，是當年中文系第二名、乙班第一名，亮眼的七十五分英文聯考成績是主要關鍵，數學分數則是個位數。老師笑說：「所有同學幾乎都要跌破眼鏡，但是那並不意外，我會二種音標喔！寫作文和文法也不錯，就是不會唸。」

以優異成績入學的文顏老師，第一次班會被推舉為班代，然而不到一學期他便主動辭職，一方面是沒有當班長的經驗，但最主要的原因是台北的女同學要求舉辦舞會，他說：「那時候舞會是地下的，又要借場地，很冒險，倒楣還會被警察逮到派出所，從鄉下來，根本沒看過什麼舞會不舞會，我就跟老師說我不會辦活動，我不要當班代了。」

儘管班上活動如此，大學生活裡不可或缺的體育活動，老師倒是樂於參與，班上只有八個男生，其中四個是韓國僑生，因此許多比賽都得參加，結果他明明不會打籃球，還是下場胡打一氣，明明不會踢足球，還是在新生盃踢了一身泥回來。

一份筆記，三個人上榜

文顏老師自稱從小到大都沒有名列前茅，但在遇重大考試之時，往往能掌握關鍵時機，用最有效率的方法達成目標，這從他一路的求學歷程可以看出，就連考研究所也不例外。

大學時代，他的課業在高分入學後就沒有太特出的表現，但他決定貫徹自己「讀國小時，想當小學老師；讀國中時，想當國中老師；讀高中時，想當高中老師」的夢想，讀大學時，立志成為大學教授，考研究所就成為新的目標。

從大二文學史課程開始，密密麻麻的筆記，昭示著他的決心，認真蒐集考古題，累積自己的實力，並且將整理的筆記，借給大四才決定要考研究所、來不及準備的同學，結果其中有三位不但考上，名次還比他前面。雖然有一點點不是滋味，但在當年，能考上已是非常難得。那時不考思想史，在小學和國文之外，最麻煩的就是專書，沒有一個固定的標準，不論在準備上或評比上都有不少問題。老師當時選擇的是《孟子》，他將整本《孟子》原典三萬多字背到爛熟才去應考，這對今日的考生來說，簡直是神話。儘管老師揮著手說「啊！現在早就不記得了啦！」其中紮實的讀書態度，仍可窺見一二。

匍匐前進，英勇戰士俏姑娘

考上政大中文所隔年，文顏老師便休學去服兵役，從台灣到馬祖，黑水溝的波濤令人暈眩欲嘔，雖然預官資格讓他有吊床可以睡，但經過一天一夜的折騰，下船的那刻竟恍如隔世。

那是個中共不斷砲襲金馬地區的年代，每天下午四點半就吃晚餐，接著進入碉堡躲砲彈，晚上七點是砲彈量最多的時候，躲在碉堡內「聽音辨位」，可以判斷砲彈的落點。對於躲砲彈，他印象最深的是，曾經不小心喝醉，偏偏遇到砲彈開打，自己卻還在碉堡外，喝醉後的他連站都站不穩，為了保命只得不顧形象的爬回碉堡，堪稱人生中最刺激的冒險。

好不容易熬過等待船隻退伍的軍旅生活，老師回到學校後繼續研究生的本分，他以「台灣詩社之研究」為碩論題目，在當時，有關「臺灣」的研究，是非常敏感的話題，但因他的指導老師是政大的訓導長，帶過長白師範流亡學生，這個黃志民老師不想寫的論文題目，才能讓他順利完成。

　　碩士班將畢業那年，文顏老師經由學長的引介，認識了師母，因爲師母的哥哥也是老師的學長，一年多後就結婚了，婚後生活幸福美滿，育有二女一男。

得償所望，百年樹人

　　文顏老師唸碩士的時候，不但註冊免費，每個月還有八百元的津貼，足以供給他的生活，因此幾乎不需要兼課，直到博士班才開始教書生涯，正式跨出了夢想的第一步，成爲專科、大學的老師。

　　民國七十二年，老師取得博士學位，受聘爲靜宜大學的專任教師。當時靜宜大學中文系在董金裕老師等人的帶領下，朝氣蓬勃，他便在這裡度過了六年的教書時光，系上雲舒老師和燕梅老師都曾親炙他的教導，聽說老師剛開始授課時，因爲不敢抬頭看女學生，不是盯著書本就是看著黑板，一堂課下來沒正眼看過全班，與現在課堂上的侃侃而談實是天壤之別。

　　在靜宜大學的日子，是老師最愉快的教書經驗，一方面是學生很認真，另方面也與同事和諧相處有關。靜宜中文系有夜間部，因此七十四年被任命爲系主任後，每天早上七點出門，晚上十點回家是家常便飯，有時晚上忙完後下班，跟同事們一起去夜市吃宵夜聊天，喝點小酒，相處自然而融洽，感情也更加凝聚，一個系的溫暖就在其中滋生了。

　　七十八年離開靜宜後，文顏老師在高雄師範大學短暫任教一年，便回政大貢獻母校。其間經過教授升等、任職主任，直至今日，他說：「我覺得政大很好啊，能在這裡唸書，在這裡當老師，這就是人生最滿意的結果了。」

　　主任任期屆滿後，文顏老師選上文學院院長，未來除了繼續

做該做的事，讓中文系的同學都能有好出路，還要努力美化百年樓，挖魚池、種花、養小動物，都是他想做的事情。

但使願無違

百年樓後面有個醉夢湖，如果要背詩給文顏老師聽，到系辦找不到人，就可帶著你的〈孔雀東南飛〉，繞過粉紅色建築，踏過那條爬著青苔的石板路，也許你會看到他蹲在湖畔，腳邊放著一大袋魚飼料。也許也會看到他在樹下小心翼翼的掀開塑膠袋一角，認真觀察裡面的芭蕉長得如何。

老師喜歡養花蒔草眾人皆知，即使大家總是拿長不出來的芭蕉開他玩笑，百年樓四周卻在近幾年悄悄長出許多美麗的植物，他自豪的說：「種田的工作我每一樣都會。」栽植過程中的呵護與灌溉，正如樓內的莘莘教化，文學院的榮景，也許正需要這樣不斷默默耕耘，才能益發繁茂吧！

現在的生活對景仰陶淵明的老師來說，是自在而滿足的，系上的事務都順利的運作，華語文熱潮讓中文系同學未來多一條出路，唯一比較可惜的是，政大中文系一直沒有出過著名的作家，將來希望有志創作的同學，努力以赴。

從繽紛到簡樸

─ 王志楣老師專訪

薛詩婷、林怡君

　　微涼的晚間，餐廳內柔煦的燈光營造出一股溫暖的氣氛，志楣老師與我們一邊用著美味的餐點，一邊娓娓閒談著另一個課堂以外的自己。

青澀年華的流轉 ── 求學生涯

　　志楣老師是個在地的台北人，高中畢業後，因為嚮往東海美麗的校園景致，聯考時以高分考入東海中文系。在東海，老師加入了佛學社，日子過得十分愜意愉快。然父親過世以後，為了要就近陪伴母親，大二時便轉學考入東吳中文系。東吳中文系的分班措施是以新竹為界劃分成南北兩班；而轉學進來的學生則以隨機方式編班。轉入東吳大學後，身為轉學生的志楣老師碰巧被分入南部班，一來因為生活圈不同，二來南部班同學大多住宿，住家裡的志楣老師與住宿同學難有交集；再者因為轉學就讀，許多學分無法抵免，必須下修大一課程，同儕之間疏離的關係，使得老師在新的環境未能產生歸屬感，因此便加入了東吳佛學社。

絢爛中，開出寧靜 ── 職場生涯

　　大學畢業後，系上大部分同學都從事教職，但志楣老師卻選

擇了不同的道路 —— 擔任記者。一開始她在復興廣播電台工作，電台記者的工作除了跑新聞之外，有時也須編寫電台廣播劇，工作內容比較繁雜。老師在這個崗位大約工作了一年，便轉任中國時報的文字記者，負責採訪醫藥路線的新聞。當時老師所負責的新聞內容，是偏向疾病與醫療資訊方面的報導，雙胞胎分割新聞、肝炎疫苗研發、穿山甲人，甚至是張大千病危住院，都是她採訪過比較重大且印象深刻的新聞。

　　新聞記者的工作，磨練了志楣老師人際溝通的能力，也培養出她面對新事物的包容性與敏銳度。然而因為記者工作的忙碌、高壓，往往必須承擔趕稿、截稿的時間逼迫，如此高度競爭的工作，讓老師感覺自己被掏空，也開始思索再度進修、充實自我的必要。另一方面也因結婚生子，想以家庭為重的老師，決定辭去在中國時報長達七、八年的工作，到離家最近的政大中文系旁聽，一邊複習大學時代的課業，一邊準備研究所考試。

　　再度回到學生身分的志楣老師，碩士班、博士班的考試與學習之路應可說走得很順利。就讀研究所期間，老師一邊從事佛學領域的研究，一邊仍擔任報刊的特約記者貼補家用。研究所畢業後，考慮脫離新聞界已有一段時間，重拾記者工作也不適宜，因此開啟了在大學擔任教職的另一個人生起點。

　　老師認為，年輕時比較嚮往多采多姿的生活，像記者這一行能接觸到的世面較廣，在當時又是一種具有一定社會地位的工作，因此不考慮穩定的教職而選擇較為活潑的傳播工作。不過隨著人生階段的前進，心境也有所變遷，現在覺得教職的工作性質比較適合後來的自己。

　　老師研究所時期研究佛學，之後又轉而研究老莊道家思想，目前她在政大開設「老子」、「莊子」等思想類課程。當問到老師

在多年的教學經驗中印象最深刻的師生互動經驗是什麼？老師坦率地表示，課堂上大部分學生都是因為學分關係而修讀，不過每個學期還是會遇到一些對老莊思想具有濃厚興趣的同學，這些同學常會在課堂上與課堂後向她請教或討論，這讓老師感到十分地欣慰。

追求身心雙重的平衡與平靜 ── 生活哲學

　　佛教對於志楣老師的影響，與其說是一種宗教信仰，不如說是一種人生的態度。她覺得無論佛、道思想，都是用來幫助自己找到心靈寧靜的方法，但並不一定要拘泥於信仰的種種程序與外在形式。相較於宗教行為的實踐，老師覺得心靈上的領會更為重要。所以她說，自己不能算是信仰佛教，而應該說是認同其中的思想，並擷取與自己契合的生命哲學來安頓內在、充實自我。

　　平時老師在校園的裝束總是光鮮亮麗、能穿出自我的特色與美感，再加上她目前單身，因此最常被問到的問題就是有沒有男朋友。不過，老師要強調的一點是，心靈與外在是分開的。在職場中闖蕩，由於要與各式不同的人接觸，因此注重美是一種基本的禮儀；然而一回到家、回到個人空間，便可以盡洗鉛華，「其實我在家穿著是十分隨性的」，老師微笑地表示，外在並不能如實表現她內心的樸素簡單。

　　另外，老師研究的雖是嚴肅抽象的中國思想哲學，不過據老師自己透露，私底下的她其實是個很愛開玩笑的人，系上老師們在閒談之間都常常被她的笑話逗得大笑呢！

　　老師提到自己小時候身體並不好，體弱多病，之前還曾在上課時暈倒，被救護車送到台大急診室。老師開玩笑說，自己應該是政大第一個上課上到送急診室的老師吧！由於先天的不足，老

師陸續接觸了不少運動以調理身體，像是瑜珈、太極拳等，而讓她定下來的則是「氣機導引」，這個運動明顯改善了老師原本孱弱的體質，現在她更開班教學，以造福更多的人。而除了導引，目前老師還有靜坐的習慣，她覺得除了練功養身，利用靜坐更可讓每天被世事煩擾的心靈沈澱下來。追求身與心雙方面的寧靜與安然，是志榗老師如今信仰的生活哲學。

溫馨自在的山居歲月 ── 休閒生活

　　老師是個十分戀家的標準巨蟹座，假若沒有特別的事，她總是待在家與寶貝女兒過著悠閒而充實的家居生活。在家的她，喜歡自己下廚做些小菜，「如果下輩子還要當人的話，我想當一位廚師。」而重視審美的她，也喜歡 DIY 美化居家環境，老師帶著幽默的口吻說，自己可說是個「現代魯班」，從鄰近政大的舊家到目前位於陽明山的新居，室內一磚一瓦的裝潢布置與採買都是老師一人一手包辦的呢！另外，老師還有個嗜好，那就是看電視。老師形容自己是個「電視兒童」，無論是談話性節目、韓劇、綜藝節目、宗教、購物、探索頻道等，什麼節目她都不排斥，而過往記者的經歷，也使老師會特別關注新聞時事的脈動。

　　志榗老師大概是系上住台北地區的老師中離校最遠的吧！去年才從興隆路遷入陽明山的現居，家中往往出現許多突然造訪的不速之客，有時真會讓老師措手不及準備呢！老師表示，很多朋友知悉她住在陽明山，故從各地趕來要參觀她的「豪宅」，不過老師自我調侃說他們到了，才發現「豪宅」原來是「好窄」，室內只有二十多坪而已。然搬家至此，其實是著重在大廈配有溫泉的公設，與四周明媚宜人的自然景致；另外，老師還很講求個人的隱私空間，不希望工作與居家太過靠近，這樣的想法在同事之間或

許可算是稀有動物吧！至於會不會因爲住得遠造成通車的不便？志楣老師的看法倒是很隨遇而安，她把開車路途當作是個人可以靈活運用的時間，無論是想想事情、聽聽音樂都好，每天留一段時間給自己，是老師很重視的。

輕盈的叮嚀 —— 送給同學的幾句話

　　訪談過程中，我們覺得志楣老師的思想非常開通，比較不像一般傳統長輩會對兒女絮絮叨叨，因此我們猜想當老師的女兒應該很幸福吧！不過老師苦笑說，這是問到她的痛處了，因爲是單親家庭，女兒與她之間自然產生一股「革命情感」，所以平時對女兒的管教也很自由，不會特別干涉。她希望不管是自己的女兒也好，或是年輕的一代，都能夠忠於自我，不要盲從潮流。

　　現在有許多中文系學生畢業後都想從事華語教學工作，老師建議除了掌握語言方面的優勢，同學也應多加充實一些中華文化的東西，例如書法、太極等等，如此一來不但提升自己的競爭力，更可藉由多方面的文化修養涵養氣質，「以文化來美容內在」。做個身心健康而充滿喜樂的人，是志楣老師對同學們的深深期許。

象牙塔外的小學藍天
── 王書輝老師專訪

楊雅雯、張瑞如

　　每當陽光不加節制的灑進教室，總可見戴著墨鏡的王書輝老師：平整的長褲、整齊的 polo 衫。他的笑總是很淺，聲音也如長褲般，緩緩的、沉穩的，就像外表給人的那股清風特質。你不會特別注意到這個人，但訪問的那個中午，彷如喝了一杯沁涼的冰水，聲音與眼神都真誠得令人難忘。

挫傷的心結痂，以回饋社會為己志

　　自稱「政大土著」的王書輝老師，從大學一路到碩博士班的求學歷程，甚至至今第三年的任教，生命中許多重要歷程都在政大上演。同學私底下以為他裝酷戴墨鏡。老師說，其實是因為大四以後經常從事校勘工作。每天在字字斟酌講究與眼睛的過度使用下，有了畏光毛病，甚至幾度找上醫生，戴墨鏡只是為了保護雙眼而已。回顧大四以來的日子，中研院的經歷在老師的生命中圈下了特殊的印記，讓他至今仍不忘當時推薦他進入中研院的文哲所籌備處吳宏一老師。當年吳老師給了他一個沒太多負擔的工作，每天幫吳老師收發信件，校校稿，在工作量不大的環境下，他可以無虞的鑽研自己喜歡的小學領域，更毋須為了窮困的碩士班生活擔憂，「一直到現在我都還很感謝吳老師！」對於提攜之

情，王書輝老師描述時的眼神變得溫和，不盡的感謝之意溢於言表。「我的人生遇到很多貴人」，老師說。其中一個貴人，正是吳老師！後來因為吳老師身體欠安，新主任的制度要求又和自己的學生身分難以配合，因此在中研院的日子一年多後隨即畫上句號。

　　然而，生命中最大的挫折倒不在此，反而是博士班那幾年看到的一些現象，讓老師對學術界的現實狀態感到灰心，「剛開始笨笨的，只是想要有一個可以讀書、寫寫東西的地方。」談到當初入行的情形，老師沒有太多冠冕堂皇的理由，彷如誤闖都市叢林的牧童，對於自己看到的黑暗震驚之餘，學術研究的堅持似乎也冷了下來。看到那些頂著博士頭銜的人，可以邊論四書五經，邊因利而出賣良心，面對利益與道義的抉擇，這些人的選擇更常令人難堪。如何在這環境中悠遊的生存，變成一個高深的學問。剛入學術領域的他，被這現實挫傷得很重，「那些傷害到現在都還在。」姑且不論事件的真實帶給老師的震撼，但心中原本那片學術淨土的嚮往，彷彿被抹上一層黑墨，深深的浸染著。但這樣的挫敗並沒有讓老師退出，反倒使他更清晰的理出自己想要的路。「因為這樣的關係，所以在畢業之後，我並沒有以進大學教書為唯一目標，念了這麼多的書，倘若未來只是關在象牙塔裡作研究，我覺得我的人生不該是這樣。」也由於這樣的理念，讓老師之後的生命抉擇不再只以研究為主，回饋社會與教書的執著，給了他堅持下去的理由與勇氣。問老師後悔進入這行嗎？搖搖頭，他說「不會，只要做好自己該做的，這樣就好了。」老師說得堅持，沒有對誰給承諾，只是一種對自我的要求與最真的呈現。

　　踏出回饋社會的第一步，老師非常重視在《歷史月刊》執筆專欄的工作。「《歷史月刊》是蠻特殊的經驗，和它的結緣是因為『敵人』！」老師說，因去年看到月刊上某文章討論「敵人」，由

於認爲作者討論的觀點不夠全面，於是投稿了一篇回應的文章，沒想到文章不但被接受，並獲邀爲「談文說史」專欄執筆。然而每個月要想出一個具創意的主題，寫稿壓力其實很大，一個月幾乎佔上兩三個禮拜的時間，使研究工作不得不暫時停擺。

老師說，《歷史月刊》的專欄雖不如中文學報那樣具嚴謹且高規格的學術要求，但讀者的層面廣，知識傳遞效果也相對較強。能作爲大眾與知識間的傳遞橋樑，是他在研究者之外更重要的生命角色。基於對社會的熱忱，即使背負六年升等制的莫大壓力，仍毅然決定背起這樣的社會角色，獨有一種直往而不悔的傲然之氣。

以「美」代酒，醉在其中

學術之外，對於「美」的追求似乎是老師一種難戒且永不想戒掉的癮，尤其對於音樂藝術，頗有研究且投注極大精力於其中的他，從中得到了許多相對的喜悅與感動。「高中的時候開始狂熱，當時幾乎所有零用錢都花在上面。」淡淡嘴角微勾的回憶著，彷若掉入當年的記憶漩渦，又再一次經歷了那些熱情與熱切。「現在還是啊，有一半的買書錢都拿來買音樂書和 DVD。」爲了不錯過每一個樂章甚至每一個動人的音符，老師聆聽時會找譜來看，享受著迷人的貝多芬、莫札特、白遼士……，不需至電影院觀賞「魔戒」，透過華格納「尼布龍根的指環」即可體會其中的壯闊與糾葛。「當初本來曾想改行學音樂的」老師說。即使後來沒走上音樂這條路，但他對美的執著與信仰至今仍未曾消褪。「大學時上了一位攝影家開的美學課，那是我選得最辛苦、也最有收穫的一堂課。」細細陳述當時如何不辭勞苦的跑遞補，又如何收穫滿行囊，對於這堂課，老師花了比平常多好幾倍的時間與精力去完成。「有時候跟師母去看畫，還可以講解畫的構圖，紮實的說出一番道理

呢！」一種甘之如飴的得意神情表露無疑。「任何可以感受到美的東西，我都喜歡，都會去接觸！」他說得堅定，彷彿從來不曾懷疑的執著著。

　　或許也由於對美的追求，和師母間的和睦與甜蜜，常是同學羨慕且津津樂道的對象。「兩個人都想不通時，就會在一起了。」老師和師母已認識很久，卻一直到博士班畢業後才決定執起彼此的手。也許是一種偶然，或者該說是緣分，相識的過程沒有太多的浪漫情節，從彼此一步步的熟稔與了解進而去體認對方的優點與溫柔。「情人眼裡出西施。」老師笑著說，眼中盡是說不完的體貼與輕柔。「幸福小築」、「工作放一邊，生活擺中間」是老師目前MSN 的暱稱，每天盡量將工作做完，準時回家吃晚飯，規律而單純的生活步調背後，隱藏的是對家庭生活的看重與經營的用心。「師母的喜好就是創作，我想要給她專心創作的空間。」老師說師母主修哲學，很喜歡創作又怕寫不好，一種知之甚深的惜才之情令人欽羨。「她知道我喜歡她寫的東西，連投稿都不跟我講，總是等報社接受後才很高興的跑來跟我說。」帶點無奈的寵溺，卻有掩不住的微笑，兩人間簡單相處正是老師放不下的生命樂曲。愉悅的家庭生活中，牽扯住老師的，就是這樣單純簡單的幸福！

在環境縫隙中，找到全真的自我

　　是環境使然吧！在台灣壓力大又休假少的研究生活中，老師仍非常重視教學，大學聯考曾一度考慮教書的他，想必對教學有一定的熱誠，從深入淺說的上課內容與用心製作的投影，可知教書對老師來說不單只是義務，更重要的是給學生相對的幫助與收穫。強調以基礎的建立為軸心，觀念的釐清為重點，老師在教書上有自己一番獨特的想法，「當然有些東西是需要背的，但不能以

為只有背而已。」老師說，大學教育應以基礎教育為主，有了基礎再往上爬，否則隨時都可能掉下來。知識也不能只是反複背誦而已，要能掌握觀念，才能真正存入自己的知識庫，進而加以運用。對於學生的要求，「我完全不會強調自己要的是什麼。」老師希望同學能多提出看法，只要經得起驗證，大家都能夠接受，他理所當然也會認同。此外，老師非常重視與同學間的互動，MSN上四、五十名的同學大都認識，不難想見他的用心。對於教書，他有嚴格的自我要求與期許，更希望同學能提出教學授課上的意見，讓老師適時做些調整。

　　在家庭、教學與《歷史月刊》的瓜分下，忙碌似乎沒有給老師太多研究的時間，對於長程研究的藍圖，老師沒有太多把握，抱著且戰且走的心態，在文獻學中盡自己所能的前進。延續著博士論文《兩晉南北朝《爾雅》著述佚籍輯考》的脈絡，在古書的研究與探討中，輯佚出亡佚失落之書的真實面貌。雖然教學工作的責任負擔，《歷史月刊》的專欄壓力，家庭生活的必要經營，常使研究計畫停擺。然而他從不為此擔心憂慮，因為他知道，有更重要的使命是他必須去完成的。對於未來，現今的眷戀沒有太多，老師不怕改變，更不怕失去現在的工作，只要能做到自己想要的，只要能對得起良心，什麼樣的挑戰與重擔，他都願意承擔。老師總以最真誠的一面和同學相處，沒有任何言不由衷、任何虛偽面具，以「求真、保真」為人生信念，他沒有想太多，沒有地圖，邊賞風景邊盡己任，老師只想要保有自己。

　　戴起墨鏡，陽光照在百年樓。又是一個艷陽高照的中午，老師用最真的態度形塑生命，儘管有時晦暗，然而陽光終會在堅持的原則中微笑露臉，就像每一段樂章般，總有留待我們去體會的美與感動。

我的朦朧與清明
── 李癸雲老師專訪

林宜樺、徐育修

「從大學開始談嗎？」

癸雲老師清亮的嗓音回蕩在小小的「革命之家」，外面下著迷濛的雨，老師的笑卻像陽光。沒有架子是我對癸雲老師的第一印象，跟學生談話就像在跟朋友聊天，親切的很。也因此就算訪談當天下了一整天的悶雨，整個訪談的節奏卻很明快、氣氛相當和諧。

或許該談談癸雲老師的成長背景。不過我們決定把範圍縮小到只談大學以後，因為這是脫離了家庭，漸漸開始擁有獨立思考與判斷的年紀。

「我讀東海中文系，」老師喝了口水，「至於為什麼選東海中文系啊，就剛好分數到那邊。」老師自己失笑，我似乎看到老師還沒長大的那一面。接著癸雲老師談了很多大學時期的事情，比如說怎樣對新詩漸漸產生了興趣，起因竟是因為「文學欣賞社」裡的學長會寫詩來作為追求的手段，漸漸影響了當時還是新鮮人的老師開始接觸詩集，並開始嘗試創作。只沒想到，才剛開始學步的青澀少作，竟一舉拿下東海文學獎，這對初嘗試創作的癸雲老師而言是莫大的鼓勵，也舖展開未來的創作生涯。

大學時期，除了參加與所學相關的文學欣賞社外，還加入了

電影社，看的不是商業走向的電影，而是一般所謂的前衛電影。這也為後來癸雲老師在大學部開設「電影文學」課程埋下伏筆。大學畢業後順利考上東海中文所，接受簡政珍老師的指導，一切好像有點太過理所當然，但碩士論文就寫了簡政珍、蘇紹連與馮青。

博士班進入了師大國文所，其實當初是有所選擇的，因為同時也上了輔大比較文學所。癸雲老師在考慮過後，決定進入師大國文所，不過癸雲老師也提及當時簡政珍老師希望她進入輔大，還開玩笑說要幫她去跟輔大的劉紀蕙教授說。

畢業後先到成大中文系任教一年，之後因為一些問題，如先生在竹科工作，當時已經懷孕的老師還必須南北往返，實在辛苦，隔年就剛好考進當時有教師缺額的政大中文系，轉眼今年已經是在政大的第四年了。

朦朧的創作者

「我一直認為，寫詩是所有文類當中，創作狀態最為混沌的。」

如同我們所知，癸雲老師除了學者的身分，同時也是新詩創作者。我比較好奇的是，老師的作品已經有不少收錄在選集當中，如一些年度詩選、創世紀詩社詩選、吹鼓吹詩論壇等等，怎麼會遲至今日都仍未出版詩集呢？

除了混沌、以及朦朧等因素外，對自己作品的高度要求，不輕易出手，也是導致創作量一直不豐的原因。「我當然也想啊，不過我到現在約有五十首左右的作品而已，還要再等一等。」

那麼除了新詩之外，老師有沒有想要嘗試其他文類的創作呢？癸雲老師興奮地說有啊有啊，她也寫一些散文跟極短篇，零

散地發表在報刊上，偶而也投一些文學獎，其中最大的一次應該
算是曾獲台灣文學獎散文獎的佳作。老師坦言，對她而言，獲得
文學獎的肯定其實一直是讓她對文學創作堅持的原因之一，另外
文學獎的獎金對於學生時代的她也是一筆不錯的收入，這當然是
比較現實面的考量，但這就跟拼獎學金當生活費一樣，是可以被
鼓勵的。

　　作品數不多，會不會也跟教職有關呢？我們聊及文學史上，
在創作界與學術界同享盛名的人，實在是屈指可數。那麼，癸雲
老師同時身兼這兩種身分，在這當中有沒有經過選擇、取捨，甚
至是陣痛或瓶頸？癸雲老師含蓄地點了點頭，說是有的，這是相
當現實的一個問題。因為時間上的切割，大部分的時間精力都還
是會以研究與教學為重，創作的話只能儘量偷時間了。老師也提
及，在教學當中，自己仍是不停成長，對詩的看法已經跟從前不
一樣了。

　　另外，老師也談到了另一個困境。做研究時所需要的大量的
理性，其實是會影響創作的。在讀了太多理論之後，意識先行成
了寫詩時最大的絆腳石。若思緒太清楚，作品想要傳達的意念太
明顯，反而破壞了朦朧曖昧的詩意，縮小了閱讀時所該享有的想
像空間。

　　創作之外，我們也問及了關於癸雲老師在大學部所開設課程
的相關原因。「電影文學」是因為大學時期至今看了很多電影，發
現電影文本當中有很多相當有趣、與文學相關的隱喻、符碼，有
很多東西是可以討論的，而且可以讓中文系的學生，接觸到除了
文學文本以外，比較不同面向的文本以及思考。

　　那麼「詩經」課程呢？據我們對癸雲老師側面的了解，老師
的專長應該是在新詩呀，怎麼會開設「詩經」的課程呢？原來是，

老師認爲詩不論古典或現代，一定有其共通性，當然有會有所不同，開設這樣的課程不僅可以教學相長，更讓自己對新詩有了跟以前很不同的看法，這其實是當初意想不到的收穫。

清明的母親形象

訪談進行到一半，老師的手機突然響起，鈴聲是一個小女孩用童音唱著「娃娃國，娃娃兵」，待老師結束手機談話，我們興奮地問老師，好可愛呀！那是老師的女兒唱的嗎？一談到女兒，老師的話匣子就被打開了，眼神中透露出一道專屬於母親溫柔的慈愛，那是平常我們比較不認識的癸雲老師。

老師說，現階段裡，目前三歲半的的女兒可說是忙碌生活裡的最大動力了。我們提出了一個問題：如果不教書不創作，那麼老師最想做的事是什麼？老師的表情顯露出一種義無反顧，想都不想就反射性地回答說：「在家帶小孩！」嘴巴很甜的女兒最會黏媽媽，心肝寶貝是心頭最甜蜜的負擔；雖然人小鬼大的女兒會說出：「神阿，請讓我的媽媽變有趣一點！」這話不僅讓老師哭笑不得，還讓老師沮喪於自己真的這麼不有趣嗎？（老師雖然用沮喪這樣的字眼，但我們從老師帶笑的臉上可以看出，她不是真的沮喪。）不過老師也坦言，幸福的家庭生活，比什麼都要來得值得。

除了女兒，老師也毫不避諱地跟我們聊到了家庭生活。癸雲老師是在大一時與師丈認識的，當時師丈就在追求老師了，不過因爲老師那時候追求者眾，加上師丈好像沒有很明顯的表示，所以老師一直不清楚師丈的愛慕之情。直到大四那年，兩人雙雙考上研究所，比較多空閒的時間，師丈才開始有更主動積極的表現，老師也才真正感受到師丈的追求。愛情長跑了數年，直到老師就讀博士班二年級時，兩個人就順理成章地選擇結婚了。理工專長

的師丈畢業後在竹科工作，夫妻一文一理，各有不同的專業之處，在生活上有互補也有相斥之處，但還好問題都不大。老師略帶害羞地說，師丈比較有耐性，在老師忙於工作之時，會幫忙分擔家務、帶小孩等，讓老師能夠在學校與家庭之間取得一個平衡點。

訪談的最後，我們請癸雲老師給那些有志於新詩創作的青年學子一句鼓勵的話，老師如是說：「要堅持於自己的創作，而且要持續地寫，一定要把寫詩變成生活的一部分。詩與生活是無法抽離的。」

訪談結束，短髮俏麗的癸雲老師提醒我們下雨天要小心哦。看著在微雨中漸漸消失的老師的背影，我看到了一個朦朧的詩人，清明的母親。

務實的理想主義者
── 車行健老師專訪

汪怡瑋、房翔燕

「我想，我是一個很務實的理想主義者。」車行健老師如是說。以溫文儒雅的態度，娓娓道來自己的人生觀，從理性研究到感性教學，從學術世界到藝文休閒，在在體現了他的處世哲學。車老師雖然話不多，但言談之間卻流露出雋永的智慧，他以學問作為理想的出發點，以默默耕耘的態度展現他的務實，將兩種看似對立的特質和諧地呈現。

中西並重，由學問樹立理想

談及老師的求學之路，他認為選擇學術研究為人生志業，其實是機緣、能力與興趣的交會。在各求學階段，他都順利的完成學業，應屆考上研究所，一路唸上去；從讀書到研究、教書，他一直都未曾離開學校，在學術環境下浸淫日深。

「雖然我的研究方向是經學，但早期我更醉心於史學及西方哲學的領域。」老師回憶他的學術啟蒙時期，在大學時代他閱讀了朱光潛先生文藝心理學的書，就此開啟了西方理論的探索之門。他認為西方哲學強調智性思考，在理論性、系統性、邏輯性都有其獨到而迷人之處，相較於中國傳統文學理論的直觀與鬆散，西方理論是著重方法論與概念化的，偏重邏輯與思維模式的訓練，

當你面臨到一個課題，其切入點、範疇、論證、材料解釋與有效性、預期結果，都會有自覺的反省與深度思考。

老師便是在西方學術的養分下，重新回歸中國傳統的經學研究，故能以更透徹的姿態掌握學問。而後他進入中央大學攻讀碩士，當時中央中文所是第三屆，名師薈萃，新儒家的招牌響亮，因此老師深爲此所吸引，「雖然經學對於目前大多數中文系學生而言，是較爲澀硬的學科，但畢竟這是學問的根柢，況且早期經學鼎盛，各大學都相當重視經學研究的傳統呢。」

老師也表示，能來到政大教書是種緣份，政大是人文社會科系的綜合型大學，各科系資源可以相互挹注、增進視野，和不同學術背景的人交流，這一點是相當可貴的，也勉勵同學能善加珍惜運用。他以西方學術的「博雅」來比擬通識學習的重要性，在二次大戰之前的學術是「通能」取向，又以哲學爲百科之王，此種學術傳統很令人嚮往；而今日學科分門別類，雖有其資訊爆炸與分工精細化的背景，但造成了隔行如隔山的現象，文學、小學、經學等互不相通。因此他鼓勵中文系的學生多涉獵其他領域的學問，以貫通所學，由西方視角重新審視傳統學問，將會更游裕自在。

細膩關懷，由教學體現務實

老師在學術方面展現了理想化的情懷，但在與學生的互動之間，卻體現了他關懷而入世的精神。我們前去採訪老師時，老師正好在和中文系的學弟妹們會談，雖然他含蓄的謙稱「可能我比較雞婆吧，總是喜歡替學生出主意。」但相信他對學生的關懷令人點滴在心頭。畢竟老師同時在輔大與政大兼課，忙碌於學術研究之時仍撥出許多額外的時間，和學生討論作業、指點報告上的問

題，和學生一同成長，可見其對於教學的熱忱。

　　老師認為在大學教書不僅是學術研究而已，應該是研究與教學並重，除了以專業教育學生外，更以自身的生命哲學和學生交流。他表示，自己並不習於講冠冕堂皇的話，不打高空、有幾分把握說幾分話，他雖然認為「自己說話很直」，但我們發現，這種真誠不矯飾的言論風格，其實更兼容著細膩的智慧，予人一種踏實感，這正是他務實作風的展現吧。

　　另外，他也以自己務實的精神來勉勵同學，在這個人浮於世的不景氣世代，做人還是要勇於嘗試，不怕失敗，要有追求理想的勇氣，但要以務實的態度來實踐，平時好好充實自己，當機會來臨時就可放手一搏。他也相信，在他所任教的幾所學校中，政大的學生是較為受教的，能力與可塑性兼具，期許我們能有所成就。

寧靜的風雅 ── 散步、音樂與電影

　　在嚴謹的工作之餘，車行健老師也重視精神生活的性靈與放鬆。他閒暇時喜歡在政大後山散散步，利用山間寧靜的氛圍來沉澱思緒。另外，老師也喜歡聽音樂，早期喜歡西方古典音樂，莫札特是他的最愛；而轉向中國經學研究後，就比較喜愛聆聽中國的「民族音樂」，包括傳統音樂、地方歌謠、邊疆少數民族如藏、蒙、羌族的音樂，他表示：「我所眷戀的中國想像，並不是上海、廣州的那種外放的現代商業感，我反而喜歡邊疆的、非主流的民族文化，在這些地區更能保存中國五千年文化的瑰寶。」透過這些純樸而個性化的原住民音樂，帶來心靈淨化、陶冶身心的效果。

　　在中央大學的求學時期，老師開始喜愛上了崑曲，因為崑曲悠揚婉轉而又優雅，致使他產生很大的興趣。同時老師還推薦了

章詒和寫的新書《伶人往事》，一本寫給不看戲的人看的書。章詒和在書中語重心長地感歎：「過去看戲是享受，是歡樂。而如今所有的文化都是消費，一方面是生活走向，一方面是藝術消亡。」在被電視小螢幕取代的消費時代浪潮的席捲下，這些伶人曲藝多已凋零式微。我們想這也是老師對於逐漸逝去的傳統文化不捨的惋惜。

另外，老師也很欣賞張藝謀的電影《一個都不能少》和《千里走單騎》。張藝謀導演素來喜歡徵用沒有學習過表演專業的演員，而這種大膽的做法也的確為影片增加了很多真實的色彩。老師也表示說，他喜歡的電影是可以激發思考，具有啓發性的，而不只是只有華麗的包裝而沒有實質的東西。所以無論是在《一個都不能少》中充滿著戲劇張力與瀰漫著弔詭思維，還是在《千里走單騎》中探討父子之情與傳統儺戲的傳承，都在在呈現了老師深具人文關懷的一面。

徘徊古今，願諸生無悔所學

近幾年來掀起華文熱，中文系的學生都對此話題產生興趣，然而徘徊在古代傳統和現代應用之間，或多或少也有其迷思。問及車行健老師「傳統經學如何賦予現代精神？」老師認為，中文系的學問當然是可應用的，但其應用範圍仍有侷限，例如近來中國大陸于單掀起的重讀《論語》的風潮，主要是在大環境的機緣遇合、經濟條件與市場的成熟，才能有發揮應用的機會。

因此，現階段的我們應把基礎根柢打好，累積文化素養，靜待時機成熟，自然可將中文之美發揮出來。在訪談結束之前，老師特別引用《後漢書·杜林傳》的故事，藉由古文經的式微、但杜林仍中流砥柱的精神，勉勵中文系的莘莘學子們：「古文雖不合

時宜，然願諸生無悔所學。」

　　老師意味深長的傾訴：「中國五千年的文化是經得起考驗的，它孕育人類文明，這門學問雖無法有立即的報酬或經濟規模，但相較於技術性的類科，中文系絕對不會消失、不會時過境遷，只會永續更新。」古人既然可引領風騷千百年，今人爲何不能將之發揚光大呢？人能弘道，道亦能弘人，學問的傳承是重要的，若能懷抱張載「爲往聖繼絕學」的理念，便能體認到經史之學的重要性。

　　聆聽完老師的一番見解，其氣度的確和老師的自剖暗暗相合——以使命感勾勒理想，以低調的耕耘逐夢踏實，這，便是我們所看到的車行健老師。

當如鷹隼衝霄漢

── 竺家寧老師專訪

黃筱姮、詹嘉紋

　　空氣裡瀰漫著雨後那種特有的腥味，也許是還沒下透吧，陰暗暗的天空籠罩著大地，彷彿正試圖把一條將乾未乾的灰抹布再擰出些水來，悶悶地叫人有些莫名的煩躁。星期五的下午四點十分，百年樓迴盪著剛下課後的腳步聲和談話聲，音量由漸強而漸弱，慢慢的感覺到人群離開了這棟建築物，一切又歸於寧靜。我們在約定的時間到達了竺家寧老師位於三樓邊的研究室，一踏進去，立刻感覺到不同於室外的乾燥涼爽，趁著老師在和幾位學姐談話的時候，觀察了整個研究室，發現有接近 2/3 的牆壁都被高高的書櫃佔滿，書架上也密密麻麻地排放了大量的書籍、研究論文以及資料，被這麼大量的聲韻書籍包圍住，我們不禁有點暈眩了。

　　「研究小學，是沒有捷徑的」，輕鬆地坐在電腦扶手椅上，眼前這位頂著銀白頭髮，戴著眼鏡，樸素裝扮的先生，用他一貫輕輕柔柔的語調，緩緩地對我們訴說著過往……。

研究小學，是沒有捷徑的

　　高中時代的家寧老師就已經是個文藝青年，他一心一意想要考上中文系，第一次接觸聲韻學的領域，是大一由鍾露昇老師教授的語音學課程開始的。等到大三時正式修習了聲韻學，遇見了

影響他一生的許詩英老師（爲淡江大學中文系創辦人），因爲許詩英老師的眼睛不好，患有嚴重的眼疾，需要助教來幫助他處理課務之類的瑣事，家寧老師便擔任了這個職務。後來家寧老師進了師大的國文研究所，許詩英老師口述上課時，家寧老師便幫忙抄寫板書。民國五十九年許老師因視網膜剝離而失明，所以學術上的研究便落在老師的身上，就在許詩英老師口述指導下，他學會了如何找資料以及著手研究的方法。是這樣的訓練磨練，讓家寧老師對於這門人人望而生畏的學問，藉由接觸而後瞭解，投注的時間長了，成績上也有相當的回報，帶來了成就感，進而加深對聲韻學的熱愛。

許詩英老師認爲聲韻學家不能只孤立地研究聲韻，在語法或詞彙方面也不能偏廢，學問有如金字塔，底要廣要穩，才能蓋得高；語言是沒有國界的，必須中西並治，才能觸類旁通，不能只精通中文就滿足……，這些觀念促使家寧老師多方拓展了自己的認知領域，如旁聽當時師大外文所的語言課程、讀了很多西方語言學的專著，慢慢查字典，找方法，也研究出一點心得。在許詩英老師過世之後，陳伯元老師在學術上也給予老師許多的幫助以及愛護，影響可說是十分深遠。陳伯元老師曾經撰「當如鷹隼衝霄漢」一詩勉勵他，而這也成爲老師日後在進行學術研究時的座右銘。想到許詩英老師和陳伯元老師的教誨及鼓勵，讓他能持續的努力至今。

如果說恩師在無涯的學海中，扮演的是指引方向的燈塔角色，那麼慈母便是扮演那吹動船帆的風。在填寫志願欄或生涯規劃時，媽媽總是叮囑老師寫上：「繼續升學」四個字，代表的是學無止盡。母親不斷的督促及殷殷的盼望，是無形的鼓舞，讓老師不敢偷懶懈怠。

　　除了這兩個外在力量，還有勤奮向學的自己。研究小學最重要的是要具備過人的耐心，功力的累積沒有捷徑，也不能靠才華，竺家寧老師就在慢慢的摸索中一點一滴的成長茁壯，最後走出一條屬於自己的康莊大道！

揚帆四海，遊歷世界

　　在老師的研究室牆壁上，貼了兩張大大的地圖，一張是台灣的，一張是世界的，頗有立足台灣，放眼世界的意味。正如許詩英老師所叮嚀，聲韻學不能只侷限在中文的範疇內，家寧老師的研究領域也學併中西，因為學術交流的緣故，有許多機會能到國外去。他喜歡文化歷史氣息濃厚的歐洲，生活步調緩慢，在巴黎國家圖書館的東方稿本室，安安靜靜地展卷而讀，親身與千百年前的歷史對話，感受手指接觸卷軸的瞬間那種小心翼翼的悸動；或是獨自坐著地鐵，跑遍每個角落，在巴黎，老師沒有一天是待在房子裡不出門的，他尤其偏愛地圖上沒有標示的非熱門景點，享受寧靜美好的自然風光；摸遍每張椅子，記得每棵樹的姿態，流連陶醉其中而不覺時間流逝。在藝術之都就令人不自覺想從事些藝術的活動，所以老師去學了法文，也學了畫畫，身為西方文明的搖籃，歐洲具備了更深層的內涵等著人們去探索，除了巴黎以外，西班牙的塞爾維亞是古老的鄉村小鎮，羅馬的圓形競技場等等都充滿了浪漫情懷，也都留下了老師的足跡。

　　相較之下，老師就比較不喜歡美國那種速食文化的感覺，傳播媒體的發達讓我們能輕易接觸瞭解這些城市，因而失去了新鮮感。然而這「到處跑，很重要」，歷史上沒有一個偉大的哲人或思想家是不曾離開家鄉的。孔子、佛陀都曾周遊列國老師對於退休之後，最大的願望就是能到處遊山玩水，趁著還有體力的時候，

多賞玩不同的風光。同時我們看見書櫃上擺放著許多艘造型古老的帆船模型，也代表著乘長風，破萬里浪，揚帆四海的意義，人生就是要有宏觀的眼界，很多東西不是光看書就能得到的，不如親身體驗地走一遭來的實在！一談到旅遊經歷，老師的臉上不禁浮現了笑容，在對我們講述各地風情時，彷彿又重新神遊了一次異國，真要說的話怕是三天三夜都說不完呢！從這個喜歡到處「趴趴走」的特點，我們可以感受到老師活潑的性格，不自我拘泥設限的埋首書叢，可以讓我們的視野更加開闊，不論在做學問，或是為人處事方面，都能以更多元的角度去切入、去面對。

站在世界的制高點

沒有預測到現在這股華語熱，年輕時候的老師，對於中文就抱著不一樣的看法，他說：「中國人在國內把中文學的最好，在世界上就是最好的；英文就不一樣了，在國內學的最好，到國外還是比不過人家。」也因此老師選擇了中文系當作唯一的志願，能夠表現自己的優點，也比較有出路，而後來他也印證自己的想法沒錯，每當到外國演講的時候，每每都只使用中文，發現外國人更能抱著敬重的態度。從伊利諾大學到布拉格的查理大學，常常都會有外國學生問：「我很想來聽演講，但是我的中文不好怎麼辦？」老師總是回答：「那你要好好學中文啊！認真學好，再來聽！」這和理工科的狀況是很不一樣的，理工科或外文系學的都是外國的理論，外國硬體設備也比較好，所以他們也會用一種比較高的姿態來看待我們，只有中文不是這樣的情況，外國人會抬起頭來看我們，這是很不一樣的感覺，他們會因為中文而更尊敬你。而除了把中文學好之外，老師也認為必須在學術上將之推向國際，使其發光、發熱。從民國六十一年開始教書起，花了十多

年蒐集資料編寫成《聲韻學》這本教材用書，以淺顯易懂的文字傳播聲韻學的概念，目前在日本、韓國、新加坡、香港等地都十分風行，當聽見不同國家的學生也能唱出「東冬鍾江，之脂支微……」的韻母歌時，那種快樂和感動是筆墨難以形容的。

　　因此老師勉勵我們中文系的學生，不要妄自菲薄，好好的把中文學好，全世界想學中文的人愈來愈多，不管是基礎的師資或是高層的學術研究，只要運用我們本身的優勢，將來的前景是相當被看好的。

　　「聲韻學」是門中文系的學生視為畏途的課，當我們還是清純無知的大一、大二生時，總是會聽聞學長姐好心的警告提點：「聲韻學超難的喔！等你大三的時候就知道苦了！」這些話在我們幼小的心靈裡不斷發酵，等到自己真的成為大三生，開始接觸這門學問，發現聲韻學的研究方法，和之前所學文學或思想類的課程都很不一樣，它結合了邏輯思考和科學的研究方法，有點類似「考古學」依照遺留的史料，一點一滴拼湊出古人的語音系統，以及語言的演進過程規則。面對這門難纏的「必修課」，我們帶著先入為主的觀念，想像自己即將走上一條滿佈荊棘的道路。然而家寧老師卻以獨特的教學方式，慢慢地消除我們的恐懼。「東冬鍾江，支脂之微，魚虞模，魚虞模；齊佳皆灰咍呀，真諄臻文欣元，魂痕寒，桓刪山。先仙消宵，看豪歌戈，麻陽唐，麻陽唐；庚耕清青蒸登，尤侯幽侵覃談，鹽添咸，銜嚴凡。」這幾個韻母，配上活潑可愛的「兩隻老虎」旋律，將一個個韻母變成琅琅上口的兒歌，在課堂上，全班一同和樂的合唱，使艱澀的聲韻學，似乎也多了那一絲有趣的部分。在教學、學術研究，甚至是個人豐富的生活體驗，現今的家寧老師，早已如當初陳伯元老師所勉勵之語一般：「如鷹隼衝霄漢」了！

尋孔顏樂處，所樂何事
― 林啓屏老師專訪

林萱螢、戴育呈

　　跟啓屏老師的因緣起於大二修荀子課的時候，當時受到老師在哲學方面的啓迪甚多，他上課也曾經談到大學的求學生活，豐富的學識修養令人感受到儒者的風範。在研究先秦思想禮俗、老莊儒學等方面多有成果，近來則以儒學意識和追尋古典根源爲方向。走入研究室，窗前靜謐的林蔭映著架上的藏書，案頭上擺滿書籍文件，一份稿紙還擱在其中，似乎時刻間都在進行著一場與古人的今昔對話。在這次的採訪當中，老師談了一些求學的方法，以及研究生應有的學習態度，和對未來的展望等等。

不改其樂 ― 談讀書

　　剛進大學時不知如何入中文的學術領域裡，很幸運地遇到當時的史記老師汪惠敏先生，非常關心他的讀書狀況，於是領他到圖書館請助教「訓練」，之後每天早上便到圖書館去整理書籍。在將書本歸回上架的過程裡，慢慢了解參考室有什麼樣的書，親自一本本翻過後，開始慢慢了解以後遇到問題要尋求什麼樣的材料解決，日積月累下便養成讀書的樂趣。

　　在與書爲伍的日子裡，發現讀過的書常無法印在腦海中，忘性始終克服不了。於是規定自己每天讀九十頁的書，不論是在哪

方面，看過的報紙和小說也都算在當中。假日時就休息一下，調適心情，不需要頭懸樑、錐刺股，保持讀書的習慣，書讀起來反而輕鬆，在這樣不斷地閱讀中去把記憶累積起來。老師認為能突破這層瓶頸且能達到另一種層次，變成自己內心的底層，就可以召喚更多知識在眼前而加以運用。此外學生常有的通病，對學習的倦怠感，他也是有的，但以前家境較不好，要找出一條人生的路，如果選擇研究方向就要保持、安於一定的熱度，才有好的成績申請獎學金，這也是老師激勵自己的讀書方法。

而在學習上不只是汲取，也要廣博與深刻。廣博的學習對自己的智識能有所啟發，融會貫通的剎那才是有意義的，這就是一種突破。而學問深刻之處，總希望能提出一些新見解，這也是要學思並重。雖然有時思緒糾結難以開通，但或許在剎那間嘎然而解，豁然開朗，這樣的心情不是平日嬉遊、宴飲享樂所可以體會的。「那種愉悅真是有勝於我們日常所看到的快樂。這也是為什麼讀書人讀到後來有某種程度覺得我的日子過得很好，我就過我的生活就好，為什麼？因為這當中真的有一些孔顏樂處。」從言談間似乎也能感染到那份欣喜，當快樂無法用外在的感官去攫取，而是要用敏銳的心去觀照，這樣的快樂或許不易向外人道，但體會過的人皆能會心知曉。

承先啓後 —— 談前輩和後輩

在學習道路上，曾經幫助過他的老師們，不論是在學習思考上抑或是人生觀的體悟都對他有著深刻的影響。如張亨教授，留在他心裡的是一種學問上的沉潛深厚，為人處世公正不阿的精神。這樣典型的人格形象，在充滿雜質的生命裡使人意欲趨近一種純淨樣態。另外在台大歷史系的黃俊傑教授教導下，知道如何去做

一名學術工作者。而從前台大哲學系的林正弘教授，能夠傾聽、鼓勵學生不同的聲音，樹立起一種學習榜樣；還有讀博士班時杜正勝教授嚴格惕勵學生努力學習，在他心底也有著深刻印象。此外在輔大期間，汪惠敏教授知道他家裡經濟不好，便透過某種形式幫助，叫他去抄稿子，其實是以為藉口讓啓屏老師工作而得到薪資。「大一的時候汪老師給我的幫助就很大，事實上我會去找圖書館的助教也是他要我、帶我去的，這樣的一個老師領我進這樣的一個門，我對他終身感激。」

至於想進入研究領域的後輩們，啓屏老師強調走這條路要耐得住寂寞，要學會一坐下來看到書本沒幾分鐘就能進入另一個世界，能抗拒外在的誘惑，讀到廢寢忘食的地步，可以體會這樣的樂趣就能悠游其中，不改其樂。

「當別人在外面看風景，看好山好水，你是在看你的案頭山水」能夠體悟、能夠接受，進來之後會發現是另一個新世界。學問之大非一生能窮盡。老師勸同學們要耐得住性子坐在書桌前，其他一切等進了這個門內自會體會。

至於儒學是不是那麼陌生，不可親近，老師有另一種體悟。人們之所以會感到無法了解，是因為沒有進到脈絡當中。其實儒學是一種很精彩的生命展現，追尋到古典源頭，看看孔子的生命歷程，去想想從前哲人怎麼看待這個世界，隨著他們的眼光去調整自己的視野，會發現儒家的生命就活潑潑站在眼前。用生命去了解，體會到真實感，便能和他們的生命照會。

種桃・種李・種春風 ── 談系主任

提及接掌下一任系主任之事，老師低頭苦笑訴說心情的沉重。希望能為中文系做一點事，為老師和同學創造一個更適合求

學和發展的環境；對一個系主任而言，這是天職，壓力是不在話下。

「因為這是一個很重要的責任，我們系有輝煌的歷史傳統，這個歷史還沒有中斷，還不斷被創造。所以接下這個棒次，等於是壓力增加，所以面對有這樣的一個工作，絕不是有一個位置自己快樂、自傲，其實反而感受到是更大的責任、壓力。」期許在未來系務的發展上，一方面能為同學打開國際學術的交流、開闊視野，並為往就業方向的同學培養出社會競爭力。除了延續過去邀請系友回來分享經驗外，將來也可能邀請其他學校畢業，且卓然有成的中文系朋友到學校座談自己的機緣、經驗和工作成績。另外，本系老師的認真教學，以及研究的成績，很多時候都是相當優秀而傑出的。因此希望將來能夠協助老師參與國際學術交流，如參加大型的國際學術會議或交換教授。如此則本系將有前景可以期待，至於能做到多少還未確定，但以這樣的一個方向為目標。

生活是美感訓練，是跨領域思考 ── 談休閒活動

在忙碌的學術研究中，家庭生活、親人間的感情也是老師所看重的。和師母一起照顧小孩、彼此相互分擔扶持；假日時和家人一同出遊保持良好的家庭互動。有時也愛看看電影，特別是科幻片，從中思考一些人性問題與科學實驗下的衝突性。說完感嘆笑說已經許久沒進電影院，想到近來行程表上排滿了要繳交的論文計劃，看到稿子就害怕，轉頭又看看桌上的稿子搖頭。

當想起以前唸書的時候，沒有那麼多的機會到國外去，等到自己有機會出去，第一個想去看的地方就是歐洲，選擇到歐洲是因為那是一個文化深厚累積的地方。之前去到了維也納的夏布朗宮（Schönbrunn），當時感受到衝擊，有一整個房間全以青花瓷做

爲擺飾。將世界的文化以小觀大，世界各國的文化收容於此，不自足於本土的文化區塊，而是放眼在整個世界上，讓自己的文化真正地活起來，能在什麼樣的地方值得找出新生命，與時俱進。從物質文明體認到東西方的文化差異，經由旅遊，也讓自己在人生閱歷上有不同的思考訓練，不同的美感體驗。

　　在悠長的研究歲月裡，從學生時代累積知識逐漸深化內轉爲飽實而自得的學養，一路上的辛勤耕耘、歷經瓶頸挫折和慢慢欣賞到美好風景，轉折時，再向前探去仍是另一番令人神往的美麗境地，其中酸甜、箇中滋味，在言談中自然流露。正如老師所說的，當中真有孔顏樂處。

攀上小學的高峰

── 林宏明老師專訪

游千儀、陳曉雲

第一次和老師的接觸

　　魔羯座的宏明老師，從外貌就可以明顯看出其認真負責的一面，家中五個小孩中，老師排行老三，目前僅有老師一人在臺北工作，家人們仍待在故鄉台中，忙碌的教學工作也不免減少老師和家人相處的時間。在研究室裡，四處放滿各式的小學研究參考書籍，儼然是個小圖書館，甚至連天花板都成了書櫃，感受到老師在研究工作上的用心，在在都是爲能於小學研究有更進一步地突破。

現代接骨師

　　老師高中就讀台中衛道中學，大學本來想選政大資管系就讀，但高中聯考考完第三天，宏明老師參加一個美國童軍總會舉辦的國際童軍露營，請同學幫他填志願卡，卻陰錯陽差地填到政大中文系，牽起和中文系的緣份。在大學時代自認不算用功的學生，旁修許多資管系的課，一度想要找機會轉到資管系，但卻因成績不夠好打消轉系的念頭，老師亦拿出他珍藏的大學成績單給我們欣賞，且老師曾經記錯古典小說這一科的考試時間，導致下

學期必須重修，以老師的成績在當時看來，確實很難預料之後能以榜首之姿考上政大中文所！

　　宏明老師從大二後開始接觸中文系的專業科目，漸漸地對這個系改觀，認為中文系並非是他心中認定的「學不到東西的系」，也開啓了對文學這個領域的興趣。在修完教育輔系後，老師覺得自己的個性不適合當國中老師，所以決定再進修念碩士班，考完碩士後才盡國民義務。這樣的決定，也奠定了老師的學術之路。

　　為了準備研究所，老師選擇送羊奶這份工作鍛鍊自己的耐力。宏明老師緩緩地述說當時的經驗：「送羊奶比送報紙還辛苦，因為羊奶有冷熱之分，且要應付訂戶隨時更換口味的需求，因此需要加倍的細心。」五點起床送羊奶，七點到圖書館報到，老師憑著自己的毅力，一步一腳印地往中文所之路邁進。很難想像，用功勤奮的老師大學時很低調又常翹課，不過當時班上的其他女同學筆記都整理地很詳細，就連上課時教授的笑話都一字不漏地寫在筆記上，有這些善心同學的鼎力相助，讓老師能順利兼顧學業和社團。

　　之所以選擇小學做為研究領域，主要原因是宏明老師在準備研究所的期間，小學的成績特別高（老師大學的訓詁學成績曾經拿過 92 分的高分喔！），老師也拿出他的研究成果讓我們欣賞，雖然只是一張小小的甲骨文拼圖，但這樣的成果可得看上好幾百本書及論文，且要熟記才能得到的，因此稱老師為「現代接骨師」真是再恰當不過！

人類是百獸之王

　　在訪問中我們好奇地問老師對現在學生的看法，也聽到一些閱卷時發生的趣事。例如有學生想表達人類是「萬物之靈」，一時

想不起來反而把人類寫成了「百獸之王」。（人類什麼時候變成獅子？）還有「酒肉朋友」到學生的手中成了「肉食性朋友」，濫用成語的情形層出不窮，令老師哭笑不得，不過老師也認為，其實現代學生國文普遍低落的原因，有很大一部份要歸因於太習慣使用電腦，學生平時欠缺文字書寫的訓練，自然很容易會辭不達意而鬧笑話。

此外，老師在系上任教前，在某所技術學校教國文，由於這一科對他們來說並不是主修，且班上男生居多，高中男生總是比較調皮活潑，曾經在上課寫黑板時猛一回頭，發現一顆球傳到一半停在半空（高中念女校的我真是難想像這樣的上課情形）。在這樣的環境下教書，老師戲稱領鐘點費好像在領遮羞費，學生都沒有認真在聽他上課。即便如此，老師也透露以前有些同學調皮的事蹟：大學時在宿舍偷偷煮火鍋，怕被教官發現，結果每個人都抽個三、四根煙營造煙霧瀰漫的樣子，順利地混淆眾人視聽。

今年不嫌早，明年一定要

秉持著我們一貫八卦的精神，不免俗地也要問老師的感情生活，不過老師只透露有交過女朋友（至於交過幾任，老師要求保密）有一個是在大學社團裡認識的，後來因畢業各自忙碌而沒有結果。老師也喊出了「今年不嫌早，明年一定要」的口號，宏明老師以幽默詼諧的口吻輕描淡寫地敘述他的感情生活，採訪的我們唯一能做的就是會心一笑囉！

只要能再往前走一步，就能締造我的紀錄

登山，是一個需要毅力與勇氣的活動，外表溫文儒雅、內心謙虛的宏明老師，選擇登山，做為他的興趣。初入政大中文系，

便加入童軍社與登山隊，這是兩個相輔相成的社團。四年來，投入相當多的心力，也從中獲得人生的寶貴經驗。（值得一提的是，老師的初戀，也發生在社團中喔！）

大學畢業後，老師以黑馬之姿錄取政大中文研究所，爲當年榜首。在研究所生涯中，老師仍然致力於登山活動，在學校的時候宏明老師上課經常背著一個大背包，其實是在做登山所需的負重。在一次因緣際會中，成爲選手，前往新疆，挑戰帕米爾高原第三高峰 —— 幕士塔格峰，維吾爾人稱之爲「冰山之父」，具有發達的現代冰河和海拔 7546 公尺的高度，是培養遠征隊經驗的絕佳環境，成功登頂的政大登山隊，爲國內大專運動史締造輝煌的一頁。

這趟旅程，讓老師對於人生產生許多新的思維，也在腦海中，烙印下永遠的畫面。一群隊員中，有三人成功登頂，而老師便是其中優秀的一員。登頂的那一刻，老師的心中浮現一句話，「這一秒，我是全世界站在最高處的人！」這種心情，讓無法親身體會的我們，感到羨慕不已！「爬山時，是自我對話的最佳時刻。」老師還強調，上山跟下山的思考也不一樣喔！當最後時刻，往往是與自己的對話過程中所產生過人的意志力，帶領我走向成功。而下面這句話，讓我深刻體會到，老師對於山的感情，是如此深厚，「若要找出一千個最美的地方，有九百九十九個都在三千公尺以上。」聽到這裡，讓我們也心生嚮往，想隨著老師到山上走一遭。

當我們好奇老師如何面對登山過程中的一切困難，尤其是會威脅到生命的許多危險。老師露出輕鬆卻堅毅的表情說：「登山時，如果遇到了體力與意志天人交戰的時刻，就會堅決的告訴自己，『只要能再往前走一步，就能締造我的紀錄』。」備受感動的我，看到老師眼睛散發出的光采，想到在學術上，老師也同樣擁有這份精神，就更讓人敬佩。

以濃墨揮灑出的簡淡人生
—— 林麗娥老師專訪

洪毅芩、莊幃婷

在一個晴好宜人的晚春午後，我們帶著雀躍的心情，前往位於井塘樓的教師研究室，進行第一次的採訪工作。身著仿唐式米白衣裝的林麗娥老師，如同是日的晴空一般，將她的生命故事與人生哲學，以柔緩和藹的語氣對我們侃侃而談。

童年貧窮生活中凝聚出的無價富有

在偌大敞亮的教師研究室中，麗娥老師談起她的童年，聲音裡便也透映著燦亮的日光，那是一段雖然遙遠卻永不褪色的美好記憶。在幼年時期，對麗娥老師影響至深的，是她那白手起家的父親，與默默為著家庭犧牲奉獻，卻始終無怨無悔的母親。她永遠記得，父親為了減省開銷，家中一本本的帳簿，都是他親手縫製的。雖然在她七歲時便離開了人世，但其刻苦耐勞、堅定果敢的人格特質，及為家庭竭力付出、為生活努力打拼的堅毅形象，卻一直烙印於麗娥老師的心靈深處，直到如今。

由於幼年喪父的遭遇，母親，便在麗娥老師的成長過程中扮演了重要角色。麗娥老師口中的「慈母」，不僅僅是一位性格慈藹可親、與世無爭的好長輩，更是麗娥老師畢生的學習對象與行為模範。母親雖然遭受生命中的諸多質變與衝擊，仍然在逆境中尋

求命運的出路，獨自勤苦持家，將子女們撫養長大，並成為孩子最好的聽眾，給予他們絕對的尊重與鼓勵，使麗娥老師與她一起成長的六個姐妹，在一種完全自由的氛圍之中，歡快而健全地成長。

麗娥老師最深刻的童年印象，就是一群孩子們每天都無拘無束地在外頭盡情嬉戲，直到天色已晚、筋疲力竭，才打道回府；回家後還天真地和姐妹們以比賽誰能吃最多碗稀飯為樂，殊不知母親的米缸早已經空空如也了。「雖然家境不好，但我卻有很寬闊的天地遊玩！」老師生動地回溯當時淳樸自在的農村生活，夏天夜晚與左右鄰居孩子一同拿著鍋子敲敲打打，將草蓆鋪在頂樓，無憂無慮躺在草蓆上仰望滿天星空，大人就在一旁講故事，直到現在，這樣的童年風景未曾褪色。

麗娥老師那被幸福感緊緊環繞的童年記憶，可謂來自於母親「無言之教」以及那不分你我、充滿深厚人情味的社區的甘甜賜與。回憶起心中的母親，老師永遠記得生病發高燒時母親的憂心與焦慮，「媽媽背著我跑醫院，跑啊跑啊……我都還記得媽媽背上的溫度。」如同連續劇一般，就這樣在老師真實的童年上演。

母親的身教，使她體會到一種難能可貴的醇美德性，使她相信唯有順境與逆境皆備，並永遠泰然處之、樂觀以對，生命便能簡單動人且充滿奇蹟。只要擁有「誠懇」與「單純」的靈魂意識，便能造就出生命中的感動和美麗。

麗娥老師幼年時期的種種經歷，點點滴滴都潛移默化地形塑了她的成長之路，並微妙地拼貼出生命的真義。物質環境的貧乏從未構成任何危難與阻礙，反而造就其心靈場域的奢華與圓滿，當麗娥老師笑容滿面地談及兒時的一切，眼神中沒有一絲怨懟或遺憾，卻滿是對童年生活的甜蜜追憶，及對慈父慈母難以言喻卻

真實懇切的感激之心。

求學生涯的幸運機緣隱喻了一生職志

　　麗娥老師對於中國書法藝術領域的深入探賾與專精研究，是眾所周知且無庸置疑的。但談及求學階段學習書法的經過，老師微笑地表示，在幼年時期，她的習字過程和一般孩童並無二致，也從未有真正的書法老師給予她深刻的啓蒙。直到小學四年級，麗娥老師幸遇一位循循善誘的班導師，在她鼓勵性地引導下，奠定了麗娥老師書法、作畫與寫作的基礎，也開啓了她對文學與美學的深厚興趣與學習熱望。當時的導師要求學生習字須先從模仿名家的字跡開始，從描摹的過程中體會書法的運行與其中的奧義。而至今，麗娥老師在進行書法教學時，也依然視「描紅」爲書法練習的基礎及開端，強調臨摹對於書法初學階段的重要性。

　　而麗娥老師的對於文學與藝術的濃厚興趣，也在如此良好的學習環境培育下，逐漸地抽芽並且茁壯。當時身爲「清寒兒童」的她，無法像一般孩童預先獲得學習的契機，因此在從未接觸過任何課本的情況下，當其他同學都已能琅琅讀出教科書上的國字時，注音符號的辨識與發音，對當時的麗娥老師而言，卻仍是不具意義的陌生符碼。然而在小學老師的鼓勵與教導下，她逐漸感受到文字的美妙與寫作的喜悅。麗娥老師笑笑地回憶道，當時的班導師要求學生們寫日記，出身農村的她便就地取材，寫了一篇〈我家的小雞〉，想不到卻得到了生平第一個「甲上」，這對於一名尚且年幼且涉世未深的小小學童而言，是多麼大的鼓舞！由於這樣的因緣際會，不但成爲麗娥老師走向文學之路的奠基石，更激發了她對文學的熱切志趣和濃烈情感。至於習畫與習字方面，麗娥老師也在此時憑藉自己擅長的描摹能力，臨摹了諸多畫作與

字帖，透過這種紮實的學習方式，為自己的文藝才學奠下穩固的基礎。在國中時期，麗娥老師的書法字便已成為諸多同學的傚仿對象，而她也如魚得水地在格子的世界裡，深深體會到書法的甘甜及奧義。

在高中時期，就讀彰化女中的麗娥老師，雖然無法像童年時期，幸遇有知遇之恩的好老師，能在書法領域給予她適切的指導，卻依然憑藉自己的努力與意志力，繼續練字習畫，筆耕不輟。「我一直相信能遇到一位好老師，是『得之我幸、不得我命』的。」麗娥老師認為，雖然一名優秀的教學者，對於學生的學習至為關鍵，但自己本身的努力卻更為重要。唯有在面對生命中的種種波瀾與變數時，秉持著去我執、一切隨緣、隨遇而安的態度，便能知足常樂；凡事只要能盡心盡力，但求無愧於心，便能體認到生命漸漸醞釀而成的真理與幸福。她也相信，許多人事物的存在與生發，都是命運的特意安排，包括人生的難題與人事的聚散。如在大學時代，麗娥老師因為對文學的熱愛而確立志向，決意從事教職。而在此時，她便認識了當時的同學高桂惠老師，並與之成為莫逆，桂惠老師在她眼中不僅亦師亦友，更是一位聰慧而博學的學習對象。麗娥老師微笑地憶起當年，兩人在下課後一起散步時，桂惠老師一邊唱著英文歌曲，一邊與她分享歌詞意境的場景，「所以我大學階段都是跟著高老師長大，哈哈……」說到這裡，老師的幽默讓我們也跟著笑了，大學時的莫逆之交，如今在麗娥老師心中仍歷久彌新。「這些朋友真的都是一輩子，誰知道以後大家一個個都到了政大，回到你身邊，也不知道這是什麼樣的因緣。」麗娥老師看了看窗外的校園景致，若有所思地笑著。

因緣際會教書法，從「不得不」到「心甘情願」

從未替自己人生設限，隨緣樂觀看待人生的老師，完全沒有預料到自己後來的人生會和書法關係如此密切。

麗娥老師專長本為先秦諸子，但由於當時系上缺少書法老師，因緣際會下接下了書法老師的任務，本來只是兼課性質，卻也因此一腳踏進了書法教學的世界，和書法再度結下不解之緣。「其實在政大，我最不喜歡教書法，但很諷刺的是，同學最肯定我的卻是書法。所以我沒有辦法逃掉。」老師有些無奈的說著。從不想教，又不得不教的情況，到最後領悟、心甘情願一頭栽進書法教學，這中間原來是有段不為人知的故事與心理掙扎的過程。

這要追溯到麗娥老師小時候，除了教學之外，老師內心一直有個待完成的夢想。因為小時候身體不好，所以曾在心理默默地立下志向要學中醫，準備博士班一畢業，就要離開政大，到南京中醫學院完成自己二十歲的中醫夢，但當一切準備就緒之後，卻發生行李被意外帶走，證書怎麼也無法傳真到南京學校的怪事。老師皺著眉說：「我就在想到底是怎麼回事！最後，我知道這是老天爺的安排。」麗娥老師表示，從小到大經過許多老師們的栽培，如今就要開花結果，這也代表自己該奉獻的時候。回想起當時還曾在日記上寫著「再沒志氣就回政大去吧！」就是想要斷絕自己回政大的路，但沒想到人生的機緣是如此的奇妙，就在這樣的心念一轉，麗娥老師開始義無反顧地投入書法教學的領域。

本來寫書法、創作書法對麗娥老師來說是件很快樂的事，但老師苦笑地表示，當上書法老師之後才發現所有的時間幾乎都被改作業所佔據，「改完後就精疲力竭了，也沒有心力可以自己練字。」從興趣轉到教學的路其實並不如想像中容易，書法教學的辛

苦，從書桌上堆疊如山的書法作業已經表露無疑。但是老師最開心的是可以看到同學在書法學習中的自我成長，就是秉持著這種寬容的心，永遠給學生最大的鼓勵和成長空間。麗娥老師強調書法和一般學科不同，書法本身就是一種修養，人品上的薰陶，而理想的書法老師就像是一個渾然自在的個體，站在講台上，即使不講話，本身就是身教。練書法其實同時也是在鍛鍊、調理自己的心，「書法很單純，一個白底一個黑字，一隻毛筆，就可以讓你一輩子樂此不疲。」就在筆墨的涵養中，體會到生命的豐富與精采，不在外表的絢爛，而是在胸臆間的平靜與和諧。每每談到書法，老師臉上便散發出無盡的光彩，書法儼然已成為她生命中不可切割的一部分。

無喜無憂，隨緣自在的人生態度

　　書法對麗娥老師人生態度的影響是潛移默化的，老師笑笑地說：「操之在己的，就應當努力，不操之在己的，就隨緣。……就像莊子所說的『不待』。」人生就像戲劇，隨時都在變化著，即使如此，老師認為最重要的是態度，只要在當下努力盡心做好每件事，最後結果好或不好，誰也無法預料。計畫總是趕不上變化，對本來準備要休假的麗娥老師來說，今年是起伏變化頗大的一年，從休假、退休到繼續教書，麗娥老師在一年中歷經三次轉折，卻不曾感到困擾，反而皆以隨緣的心胸豁達以對。「人生就像是考題，我們現在每個人都在作答，答得好答得不好，我都很歡喜地接受這樣的考驗。」不管是逆境或是順境，就是這樣樂在其中，享受生活，自在恬淡的態度，讓麗娥老師臉上總是帶著和藹的笑容，同時也像午後溫煦的陽光感染了我們。

　　談到目前的生活，麗娥老師露出她的招牌笑容，「當然是滿

意的囉！」住在南投中興新村的麗娥老師，興奮地與我們分享住在大自然與山林之間的幸福感受。「屋子的前後都是廣大的草皮，晚上睡覺時，還不時會有花香飄入。」常會因為聞到不知名的花香而醒過來，然後再滿足地入睡。說著說著，我們也不禁閉上眼，想像著那幅美好的自然之景，感受花香襲面的喜悅，彷彿就身處在中興新村，那樣寧靜清涼夜晚，路旁樟樹散發出清香，生活在這樣的人間仙境，讓老師體會到生命的滿足也忘卻了舟車勞頓之苦。

身處在中文系，麗娥老師表示最快樂的就是體會到聖人之言所帶來的啟發，讓我們能昂昂然，挺拔於天地之間，而聖人之言是一種思想智慧的陶養，不同於書法的柔和、自在，以及遊玩於其間的自適與滿足，即使如此，此二者對老師而言，都是她甘之如飴而不可或缺的生命風景。

訪談接近尾聲，麗娥老師準備啟程回到幸福的家，手上拎了一大袋的書法作業，她笑容滿面地與我們揮手道別，看著老師的背影，映著午後斜陽，我們深深體會到平凡中的不凡人生，與最單純卻最雋永的生命情調。

爭光，在每個人生的轉折處看見希望
── 侯雅文老師專訪

黃　漢　偉

　　「你的問題頗多，很驚人，好像打算幫我寫回憶錄了（露齒笑）。不過由於這些提問，讓我有機會跳脫此刻忙碌到幾乎忘了自我的生活；想想在學術之外，我是什麼樣的人？」這是侯雅文老師接到我的問題時的反應。

　　一頭烏黑的長髮過肩，俐落的褲裝打扮，上課戴著一隻小蜜蜂，在講台上眉飛色舞的說東坡話稼軒，偶而幾句驚人的笑語，激昂的上課情緒，這是我對老師的第一印象。她習慣互動式的教學，一旦向學生提問而獲得到滿意的答案時，總是不忘一句口頭嘉獎：「爭光了！」這句話，成為學生們心目中老師的招牌用語，彼此也以爭光為樂。

注定沒有蕾絲裙的童年

　　老師談她的童年時，顯得有些靦腆。她的故鄉在嘉義，家族經營碾米廠。父親是台電的員工，每天有爬不完的電線桿；母親則須為家計而忙碌，經常得外出送米。在老師的回憶裏，童年時很少有機會把父親當馬來騎，也難得依偎在母親的懷裏。小時候，她常常在堆積如山的米包上玩耍，並經常由高處跌下。可能因為跌久了，就得了懼高症。她說：「在這個環境下成長，就註定我不

是個穿蕾絲裙，紮蝴蝶結辮子，笑起來會掩著嘴的女孩。」這個
沒有機會穿著蕾絲裙的女孩在第一次上幼稚園時，面對即將與父
母親短暫地分別，竟抵死抓緊幼稚園大門的欄杆，哭得死去活來，
一副好像再也見不到家人那般悲痛。老師竟然曾經那麼怕生！她
略帶感慨而疑惑地說：「這些往事，現在回想起來，只剩下朦朦朧
朧的影像了，有時我懷疑自己曾經那樣自閉嗎？」現在的老師總
是面對滿教室的學生滔滔不絕地講課，甚至伸出食指向前揮舞，
這種形象讓人很難與她的童年聯想在一起。她說這些轉變讓她對
渺遠的老天爺起了敬畏之心，感懷祂讓生命處處充滿轉折。

叛逆的挫折

國中時期，老師留著一頭中分又西瓜皮式的髮型，木然的表
情配上黑色細邊的厚重眼鏡，老師打趣地說：「從旁人眼裏看來，
我的眼珠子像浸泡在一潭洗米水中；又像閉著眼睛生氣的癩蛤
蟆，極醜。」不過美醜的問題並沒有令她困擾，她所困擾的是如
何考取一所好的高中。她常常一個人待在無法直起身子的閣樓，
在狹隘的空間中，將伸手可及的天花板寫滿「必勝」的字眼激勵
自己，還假想同窗的勁敵也埋首苦讀，藉此作為鞭策自己前進的
動力。

在景美女高求學的日子，是老師感到最愉快的時光。「我有
一大群死黨，不管上課、吃飯、回家途中都在一起。放學搭公車
的時候，因為捨不得和她們說再見，有時候故意過站不下車。那
種友情的滋味真好。」老師的眼中似乎還盪漾著那個時候的熱情，
那種不談男生、不談成績的單純情誼。國中時期好爭競的心理，
在高中時期便不復存在。她回憶當時對考試的態度，說：「覺得拚
命讀書考高分是書呆子的行為，勇於爭取落後的名次才拉風。」

原來老師也走過年少輕狂的日子。

　　年輕的心靈總是喜歡追求縹渺而不真實的事物。因爲曾經見到一位蓄著長髮，有著充滿個性之臉龐的室內設計師正在構圖的神情，老師因此把室內設計系當做自己將來選擇大學科系時的第一志願。然而，在此之前，老師完全不知道室內設計師大多過得勒緊著褲帶的日子；也壓根不清楚室內設計這個工作的內容，只是憑藉一股不切實際的幻想。可惜，大學聯考放榜，老師的成績「不小心」遠遠高過室內設計系所要求的錄取分數，而足以進入大家認定比較理想並對未來就業有保障的校系。於是她與「幻想」就這麼擦身而過。

　　「叛逆，是個時髦的字眼，不過它需要某些條件的配合；若是勉強造作，總覺得不倫不類。」老師說。那時候，她一度想追隨流行而唱反調，堅持投身室內設計系的懷抱，享受叛逆的快感。偏偏老師沒有這樣的福氣，家人冷淡的反應讓老師叛逆不起來。她說：「我感到悲壯的強度不夠。這時才了解，原來叛逆成功的條件，就是強悍而頑固的父母。可惜我的父母不夠強悍，讓我失去了體會叛逆的滋味。」

　　似乎叛逆的挫折讓老師感到一股沒有年輕過的遺憾。

走進另一片天空

　　進入高師大國文系，老師開始注意自己的語文表達能力。當時班上自編刊物，同學們紛紛在上頭發表創作的成果。對此，老師曾經感到沮喪，她說：「我既羨慕他們，也爲自己見不得人的文筆而感到自卑。」那時擔任校刊編輯的學姊施淑綬十分鼓勵她，並願意抽空幫她修改文章。幾年後，老師在唸博士班時，連續榮獲文建會大專學生文學獎、教育部文藝創作獎。當時老師心中第

一個念頭，就是希望和淑緞學姊分享這份喜悅。可惜因為太久沒有聯絡，而不知如何找到淑緞學姊，至今她仍感到悵惘。

在顏崑陽老師的介紹之下，老師獲得清大蔡英俊教授的指導。在這段求學的日子裡，老師不僅在學術上獲益匪淺，也在待人處事上受益良多。她說：「過去，那個不知學術為何物，不知道生命價值何在，只一味流連在聯誼與舞會，或因為感情連番受挫，因而整天愁容滿面的侯雅文似乎死去了。在追求知識與生產知識的生活中，我的人生方向逐漸清晰。」

淬煉，在人生的職涯

老師在國中任教七年，同時進行碩士班的學業。接著在考上博士班後辭去國中教職。老師的決定看起來都有著很大的冒險成分。有兩年的時間她沒有固定工作，偶而應出版社的邀約，撰寫高普考的參考用書。這段期間她曾經計畫到廣告公司去上班。但考量廣告公司工作時間很長，在衡量博士班的學業後，遂忍痛作罷。她說：「我一直以為唸中文系並非沒有前途，外面的就業機會很多，最重要的是自己的專業能力夠不夠勝任那些職務。」在老師的經驗裡，沒有不可能的事情。

在國中任教期間，老師必須到男生班去授課。她考量過自己的衣著，擔心不一樣的尺度有不一樣的效果。「在穿著上若是太浪漫唯美，恐怕被學生欺負；若是穿著合身而稍露曲線，又怕影響學生的注意力，所以我就養成了穿著褲裝的習慣。」這個習慣一直延續到現在。她總是一身簡單俐落的褲裝，略施脂粉，扛著裝滿書籍、講義而顯得沈重的袋子；走路的時候，及肩的髮尾會因為氣流而飛揚。老師還逗趣地說，自己上課會因為課程的內容，不由自主的激昂起來，兼以比手畫腳，如此神態穿上洋裝，感覺

很滑稽彆扭。

回想自己的教書過程，老師為任教國中時期曾以參考書為準的教學方法感到慚愧。「這幾年來，書讀得越多，越發覺得問題意識以及敏銳的感受力、思考力才是閱讀的基礎。」因此老師期許每一個上課的同學獨立思考，改去被動接收的習慣，時常以提問的方式敦促學生進行腦內激盪與革命。但是她又擔心學生只是一味地感性而沒有論證，只有自我而忽視他人，因此要求學生注意相關的前人研究成果。「我要求大學生或研究生撰寫報告時要檢討前行相關研究成果，以便與學術社群對話；要注重研究方法，以確保論證的有效性。同時我也這樣要求自己的學術研究。」老師的眼睛綻放堅定而自信的光芒，以此鼓勵學生並期許自己。

學術與發呆之外的知足

聽了老師這麼豐富的人生經驗，我開始幻想老師在忙碌中的閒暇時間都在從事怎樣的娛樂？老師笑著推說自己的二十四小時中，除去研究、教學以及必要的發呆，幾乎沒有剩下多少時間。言談間，老師展現對於生命的積極以及對於學術的熱忱。

「唯一的嗜好就是游泳。有時候玩一玩紫微斗數以解悶。」這是老師空暇的調劑，對於身心靈都是不錯的享受。而老師對於政大青山綠水的環境也極度讚賞。曾經，老師也期盼過，終日徜徉在蒼鬱的山林之間，享受芬多精的滌淨與蟲鳴鳥叫的多彩多姿。只是眼下忙碌的生活與課程，讓老師無法實踐這些「奢侈的願望」。如今政大的依山傍水，百年樓前的兩旁楓香，芬芳的樹味草香，都讓老師感到愉悅，而最讓老師振奮的是溫水游泳池的開放！「對我而言，能夠在上課時呼吸芬多精，下課後游泳一千公尺，這樣的生活已經令我感到滿意了。」老師笑著說。

在幕後的舞台上演人生的劇

── 侯雲舒老師專訪

蔡依綾、林毓珊

　　2006 年 7 月 18 日下午一點整，我們抱著既緊張又期待的心，在掛著「侯雲舒」三個字的白色門上，輕輕地扣了三下——迎接我們進去的，不只是單純的「請進」，而是直接站在門後開了門的，老師的笑臉。

　　進了研究室，映入眼簾的是一個乾淨而簡潔的空間。研究室中央有張辦公桌，除此之外都是白色的書架；但是這些書架卻是出乎意料的空，只零零散散地放了幾本書，這樣的書架打破了我們一般對「老師的書架」總是層層疊疊汗牛充棟的印象。老師連聲要我們快點坐下，我們兩人和她就隔著一張辦公桌對望，因為我們還不是那麼熟悉老師，有那麼一點尷尬的氣氛瀰漫在這個潔白的小空間中，幸好，雲舒老師爽朗的個性讓我們放輕鬆了不少，訪談的開始就以一連串的笑聲作為開場白。

　　打開今天訪談思路的第一個問題竟然是 ──「老師研究室怎麼不放一個沙發？」畢竟這樣乾淨而簡單的研究室，就中文系的老師來講實在少見。雲舒老師才剛到政大不到一年，每週還有幾天要回到中正大學教課，真正留在政大的時間並不多，也因為如此，研究室內沒有太多多餘的東西，正好和老師的個性相對照，一樣的清爽和單純。

　　當我們坐得端正，拿出筆記本和錄音機，準備開始今天的訪談，老師見狀也跟著嚴肅起來。問了幾個問題之後卻發現這樣的方式拘謹而不便，無法暢所欲言，最後乾脆丟下筆開始東南西北地聊起來，老師這也才打開話匣子，告訴我們她真正的想法，我們也得以從中了解老師真實的面貌。

我是在戲台子後面長大的

　　會走上戲曲這條路對雲舒老師而言，似乎是命中注定的。

　　在經歷了社會新鮮人面對職業志向的猶疑和徬徨後，回歸到戲曲研究上來，雲舒老師對於自己最終的決定一點也不意外。在大學時代就以記者為志向的雲舒老師，從大一到大四都是擔任校刊社的編輯，甚至畢業後就去參加花東救國團的隨隊記者，跟著救國團東征西討，充滿活力的救國團生活，的確帶給她許多成就感，但吃重的工作量卻也讓她逐漸感到吃不消，於是她毅然決然的離開了救國團，到了某間雜誌社，重拾了大學時代的老本行——編輯工作。

　　編輯的生活是被截稿日期追著跑的，為了每期的題材，她挖空心思，掏盡了之前所學，才能應付求新求變的編輯生活，這樣忙碌只能向內求的日子讓雲舒老師感到空虛，於是，她決定再回頭唸書。

　　選擇做哪一種研究對她而言並不困難。「我是在戲台子後面長大的。」她驕傲地說。由於父親是司鼓，她從小就跟著父親隨著戲班四處表演，戲曲對雲舒老師而言是熟悉到近乎內化的一門學問。她對於戲曲的熱情從來沒有減少過，因此在嘗試了記者編輯等職業後，她終究回到她最熟悉的舞台 —— 戲曲研究。

　　投入在戲曲研究上的她對於研究資料的煩瑣是不以為苦的，

興趣和持續的熱情是她從事研究中最大的動力。這份熱愛使她在
生命的旅途中走岔了許多路後,仍舊找到自己的方向,「生命會自
己找出路」這句話用在雲舒老師的身上是再確切不過了。

讓蝴蝶重新飛舞 ── 改編「新蝴蝶夢」

　　戲台子是雲舒老師最熟悉也是她灌注熱情最多的地方,除了
在政大中文系開設戲曲科目外,她也在中正大學擔任「梨園」劇
坊的指導老師。當學生們粉墨登場,在舞台上詮釋生旦淨末丑的
喜怒哀樂時,她總是在台下專注的檢視著。

　　2004 年中正大學梨園劇坊的公演演出「試妻?是欺!」,這部
戲是雲舒老師改編魏子云的「新蝴蝶夢」。魏子云的「新蝴蝶夢」
是建立在《大劈棺》的基礎上 ── 莊子好學,因此疏淡了夫婦之
愛,使妻子田氏心生不滿。此時九天玄女幻化為寡婦搧墳,點化
莊子洞徹夫妻情愛的真諦。之後莊子試妻,使田氏了悟,於是兩
人雙雙步入仙界。在魏子云的蝴蝶夢中,情欲是被否定的。

　　雲舒老師改編這部戲,並將之重新搬上舞台。以往我們所看
見的《大劈棺》,是殘酷的、對人的情欲持否定態度的;在雲舒老
師改編的劇中卻肯定了妻子的慾望,但並不是刻意從女性主義的
角度出發,因為「過度彰顯女性就等於過度彰顯男性」,她選擇「從
夫妻間的互重信任,來探討人性的不同面」。重新展現情欲的一
面,承認人的慾望,尤其是女人的慾望 ── 人的情感是自然地產
生的,當然也要用自然的態度去面對;人的情感是多變的,所以
要從不同的角度去探討,因此這部禁忌似的經典經過她重新詮釋
之後,讓人有更多的思考面向。

　　由於她對於戲曲的熱情重新詮釋了古本,讓傳統戲曲有了新
生命,也讓新世代的人們再度肯定古典的價值,在這方面,雲舒

老師的確功不可沒。

客串「我的逍遙學伴」不消遙？！

「我對於劇團成員的要求非常嚴格，這和在學校上課的輕鬆是完全不同的。」平時親切、不希望帶給學生壓力的雲舒老師面對喜愛的戲劇卻是不容妥協的要求盡善盡美。除了這是身為「梨園」劇坊的編劇和舞監的責任外，也是她對於戲劇熱衷的呈現。

如此熱愛戲劇的她對於上台演戲這件事卻避之唯恐不及，在電影「我的逍遙學伴」中的驚鴻一瞥，似乎讓客串演出的雲舒老師緊張不已，習慣居於幕後的她一旦成為聚光燈的焦點，就令她感到舉步維艱。

「比起上台演出，我還是覺得幕後比較自在。」她苦笑著說。隨性率直的個性讓雲舒老師嘗試過幕前的尷尬和不自在後，更堅定了自己的方向——當個在幕後實踐夢想的人。她改編古本成為膾炙人口的新劇，她指導學生們的動作和走步位置，她使一齣戲劇流暢有深度；即使對於上台感到恐懼，居於幕後的雲舒老師仍舊是讓整齣劇成功的關鍵。

想做的事，Justdoit

俗話說：「人生如戲」。為了在舞台上有精湛的演出也許可以幾番練習，在人生的路上卻沒有辦法重新來過。那麼，雲舒老師是否已經達到自己的人生目標了呢？對自己至今的人生又有些怎麼樣的想法呢？

「我的求學過程其實算是順利的。但在我確定要念研究所前，我也嘗試過很多事情，譬如說記者，譬如說編輯；然後我發現我還是想做戲曲的研究。所以說，有想做什麼事情的時候，就

算現在不順利，只要有『想做』的心一直保持著，我相信那樣的心一定可以讓你達成你的目標。」雲舒老師如是說。

說解人生風景

── 洪燕梅老師專訪

韓克瑄、劉宜欣

　　一頭俐落的短髮、矯健身影穿梭在校園裡，這是燕梅老師常給人的印象，如所嚮往的游俠形象般，在學術、課堂、人生場域，持筆如揮劍、快意任達，帶著對生命的哲思闖蕩。

　　在許多學生眼中，燕梅老師很酷！不僅是小學界女中豪傑，更是因為老師的生命經驗和體現在生活上的個人思想。老師帶著微笑告訴我們她曾是放牛班的孩子，大學考了三次，同時做個「驚訝吧！」的眼神，說來卻是雲淡風清。談及母親的身教 ── 另類思考，不強迫讀書 ── 和影響，言語充滿孺慕之情。從小曾經寄住不同人家，學會如何適應環境、觀察人。反映在課堂上，每次踏進教室都是抱持著看不同學生的想法；反映在生活中，喜歡和不同人群接觸，看他們人生中的優缺點和思考模式。人生是門大學問，從不同人身上學到的，往往不是僅念書就能懂的道理，老師鼓勵學生不僅要做學問，也要學做人，人生中的「眉眉角角」需要經驗。我們彷彿從澄明透徹的眼睛裡讀出燕梅老師「讀人」的溫柔藝術。

陰錯陽差的學術生涯

　　採訪是在一個溫暖早晨進行，我們共處在整齊光潔的研究

室、有條不紊的典籍群書間，聽燕梅老師柔中帶剛的嗓音談學術生涯。大家常好奇老師是如何踏進小學領域的，原來當初是跟隨著指導教授步伐，加上研究所考試小學成績竟然高達 96 分，因此便進入了政大中文所、一頭栽進小學的世界。老師還開玩笑地說道，因爲不夠浪漫才無法走文學路線，又因爲不夠理性也不能走思想路線，所以只能研究文字學與訓詁學了，不過看著書櫃上厚厚的典籍和翻閱的筆記就能明白這其中所下的功夫之深。她認爲生活不要排擠，在學術上也比較不會被自己侷限，雖然幾分證據說幾分話的小學有其寂寞的一面，但做學術也有其快樂，老師認真笑著說當前的目標便是寓思想於文字學。

從前在大學時代較少參與系上活動，現在回想起來，老師不免有些遺憾，因此鼓勵同學們在大學四年當中，不要排斥課業之外的活動，多交各種不同性格環境的朋友、可以學到許多做人處世以及處理事情的技巧，不但可以增添生活上的趣味，思考模式也會跟著有所提升，對未來的適應能力也有不容小覷的影響。特別是參與公眾事務的經驗是最好的學習機會，她提醒學生的心態要想遠一點。同時鼓勵中文系的學生，要訓練自己的抗壓性，她表示中文系學生比較有羞恥心，這是好現象，不過常常會演變成束縛自己的壓力，對於別人的指責或批評，較缺乏溝通的能力，因此接受責任的心態很重要。反映在教學方法、訓練學生課堂報告上，就是不要錯過每一次上台推銷自己的機會，學習如何與台下同學互動，而台下的同學也要學習如何「傾聽」，並檢視自己。今日的學生過於依賴老師，缺乏事前的主動、事後的反思和接受改變的勇氣，燕梅老師說教育最重要的就是要自己思考、延伸，學著掌握變與不變的原則。

談起關於華語教學的話題，就長遠的眼光來看，燕梅老師認

爲這是個契機，中國文字的藝術吸引世界的著迷，中文系學生更要用心學習。但是小學相較於文學類與思想類，顯得比較枯燥生硬，也不能過度詮釋，老師在課堂帶領學生多向思考，而教學方式與技巧設計要靠自己揣摩，將課堂上死板的東西作變化。聊到中文熱，老師臉上充滿神采，但也語重心長的表示，眼光要放遠，不能只視之爲「熱」，因爲熱終會有冷的一天。

「逆來順受」的人生哲學

　　老師愛笑，不論是淺笑或被學生逗樂大笑，都有一股爽朗之氣，可是清爽中又帶略略的蒼白。從小身體就不大好，動過多次大手術，然而回過頭看這些生命中的波折，除了感恩、自在，似乎也沒有其他心上的波動。她說生命中挫折與轉折的差別就在改變你觀看的心態。老師俏皮地反問我們生活要什麼，一時千頭萬緒答不上來，老師則閃著光芒笑說：「要什麼？什麼都不要！」她說就是因爲什麼都不要，才能活得自在、學會接受，老師不太在意外界批評的，所謂的「應該」或「不應該」往往造成自己或別人的痛苦。這裡老師坦承不喜歡教書，選擇了不喜愛的工作，但選擇去愛這工作，做好該做的事。這就是老師逆來順受的人生哲學，所謂逆來順受並非全盤接受，而是你有選擇的權力，那尺寸原則是不斷試練後的拿捏。「什麼都好」便是老師的座右銘，學會接受與感恩，把每一天活得充實，想太遠若對現實當下沒有幫助，就不如不要想了。

　　在訪談過程中，感覺得出老師的心誠和感恩，無論是對自己的順或逆；言談中常提起母親，讓人深刻感受到母親的影響和深厚情感。她認真的說她認爲這世界上真的有好人，那是一種對人性的相信和堅持，本著自己成長背景而有此生命的認同，實踐在

自己生活上則是「受人點滴，湧泉以報」——別人對我好，我就對人更好的一種信念，這種堅信和實踐讓人感動，暗暗成就了一種風範，老師對生命視野的寬度廣度由此拓開。我們請老師談談她對學中文的人的看法，她說學中文就是一種對人文的關懷，「讀人」也是一種對生命的感受。老師說到這些時，話都像是有了溫度，學文字的人也似乎不是那麼冷冰冰的。

我們都知道洪老師平時對車以外的另個興趣就是命理，聊到這時，老師嚴正澄清，學命理不是為了幫人算命，因為命理畢竟是統計出來、訴諸於文字而變為原則，再配合著平時閱人經驗作印證，這將會有助於自己應對進退的技巧，幫助自己和人相處，但玄虛也要適可而止。

燕梅老師除了和我們聊聊自己的故事、對生命的哲思外，也談到了婚姻觀念，從朋友們經歷中體認到，婚姻要快樂的必備條件是，要能夠忍受「獨處」，到了感情出問題的時候，才有退路，不致於失去生活的重心，還能夠過自己的生活。而談到對女權運動的看法時，她認為在高喊著男女平等之時，女性也要回過頭檢視自己是否有精神層次獨立的能力。

燕梅老師可說是冷靜理性的一位老師，但她對學生的關心和時時流露的溫暖卻讓人點滴在心，對人、對生命的看法充滿智慧和溫柔的關懷。積極的生活態度總讓人覺得很耀眼光亮，而又處處有著趣味幽默。她說，「都好」就是她的人生哲學，說到這兒，又不禁幽默道：萬一哪天不教書了，還可以去行天宮擺攤算命呢！

大時代的軌跡，生命中的白雲蒼狗
── 唐翼明老師專訪

柯　雅　禎

　　生命中的難以預料，在歷史政治的擺佈下，一切僅成了無奈的註定。台灣學子讀歷史課本方知中國共產黨政治的掌控，對於背負此歷史包袱的唐翼明老師回憶起這過往的生命片段，彷如昨日歷歷如繪。每當在「現代小說選讀」的課堂上，談起文革時期的小說情節，他那飽經風霜的臉上，即浮現了那時代的無力與蒼茫……。

國共紛擾幼時單

　　民國三十八年，海峽兩岸許多人的生命都因國共政局的轉移掀起了風暴。翼明老師的父親唐振楚先生當年為蔣中正總統的秘書，動盪的時局，帶不走七歲的翼明老師及弟妹，只好先送往湖南兄長家，以為有朝一日會再回來。但這一闊別，白雲蒼狗過了卅幾年。

　　之後共產黨政局紊亂，加上翼明老師家庭出身的特殊，讓他飽受極為苦澀的童年。童年對他而言，是生命中摻滿斑駁淚痕及飢餓勞苦的一頁。也許是政局的混亂，也許是他三兄妹是多餘的負擔，伯父對待翼明老師常是打罵相待。在一次伯父打罵過猛的情況下，翼明老師一耳就這樣失聰了。每當被打罵後，童稚的心

靈總迴盪著〈鄭伯克段於鄢〉的一句話:「爾有母遺,繄我獨無」,那一聲的喟嘆總敲著翼明老師童年的心房。

孤苦童年憤向學

土地改革時,伯父因多種幾畝地,政府為給伯父扣上「地主」的罪名,遂將翼明老師兄妹們分出伯父家。伯父在此罪名下,土地家產被分光,人也三番二次遭拷打,在這樣的情形下,翼明老師的弟弟唐浩明也就送給別人了。

當年翼明老師和妹妹,一個九歲一個八歲,在外頭相依為命,無人聞問,僅能靠自己野炊煮飯。但是僅剩的手足妹妹,虛弱飢餓的身體讓一場普通的病奪走性命,讓翼明老師童年從此孑然一身。鄰人見孤兒堪憐,請他幫忙放牛砍柴後給一碗粥喝。

時局稍穩,伯父被釋放後,翼明老師返回老家,但是生活仍是砍柴、放牛、扯豬草。即使如此,他每天仍勤奮地去上學,早上放完牛後即上學,中午放學回來吃完飯就砍柴,晚飯後再去扯一大籠豬草才回家洗澡睡覺,但闔眼的那當下,正值發育的身體往往是飢腸轆轆。

小學畢業後,考上了離家一百一十里路的中學。但翼明老師十分愁苦沒有學費,當時一位中共的鄉幹告訴他說他的母親在香港,可以寫信請母親寄錢過來。在此之前,翼明老師完全不知道母親在哪裡,取得聯繫後,並靠這些信讓自己努力不輟。離家到中學唸書後,除了第一學期的寒假有回伯父家,至今,湖南老家就成腦海殘存的印象。

牛鬼蛇神志難伸

翼明老師一路從中學畢業後到湖北念高中,努力不輟,除了

住校舍，偶爾到表姊家或是到弟弟的養父母家探望弟弟 ── 卻僅能以表哥的名義。就在孤單及苦讀中，寒暑又過了六載。

　　高中畢業後，參加兩次大學聯考，其中一次還名列湖北省第二，卻因「出身反動家庭」皆落榜。翼明老師足足躺在床上三天不吃不喝，對他而言，這是生命中極大的打擊，在孤苦童年時支撐他的動力就是「上大學」。還好，就讀該所的中學校長破例將他留下教初中學生，否則他就得面臨無法生存的窘境。

　　即使無法上正規大學，翼明老師仍努力自修，去上夜間的函授大學，並開啓了練書法的興趣。書法是無師自通，臨摹字帖自行練習的。

文革牛棚批鬥會

　　廿四歲那年，毛澤東發動文化大革命，翼明老師被打爲「牛鬼蛇神」，前後二次遭關入「牛棚」。表面原因是翼明老師和朋友成立詩社，身爲詩社的發起人，就成了「頭號反革命份子」。但根本原因還是「黑五類」的出身。

　　二年半在「牛棚」的日子，就是一群「牛鬼蛇神」關在一起，寫大字報、向黨承認思想錯誤、開批鬥大會。他回憶起這段，雖沒有在批鬥大會上引起民情怨忿而挨打，但是在路上遇見不懂事的學生仍遭挑釁。日子就在這樣看不見未來、沒有尊嚴而被孤立的情況下，荏苒又過十載。

　　「牛棚」生涯中，寫大字報也讓唐翼明老師練習書法。如果說精湛的書法，大字報功不可沒的話，那真是一種心酸的幸運了。即使二次被打入「牛棚」，顛沛流離之際，緣分讓翼明老師在這中間擁有自己的家庭。

烏雲飄後方晴曙

毛澤東死後，文革結束，鄧小平上台。三十四載的烏雲日，因為中共的漸進開放政策而展露一絲曙光。當時大陸開辦大學及研究所，文革時教育已停辦十年，研究所招生遂不計過往的學歷，以同等學力應考即可。翼明老師雖以第一名進武漢大學研究院中文系中國古典文學專業，但因準備時努力太過，進武大幾乎有一年每隔二、三天就發腦鳴一次，幾度曾想放棄、休學，苦撐下去，身體才逐漸好轉。

那時大陸研究所規定讀三年，為了見廿幾年未曾謀面的母親及出國唸書，他趕忙二年半就將學業完成，成為大陸第一位取得碩士資格的學生。申請出國時，又遭湖北省公安局二度公開拒絕，且明白告訴他像這樣的背景是無法出國的，最後翼明老師豁出去了，寫信至黨中央申訴，抱定非出去不可的決心，否則留下只有被「穿小鞋」（為難）的命運。最後不屈不撓和母親在香港見上面後，即飛往美國求學。

艱苦不易美國夢

踏上自由的土地，求學的艱苦才正要開始。翼明老師在大陸時英文完全是自修，在美國不會說也不會講，費了一年半力氣學習英文，「餐餐三明治，天天 ABC」，而進了哥倫比亞東亞語言文化研究所。但是英文能力仍無法負荷研究所需程度，且當時他已卅九歲，除了自身學業的艱苦，經濟、家人分居、前途茫茫的壓力排山倒海而來，讓他飽嚐周期性的挫敗和沮喪。

但是苦境並不太久，過了一年，翼明老師得到資助學費及生活費的獎學金，讓他卸除了經濟的壓力，而為了得這筆獎學金，

他也年年保持好成績。妻兒在六年後才至美國，他花了八年時間，成爲東亞語言文化所該屆第一位拿到博士學位的學生。之後因思量父母在台灣，遂選擇到台灣任教。

闊別卅幾再相逢

翼明老師與父母親的緣分，是細微濃烈的。卅幾年來的生活無緣與雙親相處，僅靠魚雁往返，而這些信又是多年來支撐他上進的動力，終於不惑之年在台灣與雙親聚首。在台灣的大學任教「魏晉玄學」、「書法」及「中國現代小說」，而書法在多年的自我興趣培養下，筆法精湛，民國九十二年及九十三年分別在日本和台灣展覽。

若當時沒有一別

今年五月十六日，文化大革命邁入四十週年。蘋果日報記者採訪當年加入紅衛兵現爲教授的丁學良，他道出「每個人（心中）都有自己的文革，各自掌握（文革的）一些碎片」的感慨。歷經時間沉積，曾經歷文革的所有人，各自在海峽兩岸或世界各地握著一些文革的記憶碎片。

而生命的如果，誰也無法想像。若當時翼明老師兄妹們和父母一同到台灣，生活景況必定天壤之別，至少童年不必被親人分居孤單給啃噬。他曾提及宋楚瑜、馬英九皆是湖南同鄉，父親唐振楚與馬英九的父親更是熟識，若當年跟父親到台灣，今日會不會也是台灣政壇名人呢？又或者在大陸童年的苦生活熬不過，不上進求學，今日會不會也僅是一名窮困的湖南農民，從此和台灣的父母天人永隔？生命中的如果曲微奧妙，讓人不禁有白雲蒼狗之感。但肯定的是，命運即使捉弄人，生命仍有出口。

吹面不寒楊柳風
── 耿湘沅老師專訪

單儀真、李宛儒

初見湘沅老師,是大一剛入學之際。初入新環境的惶惶不安,在老師和煦的笑容以及溫暖的嗓音中獲得撫慰。隨著在校的時間愈久,與老師接觸的頻率提高,愈發覺得湘沅老師是位相當可愛的長輩。

湘川風靜吐寒花

湘沅老師的父親將女兒依出生地湖南省的簡稱「湘」,以及沅陵縣旁的「沅」江,取名為「湘沅」;不但符合命理學上五行的平衡,亦富涵紀念意義。

當時是個兵馬倥傯的年代,尾隨父親所屬的部隊,老師的母親帶著年幼的她以及妹妹避難,途經廣州、海南島,最後遷徙到台灣高雄,一家人終於團圓,兩個弟弟也於此相繼誕生。後來,隨著父親調職,舉家又遷往澎湖。在澎湖的生活是湘沅老師記憶中最初始的部分,也是她童年最寶貴的回憶。與小學時的玩伴遍跡澎湖當地的小丘或是在海裡游泳玩樂,是幼年時純樸生活最大的樂趣,老師自己戲稱這便是「跋山涉水」。

另一項深刻的童年回憶,是母親嚴格的教育方式。由於對長女的高度期許,湘沅老師幼年時每天都要早起背誦課文、詩詞,

以及練習書法。若未能熟記課文，便不得上學和吃早飯。「不准吃早飯倒是沒什麼關係，但是不能上學是很丟人的事情。」老師笑著這麼說。在母親一絲不苟的管教下，湘沅老師在學習上始終抱持著認真紮實的態度。而老師自己則對寫作、戲曲以及古典小說充滿熱愛，即便父母不贊同，半夜還是會偷偷躲在被子裡用手電筒閱讀《水滸傳》、《紅樓夢》等名著，對中國文學的堅持由此便可窺知一二。

出於對子女在教育上的重視，在湘沅老師初中畢業後，父親決定全家搬回高雄，老師也順利地進入高雄女中就讀。就讀雄女時雖然感受到強大的升學壓力，但湘沅老師依然積極參與各項課外活動，舉凡班際排球、壘球、籃球以及游泳比賽，都可以看見老師活躍的身影。參加游泳比賽的原因很簡單：「因為全班沒有人會游泳，只有我會，他們都會當我的後盾，每位同學都來幫我加油。可是我都游不快，所以每次都得到精神獎。」老師說起這段往事時笑得很燦爛，想必當時熱烈的歡呼、打氣聲又再度浮現在她的腦海中。或許是當時的記憶太鮮活美好，老師對於活動投入的熱忱一路延續到大學，參加刊物的編輯、投身女子籃球校隊等都為老師的大學生活渲染出斑斕的色彩。

且將新句琢瓊英

由於高一寫作才華便受到國文老師的肯定，湘沅老師在高中畢業後便決定以中國文學作為自己的志業。

擁有真才實學的人不怕無法遇見伯樂。除了高一的國文老師之外，老師在創作上的功力同樣獲得大學教授的認可。當時教授湘沅老師詞曲課程的盧元駿老師十分讚賞她在填詞譜曲上的表現，還曾將老師的作品推薦至中央日報刊登。「我也因此賺了一點

稿費。」老師謙虛地說。對於初上大學的學子而言,這樣大方的薦舉所帶來的意義除了實質上的報酬外,師長不吝給予的欣賞、栽培,才是心中最感念的情懷。

因為大學時對課業的研讀頗有心得,總是名列前茅、領取獎學金,畢業在即,湘沅老師便決定繼續往學問的更高峰邁進。與老師感情甚好、當時正在攻讀研究所的林素珍老師亦對她多所鼓勵,並不時在旁給予協助。老師還與我們分享了一件考場趣事:在政大考試當天早上,老師悠閒地在宿舍裡享用早餐,忽然林素珍老師急急地衝進房間,忙問道:「你怎麼還沒準備好?八點二十分就要考試了!」耿老師這才發現自己記錯時間了,連忙著裝趕赴試場。雖然現在能以玩笑的心情打趣地說出口,但老師也透露,當時準備考試是非常辛苦的。憑著一股一定要考上研究所的決心,她幾乎兩個月沒有躺在床上睡覺過,累了也只是趴在桌上小憩一會兒,休息過後又再度衝刺。

在如願考上研究所之後,對於研究的方向,湘沅老師也有自己的主張。秉持著自身對於詞曲的愛好,老師選擇以戲曲作為研究發展的路線,並請恩師盧元駿老師擔任指導教授,對戲曲方面的執著可說是從一而終。

談到湘沅老師與戲曲的淵源,其中便有許多的故事可以著墨。

老師對於戲曲的興趣源於父親的影響。她的父親熱愛平劇,在年少時便天天至戲院看戲,這樣的嗜好根深蒂固地根植在太老師的生命中,在成人後更自己粉墨登場票戲,家人們便是最好的觀眾。湘沅老師耳濡目染,也在心中衍生出對戲曲之美的追求。大學加入學校國劇社,及至漢陽大學客座講學時,亦參與當地的國劇公演,移山倒海的樊梨花、苦守寒窯的王寶釧、棒打薄情郎

的金玉奴等均為老師曾經詮釋的角色。戲曲的唱念做打及其蘊含的傳統文化精神，都是湘沅老師對於戲曲無法割捨的情感。

　　然而，隨著年紀漸長，體力無法負擔舞台上的演出，老師因而將興趣的觸角轉向繪畫。由於擁有紮實的書法基礎，湘沅老師初試啼聲畫梅便獲得繪畫老師的激賞。書畫本同源，加以老師自言具備下筆大膽的特質，「畫壞了重畫一張就是了。」如此瀟灑之語。老師畫山水多於花鳥，喜愛寫意甚於工筆，或為深愛中國山水所致。國畫山水縹緲壯闊之意境，正顯現湘沅老師心之所向。

　　老師在系上除了開設「詞選」之外，尚有「小品文」。「古代文人真是詩情畫意，我很嚮往晚明小品文家在山水間遨遊的閒情，常常在想我們是不是也可以過這種隨性、悠遊自在的生活。」老師這麼說。不論是詞曲或是小品文，老師均由對作品外在美感的認同以及內在思想的神馳延伸出研究的動力，將學術的專業與生活的樂趣融合成人生的情思。

相逢一醉是前緣

　　湘沅老師與紀華老師同進同出的情景，想必系上的學生們都不陌生。由於研究所時兩人同住一間寢室，朝夕相處，感情的緊密連結不難想見。老師與紀華老師感情之好，在旁人眼中或已達到焦不離孟的程度，甚至連到教務處洽公，承辦人員看見湘沅老師獨自一人，必定順口問道：「咦？劉紀華呢？」而類似的對話內容也總是發生在紀華老師身上。

　　當時所上每屆大約只有一位女生，自潘群英老師而下，依序是林素珍老師、劉紀華老師，接下來便是耿湘沅老師，四位老師在生活及與課業上彼此給予援助和鼓勵，相互扶持所建立的革命情感自不在話下。及至畢業後同在系上任教，情感的聯繫更為綿

密流長。即使在每位老師各自擁有家庭後，每年生日聚餐，姊妹淘仍是第一順位，「丈夫都要排在我們之後，晚上才讓他們自己家人親熱去！」老師開懷地說著。四人相識交往至今三十年，情誼未曾更移，只見濃郁。「中文系就像一個大家庭一樣。」由老師口中說出的感言，同樣是我們最深層的心聲。

帶著一絲好奇，老師與師丈的相處模式亦是被關注的焦點。

根據老師的形容，我們不難在腦海中勾勒出一幅美滿的生活畫面：老師生病時，師丈親手特製口味清淡的水餃讓老師養病；老師要到外縣市上課時，師丈亦會主動開車接送老師往返；偶爾的笑鬧鬥嘴更是兩人特有的生活情趣；甚至在老師完成一幅畫作時，師丈會在留白處題詩。所謂琴瑟和鳴也不過就是如此了吧。

老師曾於課堂間分享過這則趣談：古代志怪小說中的士人在夜讀時若忽然遇風吹起，則表示有美女翩然而來。一晚，當湘沅老師在書房閱讀時，亦感覺到徐風吹拂，於是便起身探看。師丈看見老師突來的舉措，好奇地詢問老師為何環顧四下，老師回答：「看看有沒有美女啊！」師丈也學著湘沅老師的動作轉頭張望，然後，微笑地說：「我只看見一位不是美女的美女耶！」話語裡動人的濃情蜜意直逼心頭。

人間有味是清歡

面對人生的處事態度，「謙受益，滿招損」始終是湘沅老師奉為圭臬的座右銘。生平若有值得驕傲之事，便立即在心中提醒自己謙和以對，並以婉轉姿態詮釋一切。最欣賞的文人 ── 蘇軾，其在逆境中仍能以超然曠達心境迎接的氣度，亦是老師處世所追求的境界。與人交往不留隔夜仇，「寧願人負我，不願我負人」，是她在遭逢不公時仍能泰然處之的主因。

　　身為一位疼惜晚輩的長者，湘沅老師盼望學生都能擁有快樂、順利的生活，同時老師亦以自身的人生觀出發，期待本系每一位學子對於生命路程的困挫均能坦然以待，將其視為必經的挑戰，以「山不轉路轉」的開闊胸襟面對，踏出穩健的每一步，但也不過分強求。找到足以堅持一生的興趣，並盡可能以此為志業，即使遭遇困窘，也不能忘記追求夢想、忠於自我的決心。

文學的種子，哲學的水，繁花盛開百年
—— 高桂惠老師專訪

郭佳怡、范維羽

無限心胸，增長無限廣闊

屏東，對許多人來說是余光中〈車過枋寮〉裡的一大片西瓜田；對桂惠老師來說，屏東是她成長的故鄉。自屏東女中畢業，桂惠老師考上了政大哲學系，初來乍到，台北的繁華煙雲無法矇矓老師的視線，更不會擾亂老師的心思。規律的生活，不需要日以繼夜地之乎者也，而是點滴累積知識，輔以考前到圖書館融會貫通，桂惠老師大學時經常得到書卷獎的殊榮。「做好自己應盡的本分」老師這麼說，不只是讀書，在教學、研究，甚至生活上，老師只是做著他該做的事。

屏東到台北的城鄉差距，唯一讓老師覺得不同的是，北部學生較活潑、較會說話發言，相較之下，大一時候的桂惠老師就顯得安靜害羞。於是，她慢慢練習，後來便有人說老師口才不錯，「以前碩士班畢業，到護專教書，一星期二、三十堂課，要說很多話，我都覺得是上帝在懲罰我以前太不愛講話。」她開朗地笑著說。不知上帝讓桂惠老師到政大教書是否算是收回祂的懲戒，但上帝一定是在賜福予學生。

中學時代，桂惠老師國文考卷上總是停留在兩個紅色的 9，

象徵性地作文分數被拿走了一分。然而，高三時，桂惠老師的母親癌症手術失敗，籠罩在喪母的悲痛中，老師沒有如願進到原本第一志願 —— 中文系。一年後，老師帶著感激從政大哲學轉到政大中文，「哲學很棒，幫助我們的思維，加上文學的想像，其實很感謝大學聯考給我一年的哲思訓練機會，讓我對哲學不會感到陌生，且能與文學相輔相成。」而她到現在也會閱讀哲學書籍，許多論文研究亦需借助哲學理論。

桂惠老師鼓勵同學不要只侷限在一個學科的訓練思維，多吸收各方不同的思考，「學科與學術氛圍還在轉化過程中，尤其像後現代就是以文學對抗哲學，是跨領域的觀念。」老師以後現代為例，說明哲學不是純粹的哲學，多了許多的修辭、書寫等討論，並且因為哲學是抽離現實的，需要回歸到文學的文化符號操作，付諸紙墨。就如文學裡羅蘭・巴特的神話學等等，都是文學與哲學的結合。「現在文學與哲學是一個 Team，互相幫助對方的思維。」在文學與哲學的激盪下，桂惠老師耕耘出一片豐饒。

寂寞獻祭，百妍柔織

「一個人若沒有足夠的隱藏生活，就不會有舞台的生活。」老師將書桌當作祭壇，因為在那裡用心血交織著論文研究，沒有人看得見，只能盼望上帝悅納。「學問是累積的，從某個角度講，做學問基本上是很寂寞的。」學術是接棒的，其本身是有脈絡、有流變的，可以找到上一棒走到哪裡，下一棒可以怎麼接、接到哪，「從別人很大很多的知識中吸收轉化，才能踏出小小一步，所以要耐煩，除了要看原典、看文本，還要與作者、學者對話。」就像是一種傳承，老師在最沒有掌聲的地方默默耕耘，認真接住傳下的棒子。

　　研究是獻祭心血，教學則是編織生命。老師認為知識是有生命的，上課是需要好好經營的。把知識編進師生關係、同學感情中，讓讀書不只是讀書，而是立體活化、長長遠遠的關係，讀書才會有趣。有人常說對於老師，學生只是過客，鳳凰花落，桃李又生。然而，在桂惠老師多年的教學生涯中，有許多學生在老師心裡留下深刻印象，春風一拂，便歷歷在目。例如林明昌學長，一個留著長髮，有想法、會讀書、會玩、更會生活的學生。曾經演出〈蝴蝶君〉，搞小劇場，還嘗試考了許多不同類型的研究所，而學長說過的一段話讓桂惠老師銘記至今：「中文系就像蒲公英，看似鬆散，空間很大，不會被壓抑窒息，蒲公英的種子只要風一吹就能飄很遠，並且有著很強的存活力。」而老師也是蒲公英的種子，隨風轉啊轉，回到了政大，以豐沛的生命力在教學與研究上努力不倦。

無可取代的幸福空間

　　風趣又和藹的桂惠老師在系上一直是擁有高人氣的教授，在她親切的外表下，有著一顆溫暖的心。在家中排行老六的她，有五個姊姊，一個哥哥及一個妹妹，而從小便是模範生的哥哥姊姊們，不但在課業上有優異的表現，也都擁有很好的口才，也因此從小她扮演的便是受保護的、較少發言機會的妹妹角色。這個情況一直到她長大出社會才漸漸改變，如今她成為學生們眼中值得愛戴的老師。到現在，哥哥過年仍堅持發紅包給她們，在他們眼中她是永遠不變的寶貝妹妹。

　　擁有一個寶貝兒子跟貼心丈夫的桂惠老師說，家庭生活的安定給了她很大的福份。師丈畢業於台大醫學院生化所，除了教解剖學外也擔任過軍醫，而當時桂惠老師碩士班畢業後在護專執

教，師丈便是那時的同事。婚後師丈曾於中研院生醫所、衛生署及環保署工作，目前則任職於一家跨國檢驗公司。在婚姻生活中，師丈的貼心包容讓老師在學校工作上沒有後顧之憂，可以放心致力於學校教學及專業研究上。老師打趣的說：「因為教學工作的忙碌，過去可以輕易煮個滿滿一桌美味，現在已經幾乎忘了怎麼做菜，師丈也依舊毫無怨言的吃便當！」不過當老師開玩笑提到，想退休在家讓師丈養他時，師丈便趕緊說：「盧太太又年輕又漂亮又能幹！」（師丈姓盧）表示她還可以盡情在教職上多貢獻所能，這也更顯示了兩人之間相知相惜的一面，透露了夫妻間令人稱羨的好感情。

　　此外，桂惠老師對於營造親子之間的親密關係亦非常用心。寶貝兒子從小不上安親班，她並且親自接送上下學；孩子小學時，正逢桂惠老師於政大擔任教職的前幾年，她甚至在兒子下課後換上運動服，帶著他在操場上踢足球，或在體育館裡打乒乓球。老師笑著說：「孩子的童年只有一次，我想全力抓住他童年的尾巴！」就是這樣身為母親執著的努力，再加上共同的信仰及禱告，即使到了現在，桂惠老師的兒子已經是個大學生了，親子之間依舊保持良好的互動。在看見到了晚上仍致力於寫論文的桂惠老師，兒子會幫忙按摩並說聲：「媽，辛苦了！」甚至也會跑到父母親的臥室跟他們閒聊上幾句。身為一個母親，桂惠老師給孩子的是一個無限包容的空間，讓他自由自在地勾勒自我，而在孩子階段性的成長路途中，她更不曾缺席，從國中到高中到大學，她與孩子都在彼此生命中留下了足跡。正因如此，得以擁有如今和孩子彼此間海闊天空卻又無可取代的親密關係。

指南山下的生命舞台

　　桂惠老師跟政大有著密不可分的關係，從大學、碩士班、博士班，唸的都是政大，甚至一直到現在擔任教職。在與政大有著接近二、三十年特殊情感的桂惠老師眼中，學生就如同弟弟妹妹般；也因為政大是她學習生涯最重要的一部分，每個新生臉上的懵懂，更每每讓她彷彿看見了自己大一的模樣。對桂惠老師來說，她的生命在政大被孕育的時間，遠遠超過屏東的成長過程，政大之於她的意義，早已不單單只是一個工作職場而已了，而是一個她可以用心經營的地方，就像一個家。

　　此外，提到關於現今學生素質是否今非昔比的話題時，桂惠老師對此說並不贊同。她認為不同的時代有著不同狀況，沒有程度的標準存在，更無從比較起，當然也不應有所謂程度低落的說法。桂惠老師說：「人都是有靈性的，需要的是不斷鍛鍊心靈的肌肉，才有辦法去承受重擔，抵抗誘惑，對抗懶惰。」像她看自己的孩子就覺得他是非常優秀的，身上有著種種積極肯定的元素。桂惠老師舉了個例子：有次老師的兒子到東吳大學上課，因為報告受到教授誇讚而感到高興不已，同樣的桂惠老師也感到開心，她給予孩子信任感，而孩子的表現也不錯，這就是一種很好的互動模式。當然，她也如同天下所有的父母，會希望有人能在孩子成長學習的過程中幫他一把，助他一臂之力，但她說自己絕對是捨不得打罵孩子的，現今很多父母因為有著太多期許，帶給孩子的感覺往往絕大部分是焦慮，反而無法幫助孩子的成長。

　　一直以來，桂惠老師努力工作，努力寫作，努力教書，不偷懶，讓自己成為榜樣，這是有目共睹的。政大充滿大自然的靜謐環境，對她來說，是一種可以孕育生命的大氛圍，而她也選擇了

在這個所愛的地方，全心孕育他人生命。在桂惠老師的心目中，政大學生「不過度膨脹，也不過度自卑，沒有被壓迫或被控制的感覺」，希望我們多接近大自然。現今社會媒體太多，資訊的聲音太吵鬧，讓人漸漸失去了內心的平靜，而像山上文學院這樣充滿人文氣息的地方正是我們最需要的，可以洗滌充滿雜音的心靈，是個可遇不可求的世外桃源。此外，老師也說了：「二十一世紀是個批判時代，批判成了一種意識型態，而人與人之間的相處更不留餘地，但很多東西是不能講清楚的」，桂惠老師認為要耐心等待真相的出現。她期許我們可以「做自己該做的事，一旦累了，便給自己一些空間沉澱，並且兼顧生活情趣，用自己的節奏感生活！」

愛是 Tango，而生活是它的 Tempo
── 高莉芬老師專訪

陳俐君、鄭鈺慧

美麗的錯誤

　　世俗對於中文系女孩總是脫俗、清新、不食人間煙火的印象，但是漸漸的，中文系的娘子軍們，已跳脫出這樣的刻板印象。

　　不敢說高莉芬老師是走在流行的尖端，但看到老師第一眼的感覺，的確是覺得他有種「與眾不同」的美；或許在各位看來，是句阿諛奉承的恭維話，我們也躊躇了許久，遲遲無法決定是否該如此直接正面地表達自己的看法；不過筆者選擇「忠於原味」的作法。

　　「詩選」，是老師的專長，若沒有親臨課堂現場，難以想像一位對古典文學如此專精的老師，絲毫看不出食古不化的氣息。筆者在進入大學之前，對於大學教師的觀念就是「德高望重」，巧的是大部分的老師也都符合這樣的形象；但高莉芬老師活潑爽朗的氣質，讓人眼睛為之一亮，一洗先前內心針對大學教師「不苟言笑」的模樣構圖。

　　驚訝，是高莉芬老師給大家的見面禮。

　　或許是同樣身為女性，對於有成就的女性，總會忍不住衝動想將其人當作楷模、偶像般地深放在心裡，莉芬老師就是一位很

容易被視爲立志目標的人，老師能輕易帶給人們一種如沐春風般的溫暖、同時又使人享受到夏日的青春有勁。認識莉芬老師的人都知道，莉芬老師就像小公主般，保有一顆純真的心。老師喜歡笑，不論是在課堂上是私底下，老師總是不吝展現她的笑容。

冬天的太陽、夏天的冷氣機 —— 莉芬老師給你一顆定心丸

還記得剛成爲政大新鮮人，系上就不乏有人以轉系爲目標而進入中文系，那時莉芬老師說，其實中文系看似沒有出路，其實這才是沒有界線的學習。老師列舉了幾個自己同學後來從事廣告業等令人亢奮的實例，讓本來在心滋生的轉系念頭在老師的一字一語裡不著痕跡地遠離了。

這次的訪問，和莉芬老師課堂時給予學生的形象有著些許不同。我們看到老師對於學生的期許與鼓勵，又或許因爲我們正處大四的敏感階段，對於未來徬徨的情緒在下意識間流露出來，所以和莉芬老師訪談時，就不知不覺的把自己對於未來的無助一一向老師傾訴。

「我覺得人生就是要樂觀面對，而且要知足惜福。」說這句話時，莉芬老師臉上洋溢著對人生之透悟，突然覺得這雖是一句平凡話語，卻力量十足。老師經常看到許多同學會爲將來或人生煩惱、焦慮，老師認爲其實並不太過於焦急、執著於某一點上；抱持「知足常樂」樂觀態度的莉芬老師說道：「因爲人生總是沒有辦法預料到下一刻會發生什麼事，但又總是會想要求很多，也造成很大的內心壓力。」語調輕鬆不失嚴肅、直率地說出內心想法，所有話語透過莉芬老師傳達，彷彿像魔法般不可思議，聽老師一席話，活力頓時從體內深處一口井源源不絕地湧出。老師自然流露出的幸福，語氣活潑地再次強調：「人生際遇中的得和失，永遠

也說不準；像老師以前有一位同學，雖然他沒有考上中文所，轉考其他系所，後來在其他領域中也得到很大的成就。」其實，老師並不是第一次如此激勵我們，和老師談話時，老師一直鼓勵我們眼界加廣、放遠，不要因為被腳邊石子絆倒而放棄大步向前的勇氣。

對「幸福」重新定義

「如果人生不但能做到肯定自我存在的意義與價值；也讓他人的生命因為你的存在而更豐富美好，那就是真的幸福了！」一聽到這句話，我們內心五味雜陳，想像著若坐享功成名就是幸福的話，那為何會有「欲求不滿」四字出現呢？我們認為莉芬老師這句話若能及時讓那些人聽到，他們想必對「幸福」會有重新定義的可能。人與人，沒有永遠的施和受，可是最重要的是 —— 讓自己的存在很有意義。

因受到「幸福觀」的巨大震撼，我們迫不及待想問：「愛是什麼？」這是一個看似可笑又普通的問題，話一出口，內心當下為自己的魯莽緊張了起來，抬頭一看，發現老師只是意味深遠地淡然一笑，語氣仍不失活潑地說：「愛是一個很神奇的東西，情人之間的愛更是難解，二人的相處就像是在跳 Tango。」

跳 Tango？愛像 Tango？我們疑惑了起來，同時好奇心也被燃起。善解人意的莉芬老師看到我們滿臉不解時，更進一步解釋：「愛的相處像跳 Tango 一進一退之間，沒有人可以一直前進或後退，共舞的兩人彼此要有默契；就像生活中當對方為你改變、或容忍自己時，自己同時也要調整步伐，感受對方的付出。Tango 很有趣，一定要有默契的兩人才能舞出優美的旋律。」

這段話讓我們選擇閉上聒噪的嘴，靜靜地聽著老師說著

「愛」。此時老師就像一般正受到愛的洗禮的人，霎時覺得和老師之間沒有身份上的分界，彼此像朋友般，愛的課題讓距離更近。一邊注意傾聽著，一邊看著老師臉上甜甜的笑意，覺得自己也自然而然地墜入幸福的氛圍，與老師一起享受愛的暖意。

莉芬老師願意和學生分享她的生活經驗，或許也是因為這樣，師生關係已不只侷限在硬梆梆的「傳道、授業、解惑」三者之中。

深切的叮嚀與疼惜 —— 給中文系學子們的小叮嚀

「現在的學生是幸福也是辛苦，因為現代資訊越來越發達，同學們的生活不見得都只有讀書一件事，時間與注意力總是會被許多其他事情所分散，但這不一定代表現在的學生不用功、不上進。」

對於這段話，我們似懂非懂，心思敏銳的老師，彷彿能洞悉人心般，再次針對那段話作一更深入淺出的解釋：「像我們以前，修業的選擇較少，畢業後同學們也大都選擇和中文專業相關的工作。現在你們有許多管道與機會去學習吸收許多各種資訊與知識，像你們可以申請輔、雙修，甚至是國外大學的學程，但有時在求多求好的心態下，卻也不免會分散了中文系專業的專注力。」莉芬老師強調坐處在科技資訊過度發達的現代大部分同學並不一定都是不用功、不上進，有時是因為時間被切割過細，而無法完全投入在一件事物的上面。也因此現代學生的生活忙碌，但「忙」等於「茫」的狀況卻也十分普遍。壓力不斷地周而復始地出現，困擾心情問題一直無法獲得解決，使得現代學生心理壓力大、甚至有年紀輕輕就身體不好的窘況。對於社會大眾頻頻反應大學生平均素質低落的現象，老師沒有苛責或任何一句責怪學生的意

味，而是一種發自內心對學生的疼惜，且客觀地剖析造成「大學生素質低落」的原因。從這個採訪問題，我們看到了莉芬老師身為一名大學教師所擁有的宏觀視野和客觀冷靜分析事物的態度。

老師語重心長的說，其實這種無法專注的現象不單單反應在中文系學生學習情況，其他科系的學生亦是如此。花花世界太過於誘人，資訊發達的時代，對於學生而言，是好、也是壞。好的是，大家可以輕易取得任何想獲得的資訊；壞的是，不容易專注於一件事物的上面。此時，我們心中的警鈴大響，因為老師一針見血地指出現代學生所共通的毛病，就是：大家都對每一樣事物有興趣，都帶著百分之一百的熱情學習，但熱情卻十分短暫，大家在資訊快速改新的環境下，培養耐性美德的想法已不復見，大家一窩風地學習，卻只學了些皮毛；因此莉芬老師建議著說：「E化代的同學們如何有效管理時間、運用資源、培養專業能力，進而實現自己的人生理想，應該是及早深思並做準備的。畢竟年輕只有一次不是嗎？」

莉芬老師疼惜生處在這個「多元社會」的現代學生，並回憶起自己的求學歷程，精準地道出兩個年代間有著極大不同。我們想，沒有任何事都是絕對美好、或到達百害而無一利的局面，面對各種情況，要學習適應和自我調整，在自己的尺度以內測量著「好」與「壞」的距離；誠如莉芬老師所言：「多元的資訊與知識，雖然讓同學很辛苦；相對地，也是種幸福。因為知識可以幫助我們對未來的探索、以及夢想的實現！」

若說及何謂幸福？按老師的說法，我們看來是沒有一個絕對幸福的具體呈現，通常幸福都會有辛苦相伴隨，無論小至事物取捨、或是未來方向的決定，完全端看每個人內心裡的那座天秤，而且每個人所製造出的砝碼也不盡相同，「好」與「壞」是一開放

性的選擇題，完全依賴自己的那座天秤去衡量，不一定「平衡」
可以解讀成「好」。這就是莉芬老師想告訴學生們的一個道理，和
愛一樣，每個人都有自己的舞步，並沒有一個絕對價值有為每個
人打分數的權力，人必須學習知足的道理和尋找屬於自己的幸福
標準。

笑捻野薑，百年駐足

—— 張堂錡老師專訪

蕭竹妏、任慈媛

　　堂錡老師，1962 年生，台灣新竹人。台灣師大國文系、所畢業，東吳大學中國文學博士。曾任中央日報副刊編輯、主編，期間並歷任東吳大學、淡江大學、輔仁大學、中央大學等校兼任講師。主要講授科目有中國現代文學史、報導文學、中國現代散文選讀等。著有文學創作《讓花開在妳窗前》、《域外知音》、《舊時月色》，及學術專著《黃遵憲及其詩研究》、《清靜的熱鬧：白馬湖作家群論》等多種，並編寫出版《中國現代文學概論》、《現代小說概論》、《編輯學實用教程》等多本教學實用教材。長期致力於現代文學社團流派的研究，成績斐然可觀。

一個清靜又恬淡的學者

　　中學時的堂錡老師，就已經擔任中壢高中校刊《壢中青年》的社長，同時接受國文老師賴信博先生的薰陶，奠定文學及編輯的根基與志向。中學畢業之後，進入師大國文系就讀，雖然無法進入第一志願的師大教育系，實現當校長的夢想，仍舊活躍且愉快的度過大學四年，也因為對大學生活的懷念使他後來決定回母校繼續攻讀研究所。他在大三時發表了第一篇小說〈生日禮物〉，不久又獲得師大文學獎，這成為他日後文學創作的序章，此後，

文學創作已然成為他生命的重心與追求的夢想。

　　大學畢業後，在金山國中實習了一年，鄉下孩子的天真與純樸，更加強老師教學的信念：「教書是一件愉快的事」。然而，在金門當兵時，意外的被選作三民主義巡迴教官，返回台灣並到北部各校演講，在那段比較空閒的日子裡，使他有餘裕準備研究所的考試，也很幸運地考上了。於是選擇了放棄國中教職，毅然進入師大國文研究所繼續進修，並在此時確立「現代文學」的研究路線。

　　在攻讀碩士學位的同時，堂錡老師被網羅進入中央日報社擔任副刊編輯。這一做就是九年（1989～1997），與中央日報副刊的主編梅新先生交往密切。這九年的時光中，梅新先生從未對他說過什麼重話或責備，他也從梅新先生身上學到許多編輯實務經驗，受其提攜及啟發甚多，所以老師說：「他是我最尊敬的一位長者、詩人。」

　　然而，就在梅新先生因病辭世後，堂錡老師也決定離開工作崗位，專心於博士論文的寫作，放棄優渥的待遇、職缺，以及擅長的編輯工作，開始致力於學術領域的研究，迎向巨大且未知的挑戰。其實，這是老師的個性使然，正因為老師對教學的熱忱以及清靜恬淡的性格，能夠在編輯與文學、教學與研究、「清靜的熱鬧」（借用堂錡老師論文標題的詞彙）中自得其樂，才使他願意放棄相對熱鬧繽紛的媒體工作，回到校園書齋中，成為一個清靜、恬淡的學者。

從「一塊錢」中成就的作家

　　堂錡老師在大三時因為受到同學寫作得獎的刺激，開始提筆寫作並發表了第一篇小說，第一篇作品得到稿費三千多元，讓他信心大增，開始投入小說的創作中，從宿舍、圖書館到課堂教室，

他情緒高昂地在稿紙上寫下一篇篇動人的故事。大學畢業、實習完畢後，就出版了第一本小說集《青青校樹》。這段經歷開啓了他日後的文學創作生涯，不久出版散文集，也幫出版社編輯小說選集等，可以說，成爲一位小說家，是堂錡老師在那段時期最大的人生目標。但因爲研究所的課程壓力，以及學術研究的不同思維與訓練要求，離開報社後就不得不放下了創作之筆，對此，老師心裡總是覺得有股遺憾，他提到或許在未來沒有升等壓力後，就會再次提筆寫作。

值得一提的是，在《青青校樹》出版後，因爲朋友的提醒，老師才注意到版稅的問題，後來就跑去找老闆詢問版稅的詳情。沒想到，老闆聽完後，便拿出了一個信封，打開一瞧，裡面只裝了一塊錢，老闆意味深長地說：「年輕人啊！不要太計較，就算我給你五千、一萬，意義都不如給你這象徵性的一塊錢來得大。」後來雖然出了許多書，也拿到不少的稿酬，但這最初的一塊錢版稅卻始終讓他印象深刻。

寂寞而漫長的學術路途

堂錡老師在研究所階段，大致確定未來學術研究的領域和方向，碩士論文《黃遵憲及其詩研究》，是他出版的第一本學術著作，也從此時開始，對近代文學有了比較大的興趣。到了博士班，開始研究「白馬湖作家群」，因爲「白馬湖作家群」的文學表現主要在散文部分，於是從那時開始直到今天，老師就一直從事於現代文學領域的研究，尤重於現代散文。老師提到對散文情有獨鍾的原因：「讀一本散文就像跟一個人面對面在談話，像與朋友進行一場心靈的對話」，散文強調「文如其人」，再加上散文篇幅短小易於閱讀，這種優遊自在的心靈饗宴正是散文對他的最大吸引力。

在學術的路途上走了這麼些年，老師不禁有感而發：「學術研究是個自得其樂的工作，你如果不能忍受寂寞，大概就無法走上這條路，更難堅持下去。」學術研究與寫作的差異在於寫作容易得到掌聲跟注意，但學術研究往往是自己一人獨自進行，就算得到挖掘知識的愉悅，通常也只能自得其樂。當然，這種樂趣也是一種成就感，也自有其迷人之處，只是能分享的人並不多。這或許是老師對即將面臨升學或就業抉擇的我們所提供的建議吧！

那燈，那酒，那人生

堂錡老師向來津津樂道在報社副刊工作的那段時光，他在報社跟許多作家都共事過，例如吳淡如、楊明、林黛嫚、古蒙仁、許祐生等，也因為工作的關係，接觸並結識了許多學者和作家，這些學界文壇的朋友，打開了他的視界，充實了他的人生閱歷，也成為他日後研究、教學時最好的支持力量。

中央副刊主編梅新先生除了是名傑出的編輯，同時也是位優秀的詩人，梅新先生因為早年經歷戰亂，沒有受過什麼學院教育，完全靠自學成家。讓老師印象頗為深刻的，就是在下班後，常看見梅新先生點著一盞桌燈在寫詩，而且經常會拿出一瓶高粱酒配著花生米，一邊小酌一邊寫詩，表現出一份詩人瀟灑從容的形象。而老師對詩人留下的美好印象，就是由此而來。

堂錡老師在副刊總共經歷了九年的歲月，如果不是一份熱情與興趣，是無法堅持下去的。老師也透露：「副刊工作最迷人的地方，就是透過工作可以廣泛接觸各行各業或各個領域頂尖的人物」，在採訪社會名人、政府官員、小人物當中，擴大自己的生活領域。雖然離開編輯已近十年，但他仍然懷念那段副刊的生活，副刊的經驗也還一直留存著，影響著日後的寫書及編書的工作。

不要急，生命的風景要慢慢看

　　堂錡老師是新竹客家人，後來搬到了中壢，直到考上大學後，才離家來到台北。大學畢業後輾轉待過金山、蘆洲、木柵，而他最喜歡的仍是金山，雖然只是實習時一年多的時光，但金山美麗的風景、鄉下孩子的淳樸，和當時騎著機車到處上山下海、採著野薑花的回憶，每每讓他難以忘懷。至今，他偶爾還會開車回到金山教書、租屋處走走看看，畢竟，那是他最初教書的地方。夏日溪邊野薑花盛開的情景，成了他過往記憶中最美好的畫面之一，而那縈繞心間的濃郁香氣，再也揮之不散。

　　修過堂錡老師課的學生，一定會對老師時常送書的習慣印象深刻。老師澄清說，其實每個中文系老師都喜歡買書，而他之所以喜歡送書，是因為以前在報社工作，除了作家會把書送給他，也有出版社的公關書，所以累積了不少書，便會在課堂上把他用不到的書送出去，作為學生答對問題的獎勵。送書的習慣，從教書的第一天就開始，一直延續到今天。

　　因為喜歡現在的工作崗位，也享受教學過程中與學生接觸交流的經驗，對於未來，老師說他肯定會在政大待到退休，因為他是如此嚮往並悠游於這樣的學術氛圍與教學生活。

　　最後，對於中文系的同學，老師語重心長地提出他的叮嚀：人生的路途上有許多美好的風景，不要過於心急，試著學習把腳步放慢，慢慢走反而可以將路上的風景看透，過程和結果同等重要，不要因為追求功利與速成，而失去用心看待週遭風景的機會。在眾人一窩蜂的潮流當中，選擇人少的方向，你將會發現擁有的世界與他人大大不同。而且，老師提醒我們，只要持續努力，時日一久，你也將成為別人眼中的風景。

雙踏中西學術路，英雄古今中文築
── 張雙英老師專訪

陳 毓 筑

　　張雙英老師，任教於政大已有二十餘年，八月起將休假一年。筆者修習「報導文學」之故，得有此機會專訪張雙英老師當年海外留學的經歷。

中文，讀書人的心胸抱負

　　「因小時候家裡的關係，有機會看到許多大陸的書籍，在當時是屬於禁書的，有感於讀書人的心胸懷抱都很開闊，且大多為中文系的老師。」雙英老師回憶起走上中文學術之路的過程，主要就是有感於以往讀書人讀書以求替人民、國家做事，學以致用，經世濟民的胸懷氣度。大學時就讀東吳大學中文系，時因在台復校不久，師資大多由當時的政治官員出任，上課常談及國家大事，和他當時認為念中文應該有的心胸抱負很契合，加上本身喜愛《周禮》，期許自己可以將這個古代相傳以來最理想的國家制度介紹給國人。

　　雙英老師記得「當時的老師特別強調經書的學習，要先從小學入手」，因此在大學期間，即不斷充實自己的經學、小學知識，亦旁聽他校的中文系課程，從文字學的角度來了解《周禮》，在學習的過程中對於中文領域越發有興趣。於是，在大二時逐決定將

來要走研究路線，並期許成為一位大學教授，將自身所學教導給
學生。

岳父，開闊自己的視野

大學畢業之後，雙英老師考上政大中文研究所繼續深造，研
究所一年級時，以前東吳的老師介紹他晚上到泰北中學兼課。兼
課的期間，他認識了現在的妻子，也認識了岳父。雙英老師的岳
父是資深的立法委員，和胡適同時，在大陸學法政出身，交遊廣
闊，認識許多當代有名的讀書人和政治人物，加上對中國傳統文
化非常有興趣，因此兩人交談甚歡，常常一邊看書一邊討論。這
段期間，岳父常常向他談及自己的朋友在中文界教書者幾乎都有
留學，這啓蒙了雙英老師出國留學的想法。

「大學到研究所，經學變成是學問，富麗堂皇的規章體制，
只是畫出美麗圖畫卻不能經世濟民，因為制禮作樂需要透過政治
才能配合，但文學卻是隨時隨地可以配合的，於是，美學和文學，
變成我的研究重心」，在與岳父的對談當中，雙英老師意識到當初
所期許介紹經學以求致用的想法不夠實際，漸漸地將興趣放在當
時國內研究較少的文學之上，加上受岳父的影響很大，便立下目
標前往美國留學研究。雙英老師在 1984 年的博士論文《歐陽修的
六一詩話》內頁便書寫感言感謝岳父，因為這段期間幾乎都是岳
父給予他最大的啓發。

威斯康辛，學風自由，資源豐富

政大中文所碩士畢業之後，雙英老師選擇到美國位於五大湖
畔的威斯康辛・麥迪遜大學（UW-Madison）東亞語言文學所就讀。
威斯康辛大學是美國三大景色優美大學校園之一，校園廣闊，內

有森林林徑，兩大湖泊分別暱稱為「夢到他」和「夢了他」，四季分明，建築物富有古典和現代綜合之美，檢視過去又瞻向未來。

雙英老師跟隨當時的系主任周策縱教授做研究。周策縱教授是對於研究投入專注的知名學者，曾為故總統蔣介石的秘書，五四運動的最後一批人，才華縱橫，研究文字學和甲骨文，強調從古代學術入手，直接切入而不透過翻譯，兼採中西方理論，這樣嚴謹的研究方式讓他印象深刻。

「我研究的方向主要有兩個，一是研究古典，因為我對古典文學熟悉；二是古典文學中的思想」，雙英老師將這樣的想法告訴了指導教授，周策縱教授卻告訴他「不是學文學思想，而是學文學理論和文學批評」因此雙英老師便開始著重對古典文學的理論作更深入的了解。

在美初期，一開始讀書很辛苦，但由於上課人數很少，老師幾乎都可以一一照顧。「上課方式和現在的研究所很像，一門課有幾週，每一週都要討論一篇論文，課前閱讀再與老師討論，這些論文從頭到尾合起來全部綜合就是這科目的學術系統，這些論文都是發表在學報，都有註明這些作者是哪間學校的正教授、副教授等等」，雙英老師在讀書的過程中遇到不懂或是看法不同的情形，常常會積極地寫信與這些老師討論，通信來往間增進了許多知識和想法，也認識不少學者老師。沐浴在威斯康辛自由開放的學風中，浸潤在優秀師資的教學中，雙英老師在威斯康辛學到很多東西，尤其是開放、freemind、沒有限制的奔放，心胸開放而拓寬了很多見識。

遊行，留學生的愛國情操和熱血團結

雙英老師給人的印象是溫和寬厚，世事無爭，誰都沒想到他

曾經是抗議中美斷交而參加示威遊行的留學生之一。

1978 年年底中美斷交，得知美國要與中共建交，當地的留學生就發動示威遊行，抗議中美斷交。雙英老師當時住在留學生為多的便宜宿舍，台灣的留學生中在威斯康辛只有他一個人念文科，其他都是理工科系的學生。曾經遇到留學生分成兩派爭代表的情形，卻因為他與其他台灣留學生都十分熟稔且相處融洽，往往被當作兩派之間的溝通者、潤滑者，在這次示威遊行的活動中被推派為代表，儘管沒有組織，憑著愛國的熱忱號召大家一起示威抗議，從年底十一月、聖誕節、新年到寒假結束，從威斯康辛到芝加哥到華盛頓 DC 到紐約，不斷地遊行，透過當時的外交部幫忙安排住宿當地的華人家庭，學生們睡在華人家庭裡的客廳，幾萬個學生就有幾萬個家庭幫忙，愛國的情操將海外的華人團結起來，然而學生們對於國際間的政治情勢其實無能為力，寒假結束後，學生們便散去了。原本威斯康辛大學並沒有中華民國同學會等組織，活動結束之後外交部便協助成立，而雙英老師為了與政黨傾向做個區別，便創始台灣同鄉聯誼會，也與當時的台灣同鄉會互相制衡。

回憶起這段示威遊行的過程，他笑稱是精采卻又浪費時間，然而當時面對國家外交困境，留學生們儘管沒有組織，卻憑藉著彼此共同目標和發自內心自動自發的熱忱，連結串起這樣的示威活動，背後所展現的愛國精神與情操，著實令人感動，是彼此生命歷程中的一個生動紀錄。

亞歷桑那，文學理論的學成

周策縱教授的地位聲望很高，卻因為政治等因素而不能繼續當系主任，灰心之餘對於雙英老師也無心照顧，在種種考量下，

雙英老師便決定轉學，先在威斯康辛多待半年，以主要論文的方式碩士畢業轉校，並且寫信給以往聯絡過的老師詢問轉校事宜。年張雙英老師抵達亞歷桑那大學（University of Arizona），指導教授待他十分熱忱親切，幫助他申請獎學金，指導教授是柏克萊大學東亞語言和比較文學的雙博士，本身多方造詣，集藝術家、鋼琴家和畫家於一身，專長以原型批評來研究邊塞詩，用比較的方法研究建安七子。指導教授對雙英老師要求嚴格，勉勵讀書，並且傾力相授。在亞歷桑那大學的求學期間，對雙英老師影響最深的莫過於師母 Marine，柏克萊大學的比較文學博士，每個禮拜見一次的一對一學習，每次都要唸一本書，可以說西方文學理論批評都是師母教授的。其中受用最大的文學理論，雙英老師應用在博士論文《歐陽修的六一詩話》中，從對早期古典詩的研究，延伸到現代詩，之後又用兩年時間編寫《中國歷代詩歌大要及作品選析》上下兩本，以宏觀的方式介紹中國古典詩歌。

收穫：西方理論帶來開創和未來

　　雙英老師認為在留學的六年中最大的收穫便是學習到西方的研究方法。

　　「在西方有研究方法的課程，學習寫作的研究格式非常嚴謹，所有科目都一樣，另外也在做研究之時，學習如何去行文和結構，邏輯性很強的去論述，要有證據，所以註解很重要。研究一定是在前人已有的研究成果上，繼續發展，一方面表示你讀過，也表示肯定前人的貢獻。學問是累積而成的，所以研究一定要有方法。」，雙英老師肯定研究方法的課程帶給他的啟發和省思，運用西方的理論系統和研究方法，使得研究成果更加嚴謹、負責，寫出具有未來開創性的新思維，跳出以往的窠臼，並走出

自己的新路。

竹以虛受益，修養和讀書都應開放包容

　　雙英老師於留學期間與政大幾位恩師如羅宗濤老師等都有連絡，學成歸國後便於政大中文系任教，雖然有幾年兼任行政職務，但一路走來都是在自己的興趣上不斷地努力和前進，常以「竹以虛受益」自勉，不論是學術研究或是待人處世，盡量放空盡量容納，「生命要豐富就要看現在有沒有開闊的視野，儘管知道也許不一定做得到」，雙英老師表示，「無論如何都不要限住自己，人才是最重要的，活出意義來，以自身來考量，是自由人，跨國的公民，如何去展現自我，內心要踏實，在這樣的狀況下，未來充滿光明，所以應該將範圍擴大而且了解，找自己的專長去發揮，只要這樣做，跨出的新圈子，生命的新圈子，就會有另一個新天地。」

　　雙英老師以自身經歷來勉勵學生，不一定要出國留學，但是不要將生活領域和範圍侷限在政大、在台灣，應該放寬一點，從專長出發、從興趣出發，找自己的發展方向，透過自身的了解和分析，用自由開闊的心胸去容納廣博的知識，拓寬視野和見識，活出屬於自己的生命和意義。

福爾摩沙的文學湧升流
── 張文薰老師專訪

吳敏靜、呂佳昌

　　張文薰老師，台大中文系畢業，留學日本東京大學人文社會研究科取得博士學位，2005 年回台灣，目前爲政大台灣文學研究所與中文系合聘助理教授。學術專長爲日治時代台灣文學、日本近代文學與台灣。

走上台灣文學研究，需要興趣，也需要一個契機

　　文薰老師說她在國立藝術學院（現台北藝術大學）曾經做過有關於台灣老照片收集的工作，在那時候開始覺得對於身爲台灣人，卻對台灣的歷史一點也不了解，這是個極大的諷刺，所以就想去多接觸一些相關的東西。在接觸之下，對其產生了興趣，「本身念文學，加上對台灣方面有興趣，就成了台灣文學啦。」文薰老師如此說道。

　　文薰老師的學術專長是在台灣日治時期。她表示或許是因爲當時留學的環境是在日本，若是在美國，則可能走向理論研究方面，或是比較當代文學方面。又因爲日本當地存有豐富的史料，加上日本研究方法的特色就是注重資料的分析還有文本的解讀，另一方面也是認爲日治時代的文學研究是可待開拓的。雖然這段時間看起來可能很短，而且閱讀起來有語言上的困難，但是文薰

老師仍然認為這還是可以開發的。

「討論當代的台灣文化，或是台灣人的民族意識精神狀況，這些都可以往回追溯到日治時期。在閱讀相關文獻的時候，發現今天社會發生的問題，在五、六十年前可能就已經出現過。」文薰老師說道。她舉例說，現今的台灣應該要用何種語言寫作文學，如果用台語，卻發現台語很多都沒有字可寫，該如何解決？像這種討論在日治時期就已經發生過了，可是為什麼還會再重複的發生？這時候看當時的文獻資料，會發現跟現代的文化現象是呈現一致性的。那麼，既然在當時就已經發生過了，現在卻為何仍然不能解決？有鑑於此，所以她決心投身於此一領域當中，深入研究。

一九三○年代台灣文藝界發言權的爭奪
—— 《福爾摩沙》再定位

綜觀文薰老師的學術研究以及其所發表的論文可看出，她的研究時最初關注的重心，是作家張文環。研究張文環的原因是前衛出版社的一套《台灣作家全集》。老師說她在要去日本之前就一本一本翻，在翻閱的過程當中，覺得自己對於張文環的作品甚有感覺，就開始去研究張文環，另一方面也是因為清大台文所的柳書琴教授。在老師要出國留學之前，覺得自身對於台灣的文學研究以及相關知識都只有一個粗淺的了解，在請教柳老師之後，柳老師告知張文環當時所屬的團體「台灣藝術研究會」相當值得深入探討。所以文薰老師在一段時間做張文環的作品研究之後，便推廣到張文環以及「台灣藝術研究會」這些知識青年的研究，主要關注範圍在 1934 年到 1944 年這段時期，約日治時代中後期。在日治時期，以 1937 年為一分水嶺，前期是漢文創作，後期則是

日文創作，她一開始比較關注的是後期日文創作的文學成分以及
文壇現象。但文薰老師說在閱讀過程中發現，從二〇年代到三〇
年代，漢文寫作的文學研究這方面，實際上還有很多可以發掘的
問題，所以開始去看這方面的資料。現在文薰老師所關注的問題
不只在張文環本身，而是比較關注在鋪寫文學史當中，是否有意
識地攫取了某些現象來放進去，例如通俗文學以及小說部分，在
中國文學史當中，都是被經過選擇之後的結果，那麼這樣的選擇
基準在哪裡？她認為目前台灣尚未有一部可信度高、可以對日治
時期的文學現象來作一個有效的解釋的文學史。而在文學史還沒
有出現之前，要如何去觀察這些文學現象？例如一開始是漢文寫
作變成日文寫作，這並非單純只是殖民者的強迫之下才改變。又
或者在文學形式方面，為什麼只有寫實文學，在高呼現代主義、
現代性之下，卻沒有任何有著現代主義風格的文學出現？是不是
這樣的文章有出現卻沒有被寫入文學史？或者是一出現就馬上遭
受到嚴厲的批評，而沒有被載入台灣文學歷史的一部分？這是文
薰老師目前最為關注的問題，這樣的問題需要從許多文學現象去
連結起來並作解釋。

不應把台灣文學研究當作潮流，而要讓
文學開展它自己的生命力

　　文薰老師說：「文學研究應自文本開始，不應把台灣文學研
究當作潮流，而是要讓文學開展它自己的生命力。」在台灣，文
學研究往往承襲西方的理論方法，在日本研究的經驗使她認為，
文學研究應該自最基本的文本開始，讓文本自己說話，讓其中的
文字組合成有機體，進而展現出文學本身的生命力和意義。

　　文學研究有其共同的基準跟規則存在，台灣文學研究也不例

外。若一開始完全沒有文學研究的背景或者知識，對文學也沒有感知能力，在從事台灣文學研究的時候，會陷入一個迷宮，導致不知自己的研究方向。因為一開始需要大量的台灣歷史有關的知識，若只是一味吸收知識，卻缺乏最基本的美學素養，那麼便不需要來研究台灣文學，直接去就讀台史所或者去翻閱台灣大百科即可，這樣的研究方式就本末倒置了。所以面對有志於研究台灣文學的同學們，文薰老師強調，要有美學素養還要有人文思考，並且不可被現代主流意識左右，保有一定深度的美學素養跟人文素養，那麼就不致於在研究上造成缺失。因為文學研究本身沒有一定的方法或準則，如何使文學本身的生命拓展、文本的內容更加深入，這是研究台灣文學的最主要目標。並非只是拿當時的史料用現代的價值觀來任意評斷，而忽略掉最重要的人文思考。

對台灣文學研究具備絕對的信心，深化廣化內容，讓台灣文學成為一門真正的學術

目前在台灣研究本土文學具有廣大的資源，作為台灣文學的研究者，不應該只是追隨「在地化」、「本土化」的潮流，或者被政治左右，應該要去挖掘文本中自有的生命意義，否則台灣文學只會淪為一種流行，反而喪失了台灣本土的文學瑰寶。台灣文學其實具備有成為專門學術領域的條件，而不是說因為當今的政治條件炒作才興起。研究者應該要深化它的內容，而不是受到政治或者歷史的條件所左右，否則就會淪為一種暫時性的產物。

今日政大台文所在全台所有台文所當中，其本身條件是很優渥的，不只因為政大本身是人文科學為主的大學，另外也是因為年資較短，所以未來還有很多的可行性。在地點上位居北部，易吸引外來學子就讀，也有更大的機會發展出更深入的文學研究。

但不能就此坐井觀天，還是要努力在國內眾多台文所中脫穎而出。因為目前的台灣文學研究，並不止於本土境內，甚至外國的研究生，如日本、大陸、美國等地都有許多人在研究，如何與其競爭，發展出自己的特色，希望政大台文所的學生可以把握自己的優勢，更加積極的去做嘗試。大學或研究所都是提供學生釣竿，也就是一個看世界的方式，但之後要怎麼看就要靠自己去選擇，尤其是文學研究領域，沒有什麼方法學，只能多看多學，如果有問題，就多請教老師，老師也會很樂意跟學生配合的。

「旅行文學」的人生
── 張惠珍老師專訪

林佑珊、黃慧鈴

　　許多人會把人生比喻為一趟旅行，不過是一條不可逆反、無法回到原點的旅程。張惠珍老師是哪種類型的旅人呢？在旅途中歷經哪些風景？在背包裡又收藏著什麼？又是如何選擇歷險方向的呢？

曲曲折折：羊腸小徑的風景

　　在惠珍老師的學習過程中，雖然生於台北，但因就讀較城市邊緣的小學，因此校園生活裡沒有任何的壓力。然而升上國中後，取而代之的是升學壓力，為了考試分數而鞭策學生，僅僅距滿分幾分之差卻還是招來籐條的鞭打。只有一位數學老師不這麼對待他們，他剛從學校畢業，非常年輕，從不拿藤條，人很和氣、耐心，是對那年代的鞭子教育有著改革理想的異類吧！就這樣，較為快樂的這堂課使惠珍老師印象深刻。可第一次段考後，這位老師也拿起了藤條，「他打完我們就跑到教室外頭哭，我想他是很不願這樣。畢竟我們數學的成績太差了，與其他拿鞭子老師的科目不能比」也不記得是什麼時候，那位老師就在國中生活的記憶裡消失了，聽人說是到國外唸書了，離職的實情則沒人知道。

　　對惠珍老師來說，國中一點也不有趣，彷彿黑暗的牢籠將學

生囚禁於中，一個讓她畢業後不想再踏進來的場所。

　　高中聯考由於數學失利，轉而往五專就學，「五專生活是相當愉快的日子，因為學校開明、多元，讓我對五專生涯留下了相當美好的回憶。」惠珍老師如此說道。當時老師就讀五專國貿科的實驗班，全班都是女生一起相處五年，感情相當好，再加上課業上學習多元，無論是中文、法律或是英文，都讓惠珍老師感覺收穫很多而且有趣。這段美好的日子與痛苦的國中生涯相較起來，讓惠珍老師打算將來從事教職時，以教學正常、沒有升學壓力的專科學校為目標，因此必須繼續攻讀研究所，取得碩士學位的資格。

　　五專插大時，惠珍老師猶豫著「該選法律系還是中文系」，雖然對中文一直抱持著相當大的興趣和成就感，但在國貿課程裡學習到的相關法律科目也讓老師覺得十分新鮮。其實惠珍老師就是這樣的，很能接受不同的事物、總想嘗試走不同的路。

　　最後還是選擇了中文系。甫進政大中文系，惠珍老師即感受到中文系的溫馨，無論是師長的關懷、家族學姊們的照顧，還是同學的接納，都使她迅速融入並認同這個環境：「政大中文系的和睦在別的學校中文系中是罕見的，就算是政大的其他系所，也不一定像中文系這麼和諧。」

　　進到政大中文系後，身為轉學生的她強烈自覺：「要肯定自己的定位與存在，才不會迷惑」，也因此在中文的學習上有著比一般生更多的堅定決心，「這大概也是為什麼教授們對轉學生都很照顧的原因吧！」老師笑著說，既然會轉學來到中文系，一定是抱有相當的決心，知道自己想要的是什麼，也因此走在中文學習路上的腳步才會更加堅定。

　　大學畢業後惠珍老師投考中文所，卻因為「國父思想」而意

外落榜。爲了維持生活的獨立自主，同時準備重考碩士班，第一份工作先在何嘉仁補習班教作文半年，對惠珍老師來說這是相當有趣的經驗，學到了先要懂得跟小孩子相處，才能進一步教作文。接著在教育部的國語推行委員會從事辭典的編輯工作一年多，這份工作讓惠珍老師接觸到更多不同領域的東西：除了中文本科外的知識、找原典的能力、打字速度加快等等。從惠珍老師笑著說這些工作經驗帶給他的收穫時，可以感受到老師的開朗與樂觀，無論從事哪份工作對她來說都是一種成長與學習。但惠珍老師還是希望可以回到學校繼續進修，這時候，老師接到了一通往後想來十分重要的電話。

前緣回甘：文學大道上的風景

從電話裡傳來的，是大學時期家族學妹的聲音。系上正在徵選助教的消息經由感情很好的學妹那裡得知了，這一切都是緣分吧！就算畢了業、進入職場，惠珍老師接觸的人事物都沒有完全脫離中文領域，冥冥中竟像是安排好一樣。惠珍老師沒錯失此機會，攻讀碩士仍是無法忘懷的目標，「藉著助教工作，也許可以讓自己有更多時間自修，再考一次研究所吧！」她想。

意外地，惠珍老師順利取得了返校服務資格！但這個時候，國語會卻不肯放人。因爲與國語會的約聘期限是兩年，未屆離職需要通過上級開會允許，其中有一位長官堅持反對意見，甚至語出威脅。因爲違約離職的風波，造成直屬長官們的困擾和不諒解，令她深感愧疚和苦惱。她將此事告訴當時的系主任簡宗梧老師，擔心自己已無法回學校就職了。沒想到老師聽了，只是淡淡地笑說：「不是像他所說的那樣，回來吧！」

就這樣，在民國八十一年，惠珍老師重回政大，開始擔任中

文系的助教工作，滿懷感激和珍惜的喜悅，惠珍老師一邊做著系上的助教工作、一邊自習，三年後考上中文所，終於達成攻讀碩士的心願。從高中聯考失利進入五專，到插大、研究所落榜、出社會、重返校園……，一路走來看似曲折，甚至從國貿科轉入中文領域，儼然像自助旅行家！每一次環境的跳轉都彷彿拐入另一條風景全然不同的旅程，但這些陌生在這位自助旅行者眼裡都成了新鮮，都成了樂趣，她在這些反差中反覆咀嚼一些很不同的滋味，而到了最後，全部都是回甘的。

在惠珍老師的大學時期，現代文學、台灣文學尚未成為顯學，所有相關研究還在初步階段，連資料的整理也不完備，可惠珍老師就是對此一領域鍾情，即便不被看好，她還是選擇了在中文所做現代文學的相關研究。在碩士論文中，她選擇研究許地山。「作長期研究之前，首先著眼於研究對象、內容、領域的發展性及延伸性，可以讓資料及研究過程徹底發揮價值，也可使學術研究得以連貫、拓展，同時更具備整體性、宏觀性。」在時間軸上，許地山落於近代歷史大事件密度最高、文藝活動最狂熱的五四時期，那是中國大量湧入異質文化、在國情局勢上紛紛擾擾的大時代，思想的匯入豐富、生成多元，就連變換也十分迅疾；在空間軸上，許地山跨越了台灣、中國大陸、甚至香港，異域流離的背景為他的散文和小說帶來與眾不同的風貌，異質文化的流匯更在其「基督教、佛教、道教、神話、寓言、人權、女性關懷彼此交錯對話」的特點上帶來顯著影響。選擇許地山作研究對象，一方面希望據此作為往後輻射研究之伊始，一方面則是真心使然，由最初的閱讀上的喜愛，延伸至其人、作品、思想及心靈的研究。

百年樹人：杏壇桃李的風景

　　攻讀博士時，惠珍老師也開始了講師的工作。源於自身經歷，惠珍老師以為，能讓學生感到「作為學生」是件快樂的事，是教學過程中重要的認知，因為唯有如此，啓發學生對知識追求的熱情，教育才能真正落實。因而她的教學總是活潑而貼近學生心理的，還會事先將課堂上每位學生的名字都背下來，觀察他們的個性、上課的學習情形。而不單是記住姓名，惠珍老師期望能更進一步拉近課程與學生的距離，希望教育不僅僅是存在於教室內的短短幾小時而已，應該更長久、更人性，將其基礎建立在良好的師生關係上。至於教學內容的自我督策，惠珍老師認為應與教師自身的研究相輔相成，研究或教學不能一方偏重，因大學教育不可照本宣科，教師若在研究上有心得，便能充實教學；另一方面，所謂教學相長，在教育工作上教師也是獲益良多的一方，教學與研究絕對是相助益的關係。同時惠珍老師相信，這也是大學教授兼研究與教學工作於一身的目的。

　　本來只在輔系和通識開設台灣文學選讀、小說選讀、現代散文選讀和旅行文學選課程的惠珍老師，近年來也開始在系上擔任導師工作、開設現代小說課程。在教學工作與學術研究兩頭忙的情況下，目前最近程目標，就是在這一兩年內完成有關晚清域外旅行寫作的博士論文，而研究方向依然以五四領域為基礎，進而上溯下展、左右延伸充實其內容。至於未來，則希望能將研究漸次推展到現當代中國文學和台灣文學。

　　在社會情勢向著功利與速食輕文化一面倒時，從事文學研究對社會的貢獻是什麼？這是惠珍老師學生時期經常思考的一個問題。尤其在看到某些論文玩著複製抄襲的遊戲，偶爾也會對自己

的選擇感到疑惑與搖擺。但多年下來，因為系上特有開放明朗的
研究氣氛，及政大與國際姊妹校學術交流、互動研討的風氣漸興，
惠珍老師覺得從前那種猶疑與不安都已成過往雲煙。「不只文
學，其實整個藝術、文化都是如此。目前台灣的情勢是比較難堪，
也許研究文學講究快速與利益的商業社會裡一時難找到出路，但
當我們放眼國際、回歸歷史長河去尋求定位時，那些被誤為虛無
的東西其實才是最永恆、最根本的。只要下定決心，踏實地去付
出努力，其實做任何事情都不必妄自菲薄，除非自己的猜疑與動
搖在蠢動，我們所相信的東西並不會背棄我們。」

　　就這樣，在人生旅途中選擇自助、選擇拐不一樣的路的惠珍
老師，帶著新的自信與永遠渴望新鮮的一雙眼睛，正一步步實踐
著她自己獨有的「旅行文學」人生。

穿梭在歷史與文學間的獨行者
── 陳芳明老師專訪

林宛萱、沈佩珣

在美加國境遇雪

一個從大學到博士班都是讀歷史的人,而且是研究宋代歷史的學者;一個從未修過文學課程的人,卻在 1974 年美國的那場雪後改變了人生的走向,開始檢視關心台灣這塊土地上的歷史與文學,且至今仍在研究台灣文學,這就是現在的台文所所長陳芳明老師。「一個人的知識追求會發生大轉彎,跟他的時代遭遇,或者是他對自己生命的體悟有很密切的關係。」這是那天細雨霏霏的下午,芳明老師在辦公室說的。

大學時代在輔大歷史系,他曾寫詩及詩評,大三時結識余光中,相差十九歲的兩人成了忘年之交,但至此他仍未想走文學的道路。1974 年負笈美國華盛頓大學攻讀博士,與同學一起自西雅圖到溫哥華,在美加國境海關使用中華民國護照卻不被承認,同行的日本人、菲律賓人都過關了,只剩他被留了下來。最後,竟是依靠一張學生證過關的。那對他而言無疑是生命中最大的一個打擊,因為跟學生證比起來,自己國家的護照竟是一點尊嚴也沒有。那是他第一次看見雪,在聖誕節前夕,於美加國境。

而當時台灣的教育是,二次世界大戰後,中國是世界四強國

之一，在那種學習環境下，台灣是被關在思考之外的。直到出了國，他才明瞭到他是一個台灣人，那也是他第一次開始思考生命與國家，以及文化認同。

他並不是被擊倒，而是正要站起來

1979 年台灣發生美麗島事件，而那天，十二月十日，正是國際人權日。那時知識分子努力要爭取言論、思想、居住、旅行等人權自由，結果卻被當成暴亂分子鎮壓，許多人都被逮捕了，其中也包括了芳明老師的朋友。

「當你的朋友坐在監獄裡的時候，你在獄外做什麼？」這是諾貝爾獎的作者聶魯達的詩作，這對他起了很大的召喚。那時他正在寫博士論文，卻也同時陷於這種身不由己的無奈，對於身陷囹圄的好友感到惆悵難過。在他剛跟姚嘉文通完電話後的五個小時，姚嘉文就被捕了，判刑十二年。最後他毅然決然放下博士論文，積極在獄外從事人權工作，把當時台灣被逮捕的那些事件寄給各國的人權組織，結果卻被政府認為是異議分子，從事叛亂行為，成了黑名單上不能返家的一員。

在獄外的他，除了奔走國際將台灣的這些政治壓迫事件告知各個國家外，為了激勵獄內的朋友，他用投稿文章的方式，登在聯合報上，寫了一篇〈流浪的吉他〉，敘述校園裡一對愛爾蘭夫婦唱的民謠：「如果你看到半倒的愛爾蘭人，請不要吃驚，他並不是被擊倒，而是正要站起來。」老師說道：「這首歌是我捏造的，我把愛爾蘭人當成台灣人來看，這是那個苦悶的年代所能想出來的辦法。」

在歷經美加國境事件、美麗島事件後，芳明老師深刻體悟到台灣這塊土地對他的意義，決心要把更多的時間用來好好研究台

灣文學及歷史。

他說，「我還是要好好把我這一輩子奉獻給台灣文學跟台灣歷史。」

從零開始的建構

當時的教育環境，「台灣」這個詞是被排拒在思考之外的。要做有關台灣的歷史與文學研究，幾乎少有前人的研究成果和方式可參考的。芳明老師算是從事台灣文學歷史研究的第一代，他的第一本台灣歷史的著作就是《謝雪紅評傳》。因為沒有前人研究，加上他又非科班出身，這條研究之路對他來說非常困難。但他還是不放棄，他覺得他讀台灣文學有一種遲到的感覺，但遲到並不等於輸掉。「正因為你遲到，所以不應該抱著輸掉的感覺，因為畢竟你並沒有失去，所以更要去追趕它。」《謝雪紅評傳》，花費十年收集資料，又耗費四年寫作，自 1987 年寫到 1991 年，這在當時可說是台灣第一本有關左派女性的評傳。

回到台灣後，白日擔任民進黨文宣部主任，晚上積極讀書，聽聞有台灣文學的學術發表會，他會寫信自薦，希望能發表論文。從一個沒有人知道的台灣文學研究學者，到建立起學術地位，可知他是非常積極在從事這方面的研究。

他曾說過，如果那天有機會回到台灣，他的第一個夢想是寫台灣文學史。第二個夢想是，如果將來台灣的大學能教台灣文學史，那將是非常幸福的一件事。

台灣文學從明鄭時期算起到現在只有四百多年，跟中國兩千多年比起來，不免令人覺得狹隘，但芳明老師並不認為如此。「學問是用來解決人的問題，沒有所謂狹隘寬廣的分別，如果不能解決人的問題，它再怎麼寬廣都是非常空洞的。」對老師來說，台

灣文學並不只侷限於台灣這塊土地，所有影響台灣文學的作品或作家也該列進其中，例如魯迅、張愛玲。

　　他說，「我在建立台灣魯迅學，台灣很多人讀了魯迅，然後形成他們的美學及人生觀，如果是這樣的話，那台灣可以跟很多地方對話。」台灣文學不只是要走進台灣，更要走出台灣，跟不同的文學對話。這就是他要建立的台灣文學。「我有一個更大的夢想，就是未來很多人談到台灣文學的時候，會尊敬它。」

歷史是表情，文學是心情

　　身為一個跨足歷史及文學的研究者，對芳明老師來說，歷史是表情，它能述說一個人、一個國家、一個時代的事情；而文學是心情，它能描繪出深層的心情。歷史是表象，是官方紀錄，它記錄著一些重大事件，比如導火線、分水嶺、轉折點。但是人的一生又豈是如此而已，人生是瑣碎的，不是只用一兩件大事可以帶過。而且人的心情是否真的能用文字完全表達？「其實只要經過寫下來的過程就是虛構，因為文字是無法取代現在的心情的。」這樣說起來或許有些矛盾，既然無法表達又何必書寫，不過這正是文學的迷人之處，也是它惱人的地方。芳明老師笑著說：「或許是一種自虐吧！書寫文學的過程同時虐待著自己，煩惱著該用怎樣的文字能表達出當下那種心中的悸動，但寫出來的時候是非常喜悅的。」

　　在這一來一往的過程中，他充分享受著這樣的樂趣，而且樂此不疲。文學對於他，是一種救贖，他帶著堅定的眼神如此說到。過著多麼瑣碎的一個生活，如果能在你的領域提煉出一個藝術品來，讓你不斷去回味它，而且不斷的重新詮釋，那是多麼美好的事。「文學對於我，大概是這輩子一個終極的生命，我會不斷

的去追求。」

跟自己的競賽

　　芳明老師算是一個多產作家，出的書很多，也有不少人說他是快筆。但是他自己卻說，其實他不是寫得快，只是堅持，他堅持一定要寫出來，而他的堅持來自焦慮感。他說，他離開台灣已經太久，那種虛擲太多時光的焦慮，促使他不斷向前，他想要將他缺席的全部補回來，他像是在賽跑，希望能多跑一點。但他是在跟誰賽跑呢？他發現了跟自己賽跑一定能贏，一定能夠趕上，所以開始了與自己的競賽。至少要做到今年的要比去年好，去年寫了一本，今年自然不能缺席；今年少了一本，明年更要補回來。老師就是以這樣的方式鞭策著自己，所以一本一本的累積起來，才有了現在那麼可觀的數量。除此之外，也不能不提及他的閱讀習慣，他真的可說是一個享受閱讀的人，可以說是閱讀世界中的**饕餮**吧！只要有書他一定拿來看，不管是從前的書，還是現在正在發行的書，他都會在第一時間買來看。「身為一個臺灣文學的研究者，溫故而知新是不可或缺的。」他也一直跟台文所的學生們這樣耳提面命著。

　　因為這樣拼命閱讀的關係，就有很多的材料可以寫入他的書中，所以他說他不是寫得快，在書寫的背後累積的是無數的閱讀，其實他早已經思考很久，醞釀多時了。「這是一種思考的習慣，你知道怎麼思考就知道怎麼寫。」

　　而且老師有過目不忘的能力，更是令他在閱讀方面很有效率，看過的書都知道它在寫什麼，自然而然的，一路看下來就有感覺出來，只要有感覺就能書寫。他寫的多，看的其實更多，這種他稱作「春蠶吐絲」的書寫法，也就是輸入的遠比輸出的多上

數倍的方式，其實也是做很多事的準則吧，很多成功的背後，又何嘗不是有更多倍的努力呢？

深山夜讀

「在星光燦爛的子夜，遙想那回歸的鮭魚，在指南山上的大學研究室殷勤的書寫閱讀……」（林文義）

現在，芳明老師來到了政大，研究室是他最常棲息的場所，他總是在裡面閱讀書寫，生活其實是相當的簡單，不外乎是研究教學閱讀。「在政大教台灣文學大概是我這輩子最美的一個夢吧！」他也提到，他對政大中文系的學生十分的欣賞，他們總是認真的聽他的教學，他在課堂上提及到的新書，更是一下子就會被借光或賣完，讓他感受到學生們的積極和學習的熱忱。

「作為一個教學者，最得意的莫過於是跟學生之間的互動。」他滿意的說著。中文系的學生，不能不管台灣，也不能只有台灣，他再三叮嚀著。當然台灣一定要知道，還有中國、韓國、日本等，中國文學要熟練，現代文學也不能偏頗。「開拓視野是首要的，你要知道世界，才能真正了解臺灣文學的文化定位，以及它的藝術意義，這樣你才是真正看見台灣。」

存一縷溫潤落人間

── 陳逢源老師專訪

林家儀、陳右儒

　　週六午後，逢源老師穿著藍色襯衫背著書包，臉上溢著和煦的笑意，宛如大學生般的應約前來，一邊抱歉地解釋匆忙自考試院趕來，但其實不過晚了五分鐘。

　　和老師相熟的學生總不得不用「溫文儒雅」、「謙恭有禮」、「如沐春風」來形容老師一身的書卷氣質，但真問老師自認有何優點，卻皺眉歪頭久久想不出一個來，最後卻只說自己「胡思亂想」、「性急心慈」。或許比起「書生」、「文人」這樣的詞彙，逢源老師更像是個熱情擁抱世間的「知識分子」，雖然自稱是個陰性性格、凡事老想著負面的人，但總隨著身邊人們的悲歡離合、遭遇幸偶而同感喜樂悲傷，也總感恩上天的說「我是個幸運的人」，這樣的逢源老師其實才是最入世、最關懷人群、最人道主義的中文人吧？

看不出來的孩子王

　　逢源老師出生於民國五十四年，為彰化永靖人，永靖陳家在當地是知名的大家族，祖父在日據時代從今日的師範學院畢業，執教數年後便回家中以書法養身，逢源老師便是在這樣書香氣息而溫馨的大家庭中成長。老師在家中排行第一，作為長兄，老師

形容自己的童年是「霸道」的孩子王，家庭人口既多，又得長輩疼愛，和家族中的兄弟姊妹玩鬧時，總愛帶頭當領袖。

　　童年時代，由於父親工作的緣故，逢源老師便在彰化、台中之間幾次遷徙、輾轉求學，高中就讀於彰化高中，成績最好的學科是史地和生物，國文、數學成績也不錯，英文則最讓高中時代的逢源老師頭痛。原本的大學志願是法律系或是政治系，因為這似乎比較符合當時社會的期待，但老師卻在聯考時英文失利，「我連填卡都不想填了，直接給我父親幫我填了。」就這樣，陰錯陽差的走上中文系。即使當時十分洩氣，「可是，中文系是我父親留給我最好的禮物。」

不想唸中文的中文系班代

　　在沒有預期的情形下進入東吳大學中文系的逢源老師，本抱著轉系的打算，但在大一被選為班代後卻有很大的轉變。被選為班代後，老師替班上辦班刊、中秋節湯圓晚會、故宮校外教學等活動，遇到運動會老師則積極地在大清早跑去敲各寢室的門，帶領同學跑操場練習，因此每年總能拿下精神總錦標。我們問老師：「這是老師大學最驕傲的事情嗎？」老師卻回答：「最驕傲的應該是撮合很多班對。」老師接著解釋說這是由於剛上大學時同學間彼此陌生疏離，但經過他當班代的一年，使同學間感情融洽親密，自然就出現許多情侶，故這是他最得意的事。因此身為導師，逢源老師也鼓勵學生多參與活動，一方面在過程中建立交誼，同時學習人事相處的方式，老師認為這是大學時代該有的訓練。

　　被問及在大學時最偏好中文系哪一科，老師笑說當時是除中文系外的科目都很喜愛，因此花許多時間在閱讀外系書籍，對中文系的興趣是日後培養出來的，尤其喜歡東坡詞，到現在還能背

上幾首。逢源老師自認師長運很好，老師們總是對他很照顧，在大學時也學習到什麼叫做學術、什麼是研究方法以及學術該有的眼光，啓發他日後的研究之路，「但即使如此我還是很怕老師，總躲著他們。」

政大研究所新鮮人

當年甫進政大中文所的逢源老師，感覺政大同學們都極有才氣、有個性且豪爽，和東吳大學嚴格拘謹的風氣大相逕庭，政大的男生會成群找老師喝酒，發起瘋就去女生宿舍玩，活動力強，很有自己的想法，彼此間更是交誼深切。

並非出身自政大中文系的逢源老師，初來乍到對每位老師都很陌生，因爲和董金裕老師的學術領域接近，故得到董老師的指導跟關照尤多。問到如何決定碩士論文《毛西河及其春秋學之研究》此研究方向，老師回答，會決定走經學路線是因在東吳大學所受的訓練，對文獻經學學術部分比較熟悉，另外在請教多位師長後，被建議應找出被忽略的大家來研究，這是初入學術之門者該做的工作，以找出其中隱型的脈絡，進而建立較宏觀的見解架構。

談到研究所時代，老師戲稱「只有放榜那天是快樂的，之後都是痛苦」，研究所學習生態和大學截然不同，雖然同樣是學習的過程，但研究所的壓力來自於對自己有強烈的要求，同時整個學校對你的學習生涯要求也進入另一層次，無法得知何自己是否讀懂，亦不知道自己跟同儕比起來如何，跟前輩比起來又是如何等等，由於領域範圍擴大，若無法調整心情將會十分混亂、難以度過。被問到是如何結束這種徬徨失衡的心境，逢源老師大笑說：「論文寫不出來，但是卻非要畢業不可，自然就不會再想。」

堅持一份為學生好的心

　　逢源老師自博士班二年級開始在外校兼課，一直認為「老師」這職業是很特別的，若說到這條路其中該有的原則跟面向，老師則認為，念到博士學位，除自身專業的研究外，該如何展現專業，進而達到傳統研究的傳承是很重要的課題。如果說文化是一種薪傳，那麼這種傳衍就是老師的使命跟工作。或許就是這份認真的心態，老師提到初回政大任教時，每天都要自蘆洲的居處騎車到政大上課，一次遇上颱風，但基於身為教師責任感，老師仍堅持的騎車進入當時淹水的政大，不料學校隨即發佈停課廣播，急忙趕到課堂上，卻也只有一位學生出現，老師無可奈何的囑咐學生小心回家，自己又再千里迢迢地返回家中。

　　論及選擇從事教職的原因，逢源老師說是因為在研究所時聽到羅宗濤老師一段話：「當老師有一份天職，就是要有一個為學生好的心，教得好不好是技術層面的問題，但只要那份心意是為學生好，即使教得不好，仍不礙做為一個老師。」這「為學生好」的心意也為逢源老師一直以來所抱持，並體現在教職生涯中。

　　「當個老師得要喜歡人，並非單單於相處上，而更要喜歡人、尊重人。人是什麼？人很難，人有許多難處，我們必須去了解他人的難處，因此教職需要關懷人群，人不該只是個數字，更不該被物化。」老師這樣說道。出於這種思考，老師認為每個學生都是特別的，每一屆、每一位都有各自的特點和表現，面對相同的課程自然產生不同效應，但都值得被尊重以待，因此老師自認相當尊重每位學生的個性，亦欣賞有個性的人，而政大的每個學生都有其特殊、值得喜愛之處。

爸爸老師的生命體悟

逢源老師在政大任教時，由鄭文惠老師介紹，認識羅宗濤老師的千金，也就是現在的師母。因當時老師已在政大執教，老師和師母交往的過程中，常常被其他老師和學生「關心」，使個性內斂的老師頗為困窘。交往兩年多後，已屆適婚年齡的老師被家中長輩們逼婚，舅舅還戲謔地問要不要娶越南新娘？在時機成熟的情形下，於是老師和師母便組織自己的小家庭。問到老師對婚姻的感想，老師認真地說：「婚姻是很好的學習、而且是互相學習，這是學習從照顧自己到照顧對方、互相照顧的過程。」因此老師也鼓勵自己的學生戀愛：「應該要學習在兩性相處上找到自己的位置，也看到別人的圓滿。」

前年老師升格當上父親，兒子陳衡的到來使逢源老師的生命再一次發生重大變化。從父親到自己、再到兒子這樣的生命延續，老師稱此是一個回饋和付出的過程，「我得之於我的父親很多，這個小朋友是我一個回饋的機會。」兒子也讓老師對生命的觀感產生改變，除以往認知的對生命的尊重外，孩子的誕生亦使老師更感受到生命的可貴。特別讓逢源老師開心的是陳衡和老師格外親密，不同於一般男孩子幼年和母親會較親近的說法，在師母坐月子時，據說陳衡一聽見老師的聲音就會停止哭泣，老師難掩得意之色的說：「大概是覺得很有安全感吧。」問起老師對於陳衡的期許，老師毫不猶疑的說「健康」，因為「健康是一個基本原則，有健康才有後續所有的一切。」

我是幸運的人

問老師到目前為止，對自己的生命是否覺得滿足或遺憾？老

師皺眉思考許久後說：「這個問題太難了！我看到別人的苦難，就會快樂不起來。我常想人生為什麼有很多的不圓滿？我對生命的態度是很謙卑的，在人生的不同階段我一直都有不同的體會，所以我實在無法對生命有任何評價。」

　　最末請逢源老師談談對中文系學生的期許及看法，老師則坦白地說面對現今社會上或是家人對中文系未來前途的質疑，許多學生難免動搖不安或是焦慮，但中文系不同於技術性的學科，而是一個更深刻、擁有更多悠遊空間的學系，老師自稱唸中文系是一份禮物，影響其一生，因此希望每個中文系的學生，都能知道自己是很幸運的人。因此要送給每位學生的祝福是「心想事成」，老師說道：「大學校園是個築夢的地方，它擁有很大的包容性，容許懵懂、無知和各種常識，也有很多夢想，這是很特別很可貴的地方，因此我希望學生們都能心想事成。」

原來在這個世界上有那麼多的聲音
── 陳芳汶老師專訪

楊 佩 珊

　　在大學上課，大家可能會有這一類的經驗：上課時間到了，看不見老師來，只看到助教在台上，心中暗想，這個助教怎麼一直在台上不下來，直到上課後才發現，「原來她是老師！」芳汶老師就是這一類看似年輕的教師，相當有親和力。她常常身穿小T-shirt 和牛仔褲，就像是身邊的學長姐，事實上，芳汶老師真的是我們的學姊，她是政大中文系碩士，專長是六朝詞賦與漢魏六朝詩。中文系的學生也許有些人沒聽過芳汶老師的名字，因爲老師開的課多爲通識課。

立志不教書的編輯

　　才剛開始和芳汶老師坐下來聊時，老師就先強調：「我要先說一下，我早先是立志不教書的！」好像很多老師都是立志不踏入教育圈，但最後都淪陷了！這莫非是中文系的魔咒！

　　芳汶老師表示她當時誤以爲教書是一種很 routine 的工作，只是每天週而復始的重複，直到教書以後才發現那是一種錯誤的想像。跟大多數中文系的同學不一樣的，芳汶老師當年並沒修教育學分，雖然在求學歷程中曾遇到很多好老師，但她並沒有因此興起想當一個老師的念頭，她說這可能跟她缺乏自信有關。「我覺得

我一路上碰到不少好老師，但被值得尊敬的老師感動過，對我而言，並不意味我能成為那樣的人。再者，我原又以為老師的工作是單調而重複的，我不想要這樣的人生。」

　　為在經濟上能回饋家庭，老師一畢業後就決定去找工作。看到現在大三大四的學生對自己未來的棲棲遑遑，老師說及她自己本身的體會：「我從來就不預想很久以後的事，我常是該面對我就去面對，我只想眼前這一段時間的事，我不會去為很久以後的事規畫，這是我的思考模式，也不曉得對不對。」對於盛行已久的「生涯規畫」說，老師有不太一樣的看法：「人生有太多無法預料的事，計畫往往趕不上變化；更重要的是，若以相對較不成熟的今日去為未來做規畫，並且奉行不悖的話，看起來似乎不是有智慧的作法。與其對未來的事情憂慮、規畫再三，還不如一步一腳印、篤實地面對現在！」芳汶老師這一觀點，也許可以作為我們的參考。

　　因為對編輯很感興趣，芳汶老師一直想要加入像《漢聲》雜誌這一類文化性的雜誌社，所以老師在大學畢業前就開始留意出版社的徵才訊息，那時候因同學提醒，抱著姑且一試的心情投了一家只留了郵政信箱的出版社，錄取後才發現原來這家出版社是三民書局。因為三民的老闆不要關說，不要請託，所以用這種方式徵才，芳汶老師也因此進入了大學畢業後的編輯工作。

　　雖然不是原先所預想的文化性雜誌社，但她還是一頭栽進去，因為在三民書局的工作內容和自己的所學絕對相關，可以說是學以致用，並且學習更多，許多以前在書本中所看到的書名，現在都出現在自己面前。當時主要是在台、政、師大三校老師的引導下，進行辭典文史資料的編寫，所以跟很多中文系的老師有更近一步的接觸，老師說：「我覺得這是非常非常預料外的、很特

別的緣分，如果我沒有進三民書局，我就不會回政大。」

遊子歸來，因緣際會，「誤入」杏壇

在三民書局工作三年後，本系助教開缺，正因為三民書局工作的機緣，不少本系長一輩的老師對芳汶老師有進一步的接觸與認識，這也才使得她得以在外繞了一圈後，再度回到母校政大的懷抱。

喜歡編輯工作，卻轉換跑道，有一部分是因為年輕時對人治的書局環境的不適應。除了不適應下的深重無力感之外，心裡隱隱然也有一顆渴望求知的種子正在發芽，驅使著老師回到校園。而沒有進三民書局，日後回母校服務的機會應是微乎其微的吧，這緣會讓老師體悟到，人生是不能規劃的，只要當下努力，凡事隨緣。當然對於昔日給予自己這個機會的老師們的恩惠，芳汶老師也一直銘記在心。

助教工作可說是她人生中一個轉捩點。她遇到了她生命中的貴人。老師當了很久的助教卻一直沒準備好面對研究所的考試。有一天她後來的指導教授終於看不下去了，催促著她去報名參加考試。雖然報了名，但她仍沒有準備，只是硬著頭皮進考場。考試前，指導教授拿了一包人參片，要她含在口中，以補元氣。「那時候真的很想哭，有人那麼疼愛妳，自己卻讓他失望。」「當時國文科巡堂老師就是我的指導教授，我那時本來打算一個字都不寫，但是我的老師走到我身邊發現我一個字都沒寫，就一直站在我身邊不走，對峙很久後，我只好開始寫，結果考完第一節課後我就衝出去開始大哭，我那時候無法解釋我為什麼大哭，應該是覺得太愧對愛自己的人，對自己失望透頂吧！」

「你蹉跎太久了。」她的指導教授在隔年這樣對她說，芳汶

老師當時覺得有負所期，因此後來不管多忙多累，都會把握時間讀書，「很奇妙的是，一旦下定決心，讀書效率就如有神助」，老師回憶，「那時讀書，常有一種很『滿』的感覺，不是自滿，而是『滿足』，滿足於讀書的充實感。」。在這樣準備下，芳汶老師就在當年考上研究所。

原來在這個世界上有那麼多的聲音

上過芳汶老師的課的學生，會有一種感覺，就是這堂課充滿了活力與感動。上課同學們報告完後，最吸引人的是後面眾聲喧嘩的問題討論時間，激盪出很多特別的思考與想法，拓展自身的觀點，同學彼此之間的討論和發表意見那種感覺令人相當喜悅，因爲在大多數的大學部課程比較少有這樣的活力。曾經上過老師課程的同學，他們說：「上老師那堂課，我可以感覺到，原來在這個世界上有那麼多的聲音！」「我從來沒見過哪一堂課，大家討論得這樣熱烈！」他們知道了每件事應該保留以不同的角度觀看的空間，可以打破以往固有的成見。例如「人文學概論」這堂課，有一個主題是看《月光》這部影片，影片內容是透過一位記者探訪精神病患的過程，探討價值判斷的問題。同學報告最後的時候提出了越南新娘和同志議題等同樣的少數、弱勢族群問題，提醒我們大多數的人身爲社會的主流族群，平常不會注意到的行爲或言行，可能不經意的流露優越感，抑或傷害他人而不自知。少數族群需要的不是同情，而是平等的對待。

有些人認爲以大學生的學養上討論課，內容易流於空泛，所以大多數課程學生皆扮演在台下吸收知識的角色。上課方式也與課程領域的內容不同有關，並非所有的課程都適合讓學生討論。然而大學生們仍舊希望有個開放的園地，讓他們暢所欲言，芳汶

老師的課，無疑是個大家能盡抒己見的好場域。

　　啓發式教學，是老師上課的特色，學生若舉一反三，對老師來說，無疑是上課時最快樂的事。相較於其他的教學法，這是與學生互動很多，回響熱烈的課程。爲我們這群被鎖在象牙塔裡的學生注入強力的衝擊，芳汝老師的課就像一道活水，注入塵封已久、少有機會動用的腦袋；而老師就像是點水的源頭，讓知識和人文素養源源不絕地流進人心，滋潤年輕的靈魂。

生活中，存在許多「錯認」

　　「生命過程中，存在許多『錯認』。」老師在一堂課上娓娓說道。身處二十一世紀，我們對很多從前認爲是「禁忌」的議題，已經能夠不再以異樣的眼光視之，可以用較爲平等的態度對待。但捫心自問，我們是否真能平等對待少數族群？在「人文學概論」課上，芳汝老師播放《麥迪遜之橋》：這是關於中年有夫之婦，在孩子和丈夫都不在家的數天內，和一位記者墜入情網，最後爲了孩子，她選擇留下，用那短短數天的甜蜜回憶度過餘生的故事。當我們討論這部影片時，老師說她每次看這部影片都有很深的感觸，因爲在女主角芬琪卡這個角色上，她「看見」母親也有過的隱忍與犧牲。

　　結婚許多年、有過更深刻的生命體會後，芳汝老師曾經陪著母親遠赴日本，讓母親和闊別五十年的初戀男子重逢。從子女的角度看來，這真是有點「特別」，更有點尷尬的事吧，但老師純粹只從一個女人的角度看待母親，明白那是母親曾有的美好的舊夢。「也許，帶母親回到舊時地、與舊時情人重逢，是我對母親爲子女犧牲太多、太久所做的一點補償吧。」芳汝老師這樣說。

　　生命中充滿錯認，而且，我們不只是對不熟悉的事物會錯

認，連對自己最親近的人也難以避免這種狀況。該怎麼去增生智慧，減少錯認所帶來的遺憾，恐怕是我們一生都要努力學習的吧！

很「真」的老師

訪問了曾修習芳汶老師課程的學生，請他想想芳汶老師給他的感覺，他告訴我們：「我覺得老師很『真』，面對學生是用一種平等的角度，與其說她是老師，倒不如說更像是朋友。記得有一次老師講到感動的地方，竟然不能控制地在我們面前流下眼淚，那一次經驗讓我發現老師真是一個真性情的人。」真是個相當特別的經驗。大多數的老師絕對不會在學生面前顯露出柔弱的一面，多是塑造自己剛強、值得信賴的一面；常常看到老師在課後與同學邊走邊聊，芳汶老師總給人像親人一樣的信賴感，相處起來沒有壓力，就算要討論嚴肅的學術題目也是輕鬆而愉快的，全然沒有那種在老師面前會產生的拘束感。

對現在的芳汶老師來說，她真摯誠懇的面對教學的工作，並且享受與學生間的互動和交流，相信，當老師對她而言絕對不是週而復始的單調工作！

在教室裡長大的人
── 黃俊郎老師專訪

陳鈺茹、曹崧琳

在蟬噪還有些含蓄的初夏，某一堂應用文課後，黃俊郎老師依約受訪，我們一同走進一間小教室，教室外的紛擾世界，在這裡彷彿是絲毫察覺不到的。我們為老師準備了一杯白開水，他說這正是他平常喝的飲料，他不喝咖啡也不喝茶，就像他的生活一樣單純，回溯成長的時光，也是如此。看他認真反覆思索過往，同時臉上漾出滿足的笑容，彷若他的記憶比隧道更悠遠綿延。

我不在學校，就是在往學校的路上

俊郎老師憶起年少求學的經過，沒有提起當年勇的自傲，亦無萬千感慨，只有簡短而淡然的描述。父親小時候即去秀才家裡學習，在古典文化的薰陶之下，養成了平時作詩的習慣，雖然成家後以經營小本生意餬口，但當老師還未就讀小學時，父親就教導他以漢文（即現今的閩南話）讀四書，奠下了黃俊郎老師對中國文學的基礎，老師當場背誦了一段，流暢之程度不下於虔誠佛教徒唸佛誦經。高中時代就讀於新營中學，那時還未有分組的制度，所以每位學生都要讀文科理科，選填大學志願時，緣於父親的期待與自己的興趣，似乎是理所當然地選擇了中文系，從此更與中國文學結下不解之緣。

「好像還是昨天，父親為我買一個皮箱，準備東西，坐了五

十五個車站才到台北……」從台南的林鳳營車站到台北，那是老師第一次離家這麼遠。問老師當時可會想家？他笑笑地自問自答：「會嗎？開始好像有一點。」似乎已將年少時的心緒拋諸腦後。迢迢路途與不便宜的車資，讓老師只能在寒暑假時回家，平日則以書信與父親維持聯繫，不知不覺也就習慣了台北這個城市，甚至於畢業後還是留在台北，如今也只在清明時節返鄉。

大學時代的生活很簡單，也不曾參加社團，不像現在的大學生「外務很多」，因此可以專注於課業上，每天的生活就是來去宿舍與學校之間，套一句廣告詞：「我不在學校，就是在往學校的路上。」中文系畢業後，老師如願考上了政大的中文所，他自謙為「呆板的人」，缺乏文學情調又一無所長，所以選擇了學術思想作研究，就連平日瀏覽，也多半是探討中國思想的書籍，可謂對中國思想情有獨鍾。老師所注重的通常是知識或常識的探討、學習，可能具有專門的領域訴求，著重的則是自我的探索，這是一種反求諸己的功夫，這種功夫或許是與生俱來的資質，或許是後天悉加培養出來的能力，或者是深藏於自己的潛意識底下，而很少搬出檯面的表現。

畢業後，老師即留在政大中文系教書，教室培育了老師，老師又留在教室中繼續培育莘莘學子，大半生都在教室中渡過，老師笑稱自己是「在教室裡長大的人」。談起老師上課的情形，老師說第一次上臺教的是國文，準備好了就上臺，並不會太緊張不安，就像大學聯考與研究所考試一樣，準備好了就上場，盡了本分後，就不會有好高騖遠的期待。有趣的是，老師教授「禮記」這門課時，總是會提起「蔡幸娟」這位歌星，同學們也以為這就是老師的偶像，可是事實卻不然。老師說他曾經在報紙上看到蔡幸娟舉行成年禮（十六歲）的報導，於是將報導及照片剪下收藏，以便

在課堂上舉例向同學說明有關「冠禮」的習俗，也許一時加油添醋將蔡幸娟說成自己的偶像，但其實老師連她的歌都沒聽過呢！

上天的安排就是最好的安排

　　老師不會特地為事物下一個「定義」，像是陶潛為學「不求甚解」，為的不是拘泥小技、鑽研小道，而是從中體悟人生之大道。從他閃爍光芒的眼神裡，看見的是無懷氏、葛天氏的閒居情操。從這種精神理念作出發，他說：「我覺得自己一無所長，我沒有什麼休閒娛樂，我完全不會唱歌，最怕參加什麼自強活動。而且我也不會開車，我等會兒還得走路下山呢！」他的人生哲學裡，希望過的是平凡、平淡的生活，但這些卻都不是刻意講求的，活在當下才是最重要的事。

　　談到在漫漫人生中，是否存有一絲絲的遺憾？老師津津有味地說道：「我這輩子過得很安定、平順，沒有太大的風風雨雨。如果真的要說的話，可能是我沒有女兒吧！聽說女兒比較貼心？女兒是爸爸上輩子的情人，因為我上輩子沒有情人，所以這輩子才沒有女兒。」即使努力想起了一個遺憾，卻也在老師巧妙的解釋下化為無形。老師與師母同住政大附近，雖然老師沒有女兒，但兩個兒子皆學業精進，也都已經成家立業，假日全家會一同出遊，三代共享天倫之樂，也是相當幸福的事了。

　　對於未來，老師似乎沒有抱持太大的期許，今年暑假榮退之後，他仍然照常按課表上課，雖然老師的課程稍微減少了一些，但是基本的生活作息仍然是不變的。老師認為既然無法預知未來，倒不如守住自己的本分好好教書，他覺得要讓自己過得快樂，畢竟日子是自己在過，別讓心情因外在因素而改變，因為萬物是無常的，假若終日執著不切實際的事物，這樣做人未免太累了。

老師就像孩童一般，保有一顆赤子之心，即使走得很高很遠，仍收藏著最純粹的那一份天真爛漫；老師是夢想家更是實踐者，隨時不忘初衷，回首年少時選擇的路向，雖然看來是如此順遂和理所當然，但要踏實地走每一步，必定需要穩固的信念，畢竟人因夢想而能壯大心志，雖然一顆心偶爾會因追求夢想而受傷，但是有了堅定的意志，就不會感到空虛、害怕，因為老師知道害怕遠比傷害自己本身更糟，雖不曾刻意追求夢想，但是他的生命每一分、每一刻都是燦爛的，當他回首來時路，心中會充滿許多的回憶，這或許就是所謂的「永恆」了。

生命可長可短，無論悲歡離合都只是倏忽即逝的事，重點在於呼吸的當下，行事是否盡諸全心全力，以及回望重重串起的生命歷程，自己是否覺得無枉此生。「平淡啊！但是很幸福！」俊郎老師就像油麻籽燈一般，持續地使人溫暖和歡喜，他看重自己，也看懂了自己。

也無風雨也無晴

「我沒什麼好訪問的，平平淡淡，寫了不精采！你們去訪問別的老師吧？」這是我們與老師的「第一次接觸」，直到訪問快結束，老師仍說著：「總覺得這樣對你們有點不好意思，沒有轟轟烈烈的故事可以讓你們寫。」其實我們都明白，誰的背後沒有故事呢？販夫走卒也好，達官貴人也罷，每個人的生命都有獨一無二的故事，也正是這些故事驗證了其價值所在。如同蘇軾看遍人生風景，回首卻有「也無風雨也無晴」的釋然，俊郎老師人生中的驚濤駭浪也被馴為山谷中一池寧靜的湖水，過往的經歷或許動人，卻不需翻箱倒櫃地重提。這是歲月的洗鍊，也是智慧的果實。

從慘綠到新春
─ 曾守正老師專訪

王頎茗、楊仁超

　　下午兩點準時到守正老師的研究室，老師已經在裡面等我們了。在拼裝著木板的地板上席地而坐，老師拿出茶具泡茶招待我們。問老師喜歡泡茶嗎？老師笑著說是從小看爸爸泡茶的關係，長大後自然而然的就開始泡了。我們在大禹嶺茶幽淡的香味裡，聽老師開始述說成長的家庭故事。

體弱多病帶來早熟

　　老師的父親原本是個刑警，中年轉業從商；母親是家管。由於父親經商經常在外東奔西走的關係，平常沒特別管老師，「但一管起來真的很嚴」老師笑著說。老師的母親則是將孩子照顧得很好，相對來說，要求就比較多一點。在家庭較為偏向嚴厲管教的氛圍下，其他同齡小孩的娛樂，如騎腳踏車、游泳等，老師都偷偷摸摸的自己摸索。老師小時候是個體弱多病的孩子，很清楚的片段記憶是母親常在夜裡背著他敲診所的門。在學校也會去拜託導師多照顧，而這成了籠罩在小時候的老師心中的一股陰影。他認為導師會以另一套標準來對待他，如此便顯得與其他同儕不一樣。這成為老師個性較為低調，不喜歡展現自己的因素之一；「不過這是我最近幾年想出來的。」老師大笑補充。跑醫院打點滴的

機會多了，老師回憶起躺在醫院的病床上，看著診所的天花板，有時候會突然問自己「我是誰？」「我怎麼會在這裡？」想得多了，對於「人從何而來」這樣形而上的哲學思考，也有一些感覺。這大概是老師日後由文學裡研究思想的一個楔子吧。

以人為本的信念

　　談到求學經歷，守正老師說起一件影響他很大的事。國三時候早上五點半騎腳踏車上學，在路口遇見也要去學校的班長。他埋怨早起上學很辛苦，班長卻回應：怎麼可以埋怨？當學生可能是世界上最幸福的事。這番話深刻影響著國中時成績不好的守正老師，上高中後從此用功唸書。老師高中時是想當律師的，因為遇到一個專講政治的國文老師，使在封閉時代裡的守正老師，有了較為叛逆的嶄新視野；又接觸《前進》、《深耕》、李敖《千秋評論》等「黨外」雜誌，閱讀到不同於教科書的歷史，加以少年莫名的正義感使然，老師認為唯有選擇法政，才得以「筆掃千軍萬馬，適時解救人群」的發揮正義。至於後來為什麼會讀中文系？老師說當時知道一定考不上法律系，所以要選擇方便轉系的科系；另一個理由？「交女友方便啊！」老師大笑。加上高中時參加校刊社，也成為他之所以選填中文系的理由之一。在淡江唸了一年的中文系，老師仍然想轉系，但到了大二產生很大興趣，隨即明白自己就是要唸下去。「那時候唸中文系我沒有徬徨，因為我就是想唸，即使了不起就是擔任教職。」老師提到，大一時影響他最深的是教「文學概論」的施淑女老師。上課教王夢鷗先生的《文學概論》和西方近代文藝思潮，簡直就是開了眼界。而老師也開始思考，當初決定唸法律是為了關心「人」，但唸文史哲也是一條實踐理想的路，從此便在中文的路上將熱情與自己的興趣結

合。

　　守正老師在大學時曾擔任校友會會長和演講股股長。請到林雙不來演講並整場爆滿，是老師仍津津樂道的事情。大學時做得最多的事則是打工，家教、編寫辭典、國語週刊業務員、甚至賣豬肉、灌香腸、春節期間在公園擺地攤賣刮毛球機都做過。即使要為自己賺學費而拼命打工，老師仍自豪大學時代的功課不錯，是同學考試前的救星。打工除了在經濟上支援老師，也幫老師找到了另一半。老師跟師母就是在幫教授編辭典的時候認識，過了半年多，三下的時候交往並一起準備研究所。到在師大唸博士班的時候才同班，愛情長跑多年，還因此被大學老師笑罵是「死沒出息的」。談起獅子座的師母，雙魚座的老師笑著認為兩人的個性是一進一退，剛剛好。做過最浪漫的事情？老師笑答如果問師母的話一定說沒有，真有的話就是在交往期間互贈情詩應和，我們笑了笑，很屬於中文系的浪漫。

教育可以改變生活

　　相信系上的同學對老師的千金有很深的印象，每當老師在課堂上聊起她，臉上總是藏不住父親的關愛。可能是不希望女兒跟自己一樣在嚴肅的氣氛下成長。

　　在訪談中，老師笑著透露唸床邊故事哄女兒入睡的時候，常常自己偷懶往前翻了幾頁，但是耳尖的女兒馬上就聽出端倪，被抓包的老師只好乖乖的翻回去念，說這段生活趣事時的老師，聲音帶著風趣的語調，但是神情間在在洋溢著做父親的驕傲。

　　雖然老師和師母都是大學老師，但是對於三歲半的女兒小樂卻不會很嚴格的要求，老師希望小樂像她的小名一樣，快快樂樂的就好，倒是小樂主動的要求要學鋼琴，讓老師吃了一驚。

　　那麼對於同學們有什麼期望？老師有些嚴肅的告訴我們，雖然現今社會資訊發達，同學有更多的選擇，但是老師希望我們仍能在某些領域專心致志，現在這個時代廣度已經足夠，卻缺乏深度，我們或許有很多選擇，可是不要迷失於選擇之中，而是投入我們的選擇之內，努力深耕。

　　在博士班時期就在淡江大學兼課的老師，對於從事教職這條路一直很篤定，他認為教書最快樂的事情不是教書本身，而是在於看到人的成長，看到同學成長蛻變，內心便感到欣慰和成就感，並能反過來看到自己本身的成長。但是有時候看到年輕生命的停頓，老師內心有強烈的不捨和遺憾；在淡江大學教書的時候，一位學生聽了老師的思想史講到孔子的幼年時期引起很大的共鳴，經過老師的了解，原來那位學生父母離異，母親再嫁但繼父入獄服刑，留有一個玻璃娃娃的弟弟，他母親為了養家去當清潔工，那位同學對生活很不滿但是對母親和弟弟又有一種不捨的同情。老師知道後就盡量開導他，鼓勵他認真讀書，後來老師到政大教書，漸漸的和這位學生失去聯絡。某天老師收到一封電子郵件，以前班上的學生在信中說到這位同學的一些狀況以及目前面臨休學的局面，守正老師馬上聯絡淡江的系主任，希望共同協助這位學生，系主任也很通融的答應了；但是這位同學後來反反覆覆的來回於學校與社會，休學和復學，老師一直希望能和他見面談談，卻得不到回應，目前得知這位同學又回去讀書了，老師感慨的說，早個三四年如果能預知現在的情況，那麼會再付出多一些時間，也許那位學生就過關了，或許不會那麼辛苦的浪費時間在社會和學校間掙扎，「或許會……」老師有些悵然地說。

　　透過這個教書生涯上的遺憾，守正老師告訴我們，他認為讀書可以改變既有的人際關係，甚至改變生活方式脫離以往的人際

關係，就算不能脫離生活的場域，至少心境上會有所轉變，使得看事情的態度有所不同，心胸也更加開闊，從老師身上我們可以看到實踐的成果。

靜靜等待超越與被超越

問起老師的治學之道，老師自謙自己沒什麼特別的信念，只要不要誤人子弟就可以了，但是老師有感而發的說起韋伯的話「學術作為一種志業」，老師說他已經準備好在學術這條路上超越別人以及被別人超越，這種超越不是具有競爭意識的狀態，而是在學術的路上有前人篳路藍縷的成果，自己將在這條路上貢獻一份力量，並且期待後人能將這條路帶到更遠的地方，從老師的細框眼鏡下流露了一股決心和成熟的魅力，由衷的希望老師能達成他的目標。談到老師對新儒家的投入，老師說他接觸新儒家之後，發現新儒家對義理的闡述是從「人」出發，而不是以往八股詮釋下的死板教條，因此從中獲得感動。

我想這很符合老師的信念，那個體弱多病的小男孩，在醫院望著天花板思考自己的存在，進而從黨外雜誌將這種關注轉移到其他人身上，後來更在文學中發現了關於「人」最微小也最廣大的層面，從此樂此不疲。

從家庭生活到教職經歷，不同層面的人際關係互動，啓發他人最終也啓發自我，就是這樣的守正老師，從他的慘綠年少不斷前進來到生命中的新春時分。

烹茗獨有的人生好滋味
── 馮藝超老師專訪

黃 法 姿

甜入心的美味關係

　　十一月的夜晚，政大校園處處可聽見同學們練習合唱比賽的歌聲：中文系的學生下課後，約在資訊教室一樓練習，認真地準備校內文化盃合唱比賽。教室的後門，送來一鍋熱熱的陳皮紅豆湯，馮藝超老師親自帶著體貼的關心與鼓勵悄悄出現，給中文系的小朋友們加油打氣。熱騰騰的香甜，是馮老師親手烹煮的愛心，隨著冉冉上升的薄煙，也溫暖了每位同學的心。

　　馮藝超老師，來自香港，在台灣念書定居逾三十年。政治大學中文系、邊政研究所畢業。目前擔任本校中文系講師，著有《唐朝與吐蕃和親之研究》、《唐詩中和親主題研究》與《特別的字慧》諸書，以及〈鬼禁忌初探〉、〈《子不語》中冥界故事研究〉等研究論文。研究方向主要是古典詩歌、小說及民俗。「其中我對『鬼』最有興趣，但我並不相信鬼神的存在。任何有趣味的課題我都想去研究探索，並不給自己設限範圍。」目前在系上開設「詩選」及「古典小說選讀」的課程，之前也曾開授「中國歌謠」及「俗文學概論」等課。也是學校說唱藝術社的指導老師。不說不知道，馮老師在十餘年前曾在報章、雜誌寫過幾個關於「測字」的專欄！

而師母鄭文惠老師亦爲本系教授。

　　襯衫、牛仔褲加上雙肩背包，藝超老師總是充滿活力，散發年輕光采。走進老師的研究室，除了豐富的藏書和親手整理的線裝資料外，還有如同家一般的溫馨氣氛。深褐色的紫檀木地板，襯著象牙色的桌布，搭配橙底黃葉桌巾，溫暖明亮正如同主人的個性。擺放在書桌上的樹脂黏土小玩偶，是老師的巧手之作，因爲視力關係，近來已不再輕易捏製新作品。研究室裡有許多可愛的玩藝兒，都是他獨一無二的珍貴收藏品，向來嚴肅的研究室，頓時也成爲寄放赤子之心的小天地，在濃濃的書卷氣中，洋溢著輕鬆舒心的生活情調。

　　「來吃吧，我自己做的巧克力！」老師笑說：「這是女孩子喜歡做的事。」提到馮老師，大多數人的第一印象都是：「吃過老師做的食物了嗎？沒有嘗過就太可惜了！」前年生日，學生們甚至曾用自己的名字製作「馮公上菜」的菜單卡送給他，裡頭有著滿滿的祝福。藝超老師的廚藝是有口皆碑的，因爲身爲長兄，從小幫忙父母照顧弟弟妹妹，所以煮飯做菜是不能不會的家事。就這樣，不知不覺地發現烹飪的樂趣，久而久之甚至研究起菜餚了。「但我絕不是個美食家，因爲我並非任何東西都敢吃。」廚藝精湛的藝超老師喜歡開發創造新菜色，讓大家來品嘗，他笑著說：「因爲做菜的樂趣就在於：能將美味的食物和家人朋友分享，讓大家開心地聚在一起，這才是快樂之處啊！」願意在廚房爲家人朋友料理美食的新好男人，我想是許多人所羨慕不已的吧！

　　藝超老師和學生的互動方式就如朋友一般，他會和學生用MSN 聊天，爲學生解決課業和生活的問題；上課時爲了激發學生的創造力，會要求分組報告的同學以不同的表現方式進行報告；而在一年級的詩選課上，馮老師更教大家製作屬於自己的線裝詩

集，讓學生喜愛自己的作業，上課也更有趣味。這些都是藝超老師獨特的教學風格與魅力。

歲月總是輕巧無聲地溜去，然而照片卻留下了永恆的美麗。馮老師從抽屜中拿出一疊護貝的珍貴照片，一一述說這是哪屆的學生：有的博士畢業了，有的已經是幾個小孩的爸媽……。提到了當導師的經驗，藝超老師得意地回憶起帶學生逛校園的歡樂時光，「我喜歡和學生們玩在一起。和學生們親近，他們就會願意將老師當成朋友。」藝超老師不好意思地笑著說：「文惠老師總說我對學生最好，朋友次之，最後才是家人。」看著藝超老師結束訪談後趕著去接小朋友下課，我不斷地想著這句玩笑話，其實在他的心裡，學生、朋友和家人一定都是一樣放在最重要的位置吧。

心闊眼遠，何處惹塵埃

健談的藝超老師，以開闊的視野和寬廣的心眼，看待這個世界，對人不主觀設限，則快樂便無處不有。他認為做人一定要態度輕鬆，因為生活已經夠緊張了。他也勸勉學生，人生不用訂立多大的目標，只要一步步踏實地走，有進步就有希望。小目標小階段地達成，也能夠得到快樂，而生命中的快樂便是這樣積累而成。「懂得割捨，這也是一門大學問。」藝超老師說。捨得與捨不得，這之中的拿捏與取捨是很不容易的，而有捨才會有得，一捨即是得。

大學時代擔任中文系學生總幹事的藝超老師，看著現在的學生，就像在看過去學生時代的自己，對於這些小學弟妹們，他語重心長地給予忠告：「人生有很多不同的階段，我們接受過許多人的幫助，才能成就現在的自己，所以一切都要心存感激。要清楚自己在任何時候扮演的角色，若時機不對，效果便不同；對於任

何事都要花時間和心思去用心經營，不勞而獲是空想，是不切實際的。」

　　有時學生的思慮太多而錯失了表達機會，是很可惜的事情。熱情持續不久，往往封閉了自己，隱藏了感情。因外在的環境容易使人變得冷淡，對自己也信心不足，熱情就會漸漸被澆熄。藝超老師希望政大中文系的傳承能夠更加緊密，除了有心人的傳承、學期事先的規劃與主題性的經驗檔案建立之外，全體師生的責任心、認真感與凝聚力也非常重要，如果只是口號多於行動，那麼終究會走向冷漠的枯路。

　　藝超老師心中最大的信仰，便是「能夠掌握自己的重心」，而這信仰又需要四項基本信條：要對自己有自信、不要太在乎別人對你的看法、學會「拒絕」與擁有熱情。喜歡自己，而有自信，對於生活便會感到滿足，快樂也會隨之而來。藝超老師認為有行動是最重要的，只要凡事盡量去做，盡量做好，自己主動積極，就不必去在乎別人的看法、無端添上心頭憂。而學會拒絕，就如同懂得割捨，才能做出真正的自己；以熱情支持著生命，奔放而不盲目的熱情，方能使人生發出光與熱。

　　魯迅《自嘲》詩中：「橫眉冷對千夫指，俯首甘為孺子牛。」藝超老師既以此自勉，也將之送給所有學生，期盼中文系的孩子在求學與人生路上能有更積極主動的態度，在乎自己也關心別人，抱持熱情對待眼前將面對的所有事物，生命也將會萌生出意想不到的精采與情感。「期盼開花結果，不能一蹴而幾，灌漑、除蟲、施肥，一點馬虎不得。」── 藝超老師如此期許自己，也期勉大家。

不帶劍的俠女

── 黃美娥老師專訪

游群書、邱怡瑄

　　你想像中的大俠是什麼樣子？是力拔山兮氣蓋世？還是玉樹臨風如楚留香？大俠似乎都有著颯爽氣質與開闊胸襟，以及驚險刺激的人生經歷。正因大俠風範讓人既崇拜又嚮往，因此這位外表嬌小溫柔的老師，談起她從小的夢想時，竟毫不猶豫地說，這一生最想成為的是快意恩仇的大俠。

　　小小的個子，大大的眼睛，一抹謙和中有堅定的微笑，說起話來專注而沉靜。美娥老師的外表雖然很難和落拓不羈的「大俠」扯上關係，但如果深入與她對談，聽她用輕鬆平靜的語氣細數峰迴路轉的人生，會發現老師的豁達與明快還真有俠氣。在「學術」這個江湖圈裡，她不特別汲汲營營於名利，卻穩健自信地走自己的路。從當年榛莽未闢的台灣古典文學領域中，一步步走出如今斐然的成果：不論是需要遍踏田野的文獻訪查，或是需要卓越詮釋能力的文學與現代性研究，老師像是大俠般，俐落演練她的劍法，用沉著犀利的觀點優遊於人生與學術中。說自己的人生哲學是「從不提早煩惱」的黃美娥老師，自有一股臨事不懼、處變不驚的氣勢。她不對生命抱持的開闊態度，與有為有守的堅持，讓我們感覺到她嬌小的身軀中蘊藏了英氣與俠心。

　　訪問地點在老師的研究室，架上成疊成捆的微縮資料顯示了

學術工作的忙碌。但從研究室擺設的小茶墊，還有精心保留的學生卡片等等，都還是可以感覺到老師自然而然所保有的雅緻品味。在這方斗室中，老師娓娓道出了她的來時路。

小個子女孩的俠客夢

老師談起自己的小時候：在新竹出生成長的老師，從小一直都是個子小小的女生。小學一年級剛入學的時候才只有十八公斤，即使到了高三也不過才三十八公斤。可是這個總站在隊伍第一排的女孩，最喜歡的娛樂卻是觀賞那飛來飛去的武俠片，特別是當年風靡無數人的楚留香傳奇，更讓老師油然升起「大丈夫當如是」的感覺。老師笑稱自己從小不知怎地，只覺得自己是個男生，因此像是「我想當個大俠」這樣的「生涯規劃」竟成為她的夢想。雖然這個夢想沒有實現，可是當她談起當年的夢想時，那明快的談吐裡還真有「俠」的氣勢──「我很少為還沒到來的事情煩惱」、「認清自己的能力就能做出對的選擇」。簡潔的語句配上毫不猶疑的聲音是老師的說話風格，而她超乎想像的沉穩從容與超強適應力，讓我們真的願意相信她彷彿真能足不點地般的在人生路上瀟灑前行。

偶然與巧合

當我們問起老師當年為什麼會選擇中文系，又為何會選擇學術作為她的志業？我們得到的答案竟是偶然與巧合。但老師的處世哲學並不是任由巧合擺佈自己的人生，反而把一切的意外視為「環境」，並善於利用「環境」，找出適合自己走的康莊大道。

從小學到高中成績都是頂尖優異的美娥老師，坦言考上輔大中文系完全是意料之外，當年原本只填了十個志願。後面的志願

是她的同學朋友們無聊之下的填補，而沒想到命運就是這麼有趣，老師進入一個自己從未想過的科系。

　　但可別以為這樣的「意外」就能打倒這小個子大志氣的女孩，老師沒有以此作為消辰喪志或是不讀書的藉口。大學時代的美娥老師，始終始終保持最優異的成績直到畢業。

　　「反正就是唸嘛！」老師對陌生的事物從不畏懼，而她無所畏懼的態度與開放的胸懷，正是她可以把握人生每個環境的原因所在。老師說自己並沒有特別排斥過什麼行業或其他可能性，成為學者雖是她以前從沒想過的生活型態，但是她也從不抗拒走這條路。

　　「只要不排斥，生命就有很多可能。」這樣一個不排斥任何可能的老師，也有很多讓我們意想不到的經歷呢！老師碩士班時的研究主題是蘇軾，「因為他是個很有趣的人啊，引發了我的興趣。」看著老師閃亮的眼睛，我們不禁覺得老師選擇了一個和她生命情境很類似的豁達文人陪伴她度過碩士生涯。然而，老師又怎麼會走上台灣文學研究的道路呢？或許這是另一段生命的偶然所構築出來的美麗人生。

與台灣文學的結緣

　　生命中總有許多轉折，有時候就在那一念之間而就改變了人生的方向。

　　美娥老師回述自己碩士班畢業後，一開始是在專科從事教職工作。講課之餘，還身兼心輔老師的職位，聽取學生的內心世界。老師坦言在專科教書時，感到自己與本科的專業訓練漸行漸遠，加上當時師丈也建議老師不妨一試。於是老師在緊迫的時間壓力下報考博士班，也順利地考取。

剛開始攻讀博士學位時，老師選擇延續著碩士時就有涉獵的宋代文學領域，會踏上台灣文學這塊嶄新的園地，可說是一種機緣。

「有一天我的學生問我：『爲什麼國文課本裡面只有李白、杜甫、韓愈，都沒有台灣文人，難道台灣人那時候不寫詩嗎？』」老師回憶當時的情境，談起讓她走進台灣文學殿堂的一段故事。

「當時台灣較爲人知的詩人只有連雅堂，可能我算是一個好老師吧，便想要去解惑。」基於替學生解答疑惑的心態下，美娥老師到處尋找資料，無形中卻也激發她對台灣古典文學的好奇心與研究興趣，甚至當時已經寫了一部分的博士論文也重新開始寫起，題目就訂爲清代台灣竹塹地區的傳統文學研究。老師想追查當時的傳統文學歷史：竹塹地區不僅是當時北台灣的文學重鎮，也是她自小生長的地方。而挖掘久被湮沒的台灣古典文學資料，重建台灣的歷史記憶和文學記憶，也激起老師的熱情，直到現在仍致力於挖掘新材料。聽到這些驚人的轉折，使我們大呼不可思議，不過美娥老師自己倒是流露出堅定與沉穩，「因爲你已經在做了，就得認真去做。」

由於當時此領域還未受人重視，老師一馬當先地投入，難免會受到其他人的質疑，但憑藉著相信自我的積極態度，以及當時老師的指導老師沈謙先生的支持與信任，老師得以無畏無懼地走下去。老師也談到當時她的另一個聯合指導教授，台灣第一位以中學學歷拿到中研院院士職的曹永和老師。曹老師以傳奇人物之姿轟動學術圈時，老師剛好拿到博士學位不久。老師選擇曹老師作爲指導教授，或者老師選擇台灣古典文學作爲研究領域，在一開始都難免備受質疑。但時間總會證明一切。雖然老師笑著說自己是慧眼獨具，但我們都感覺到，老師的堅持與勇敢，才是她「慧

眼」的來源。美娥老師憑藉著相信自己的決心，以及不畏勞苦的各種田野踏查，走出屬於台灣古典文學的一片天。由於老師的田野經驗豐富，因而累積了豐富的見聞與人脈。因此不論是這場訪談或是課堂上，我們常能聽到老師奇妙有趣的特殊經歷。但支持老師一直走下去的，絕不僅僅是這些「好玩」、「有趣」的經歷。台灣歷史記憶與台灣文學的再現，讓我們知道原來台灣人當時不僅寫詩，也有豐富多元文學類型和文化意識，這段美麗的因緣，才是老師繼續堅持的理由。而我們相信，老師會繼續不懈地努力下去……。

不封閉，世界更寬廣

這段訪談下來，老師的自信與開闊氣度，都讓我們感到歎服。最後，老師用她溫柔堅定的語氣勉勵我們：「生命中不是有唯一的道路，面臨抉擇時，即使遇到任何困境、阻礙，也都應該試著找出自己的有利的條件，走出另一條你以前沒發現的路。」老師的眼神晶亮中有著決心與毅力，老師的人生哲學更是值得身為大學生的我們參考：「同學應該要讓個性有些彈性，要加強自己的適應能力。大學就是讓我們自己去訓練自己的能力，而不要封閉自己，世界就會更寬廣。」老師此時所流露的神情，一如她上課時的專注。我們回想起老師在課堂討論時，常常會拋出一個又一個的問題，彷彿要試試所有學生的腦袋可以被激發到什麼樣的程度似的。或許就這樣的嘗試與激盪，才讓老師能有這麼多嶄新的想法吧。老師也對我們說了個比喻形容她自己的思維方式：「就像你買新車時，會先去飆出它的速度極限，拉大其空間，將來車子才容易跑得順暢。人的腦袋亦然，遇到各種問題就是去飆，你才會明白自己能力的程度。」

　　在這段訪談中，我們更深入地認識了這樣不疾不徐、不卑不亢的黃美娥老師。她總是願意接受生命的各種可能性，即使她沒有如幼年所夢想的，成為遊走江湖的俠客；但置身學術林中，老師也用她的智慧與自信，創造了屬於她的江湖 —— 江湖上臥虎藏龍，而堅定的人，總會創造出屬於自己的卓然成就。

貓頭鷹的獨白
— 黃慶聲老師專訪

尤靜如、趙幼青

乍看「黃慶聲」老師的名字，可能會以為「他」是一位男老師。記得初次上課時，當老師踏進教室的那一瞬間，還以為我們走錯了教室，一直等到老師介紹課程時，才知道「他」，原來是「她」，嚴肅的神情、尖銳的言辭，不知嚇跑了多少學生，選課人數寥寥無幾是司空見慣的事。我們總是看到她嚴肅的一面，私底下的她，究竟是什麼樣的人呢？

當我們在約定的時間抵達老師的研究室時，門一打開，映入眼簾的是堆積成山的書與文件，研究室的空間顯得格外狹小。就近找了一間師生研討室後，為我們的訪談揭開了序幕……。

簡單的生活

慶聲老師在學校鮮少與人交際，看起來似乎一向獨來獨往。系上沒有任何一個與她熟稔的老師，系上的活動近來亦較少參與，歷屆謝師宴上的缺席名單一定有她。這究竟是什麼原因呢？其實並不是刻意要與人保持距離，而是認為時間有限，生活愈簡單愈好，少交際，盡量避免瑣碎的細事，這樣才能心無旁騖致力於研究。

平日的活動很簡單，除了上課、在學校後山散散步、回家之

外，就是埋首於研究。在工作時聽聽廣播，時而鄉村歌曲，時而優雅的古典樂，或是收聽新聞，藉此吸收新的資訊與沈澱心靈⋯⋯。

求學甘苦談

提著行囊，隻身踏上美國遼夐的土地。第一次離家在外，面對著陌生的環境，語言的轉換，更加深了生活適應上的困難。等待著她的是一道道難以超越的高牆　除了努力跨越之外別無他法。這期間，她必須學著獨立處理事情，迎接一切未知的挑戰⋯⋯。

在美國攻讀學位的六年間，不得不一心二用：一方面寫著文化大學的博士論文，一方面致力於亞歷桑那大學文學碩士、博士課程的學習。學成歸國後，一方面從事教職，一方面繼續完成亞歷桑那文學博士的論文。一旦換了讀書環境，找尋資料的困難指數就會增高。然而，在這個過程中，能不能順利拿到博士學位全然是個未知數，只能以恆心、毅力去完成。因為，「我們永遠不知道未來，但要一步步去追求！」

校內活動剪影

當你漫步在學校後山時，偶爾停下步伐，觀看附近的人群，或許就能意外邂逅正在散步的慶聲老師喔！由於健康是一切的基礎，她平日很注重養生之道，除了講究均衡的飲食之外，每天都會抽空做一些運動。但自從膝蓋受傷後，不能作跑步等較劇烈的活動，因此，每天固定一個小時的散步時間成為她的運動習慣，只要她待在學校的時候，就會到後山去散散步。藉以維持強健的身體。老師能擁有這麼洪亮的聲音，大概與她的運動習慣有很大的關聯吧？

至於學校的會議、系上舉辦的學術研討會，或是老師之間的聚餐，在這些場合偶爾也能見到她的身影；不過學生所舉辦的活動，大多難以見到她的蹤跡。由於修課的學生總是屈指可數，所識寥寥無幾。因此，對於系卡、話劇比賽、謝師宴等傾向同樂會性質的活動，相較起來顯得缺乏參與的動力。

老師的「夢」與「笑」

為什麼黃慶聲老師會想開「紅樓夢」的課程呢？其實她在國內求學的期間並未接觸過《紅樓夢》，在美國攻讀碩士學位時，才慢慢接觸《紅樓夢》的相關課程。鑽研《紅樓夢》的契機，是由於寫文化大學博士論文的需要，當時研究《紅樓夢》的巨擘潘重規教授年事已高，不便勞煩他，於是請《紅樓夢》版本學的行家王三慶老師作為指導教授。後來順利以《紅樓夢閱讀倫理及其文藝思想》獲得博士學位。

除了《紅樓夢》之外，研究的領域尚有一番天地。看似不苟言笑的她，對於「笑話」的研究不遺餘力，以《論李卓吾先生評點四書笑》獲得美國亞歷桑納大學之文學博士。從西方與中國對笑話的態度、明代笑話大盛的背景，滔滔不絕地向我們介紹，從中我們可以感受到她淵博的學識與滿腔的熱情。雖然表面上看起來，老師似乎很嚴肅。但私底下的她，對於投契、具幽默感的朋友，可是會講笑話的喔！

至於今後的研究方向，仍然會以《紅樓夢》與「笑話」兩者並重。

古板與摩登的融合體

第一堂上課就清楚告訴學生她的原則，給人的第一印象既嚴

蕭又強勢。身上的衣著，時常是帶有中國韻味的服飾；研究的內容，是古典的中國文學；至今在大學上課遲到是習以爲常的事，唯獨在她的課堂上，絕不允許這些情況發生，對於遲到、曠課的人必會嚴厲指責；每週小考不曾因爲任何緣故而取消。從她身上散發出來的是她那守舊、固執的氣息。

看似古板，但從另一個角度來看其實不然。對於我們考卷上的答案，只要能自圓其說，即使與她的想法背道而馳，皆能以多元的觀點接納，並不會勉強同化我們的思路。除此之外，她是系上少數使用遠距教學網的老師，教材的製作必定躬體力行：學習電腦軟體、自己錄製影音檔，以充實課程的內容。

她的付出與努力獲得了肯定，所開的「紅樓夢」與「大一國文 —— 古典小說選讀選讀」榮獲優良課程。成功的要件有三點：電算中心教學組不厭其煩地指導、教師精心製作的教材、學生熱烈的反應與回饋，才能獲得這樣的殊榮。

青青子衿，悠悠我心

在她的心目中認爲，最適合中文系畢業生的工作是教書。政大學生的素質算是數一數二的，其中雖然也有懶散的學生，但用功的學生還是占多數，每年都能夠遇到出類拔萃的學生。

凡是修過慶聲老師所開設的課程的學生，應該都能感受得到她敬業的態度吧？對於學生曠課或遲到的原因，一定會打破沙鍋問到底，不允許懈怠懶散的情況發生，培養學生的恆心與毅力，教導「腳踏實地」的態度。她總是用直截了當的言語，表現對學生的關心與期望。她不會爲任何學生出席謝師宴，只要學生在不同的地方表現得很好，就感到很欣慰了。那麼又何必一定要有謝師宴的儀式呢？

　　表面上看似無情，其實是以自己獨特的關懷方式，默默地關懷、祝福著學生，只要用心體會，就能發現隱藏在鐵面下的柔情……。

　　黃慶聲老師如同黑夜中特立獨行的貓頭鷹一樣，體型雖小，但是精明、博學與神秘。憑藉著堅定的毅力，朝著鎖定的獵物邁進……。

洞悉渾金藏璞玉
—— 董金裕老師專訪

王奕晟、張堯祺

在採訪之前，由於董老師繁忙的教務工作，遂使我們在敲定時間上就費了一番功夫。縱使有多個公事在身，但是老師還是撥冗讓我們一圓採訪之願，於是擇定了四月廿七日的午後之約。

那天，教務長室的空間洋溢著回想前塵往事的氛圍。董老師身著竿紫色的襯衫，坐在米色的沙發上，一手撐著扶手，另一手的指尖抵在鼻翼，老師瞇著眼睛，並帶著微笑，隨著我們的提問，陷進深深的回憶裡，使我們慢慢地進入到他的內心世界。

從師大到政大的特殊緣份

首先提及求學歷程。原來高中時代的老師是個熱血沸騰的文藝青年，並將心中無止盡的文學之火，化爲報紙副刊上的幾抹文采。但是進入師大之後，才發現很多課程並非想像中的那麼回事 —— 例如當時的新文藝課程僅有謝冰瑩教授的「新文藝創作」，基於對文藝創作的熱愛，老師選了這門課，不過修習後才發覺講述的都是教授的創作經驗，於是上了兩個禮拜，在收穫不大的情況下，老師去退選課程，這也成爲老師未來走向研究路線的伏筆。

在師大四年，老師加入社團，擔任負責人，辦過雜誌、辦過演講，請過錢穆、胡秋原、趙雅博、金耀基等大師，並且從他們

的演講內容裡發現文化思想的趣味，所以逐漸從文藝創作的領域，轉向思想義理研究的天空。

後來，爲了要體驗不同的學風，接受不同的訓練，老師在師大和政大之間，選擇政大再進修，一路讀到博士學位，自此和政大結下深厚的緣分。老師依稀記得當初博士班入學口試的時候，有個教授問了他許多問題，而大部分回答得令人滿意，不過後來有一題十分的困難，但老師秉持著「知之爲知之，不知爲不知」的理念，思索了一會兒，便勇敢地說：「我不懂。」原想會不會因爲這題毀了之前良好的表現，結果教授竟回答：「不要說你不懂，我也不懂。」當下，嚴肅的試場突然洋溢著輕鬆愉快的氣氛，而老師心中的大石也倏乎落地了。最後，老師果然如願地考上了博士班。從這件事可知何謂真正的做學問，若是貿然地回答，不僅無益，反而有害。

在政大時代遇到的恩師 ── 熊公哲教授，給了老師很多的指導和啓發，直到現在還讓老師感念不已。本來熊教授希望老師莫朝義理路線發展，因爲那個時代流行作考據學，一就是一，二就是二，義理申論容易產生見仁見智的情形；但是，老師因興趣而堅持，而事實證明義理這方面的路也是十分開闊的，到後來學術風氣逐漸揚棄保守想法，見仁見智的論文只要言之有物，不淪爲泛泛之文，義理還是大有可爲。

熊教授相當信任董老師，也相當照顧這位有爲的青年。憶起恩師，老師想起有一次交新論文，把舊的拿回來，但教授說有些地方要改，於是老師加以解釋，認爲不必，不過教授還是十分堅持論文要修，兩人意見相持不下。由於要改的是全篇論文的核心理念，倘若更動，便等於要重寫一篇論文，這讓老師相當頭疼，不知所措。不過就在心煩意亂的時候，隔天一回到新竹的家，便

看到桌上靜靜躺著一紙限時信，是熊教授寄來的，上寫：「你走了之後，我想了想，你寫的沒錯，不必改。」看了之後，老師不禁欣喜若狂。原來，當時熊教授有他的觀點，可是後來思索老師的觀點也是正確的，因為義理研究本來就是見仁見智，不必勉強為之，便在老師走後，匆匆的寄出了這封信。得師如此，夫復何求？雖說人人皆可為我師，但要找得一位能夠容己納己，甚至不惜反覆思量學生意見的良師，如蜀道之難啊！那封信上，想必溢滿著熊教授與董老師惺惺相惜的師生情誼吧！

　　老師所學的傳統思想義理，比較偏重於所謂「修己治人」的觀念，而這種觀念，是一種對個人做人處世的自我約束，只要我們能夠掌握到那種分寸，在長期的薰陶下，必定對於我們的人生有所助益；而中國的學問中，知道君子當求「內聖外王」，能夠推己及人、濟弱扶傾等，這些傳承幾千年的真理，幾乎都是從思想義理上所獲得的啟發。基於這些從古籍中得到的人生體悟，讓老師無論在跟同學的互動上，以及系務的處理上，都很順利，並得到眾人的信任，因此老師在各方面相當受到倚重，從一開始在外校擔任系主任，到回政大當系主任，又擔任文學院院長，以及現職教務長；除此之外，老師還接下許多編纂國中、高中教科書的工作，希求以教育淑世，達到「兼善天下」之境界。

　　只是，在繁忙的工作壓力下，老師也犧牲了許多。原本充裕做研究的時間被佔用了，許多遠程的研討會也去不成了，不過老師還是堅守著每年至少發表一、兩篇論文的底線，不讓如山如海的行政事務影響他研究學術的熱忱。

對當今教育的一些感想

　　「語文程度的低落是全世界普遍的現象，因為現在運用到圖

像、符號的機會比用語文的機會大。此外，工商業社會大家比較忙碌，沒辦法耐心地咀嚼文學作品，特別是長篇小說之類的，那裡面的內涵很豐富深刻，現在可能沒有那個時間，沒有那個耐心去閱讀，總的來講，全世界皆然。」提到現今語文程度低落的現象，老師認為這和時代的特性密切相關。

一方面是政府政策不斷減少國語文的教學時數，甚至本末倒置，使得學生的國語文程度不增反減。另一方面，也是由於教師的教學方向有偏，對文法修辭的過度講究，忽略整篇文意的旨意與實際語文的運用，弄倒了學生的胃口，既瑣碎、又繁雜，導致學生喪失興趣。當然，更大的責任在於學生，對於當今外在誘惑的無法抗拒，導致閱讀時間少，閱讀量更少，而且讀的趨於淺薄，無法體會長篇文章的深層涵義，失去了思辨、統整的能力。老師認為現在的學生活潑聰明，但是用功程度卻不比從前，所以同學們如過度打工、上網娛樂，會流於本末倒置，必須加以節制。

由於之前經常出國作研討，老師對於大陸和台灣的學風差異有很大的感觸。他認為台灣的學子們，因為生於富裕、長於富裕，有過度安逸的現象，並且缺乏危機意識；對岸雖然資源缺乏，但是競爭激烈，人才濟濟，競爭力強大。老師十分憂心在大陸漸漸崛起之時，台灣相對的也失去了優勢，這點要從教育上著手扎根。

對政大中文系與政大的期許

老師認為時代在轉變，就中文系而言，跟一般熱門科系可以說是不太相同。就市場而言，我們雖然比較吃虧，但是我們有幾個大方向可以依循。

・走教學、研究路線。因為學校有教育學程，而從畢業學生的統計資料看，大部分的學生都走這條路，不過近幾年開

始有少子化現象，所以這條路所提供的範圍還是有限。

‧走出版、編輯路線。這條路發展的不錯，但是必須考量市場的趨向（例如原本單純的有字圖書這種市場開始萎縮，但諸如繪本等各式型態的書籍正蓬勃發展），培養自己具有一些編輯的基本能力（設計、繪畫、電腦操作），這些是同學必須額外去修習的課程。

‧培養第二專長。過去也有同學去修讀輔系和雙主修，而這些畢業的同學還常跟董老師聯絡，例如某一位現在是銀行裡的一個主管，也有一位現在是中醫師。所以同學們要考量自己興趣的所在，適才適性去培養自己的第二專長。

‧才藝、課輔班。現在對小孩的教育很重視，社區才藝班、課輔班等，皆是可以考慮的方向。若能輔上英文、日文等外語能力，我們也有學生在美語補習班教書呢！

　　總而言之，中文系未來的出路很難一概而論，而且中文系學生相對的比較內斂，有時難免會有些畏縮，所以我們必須要勇於嘗試接觸新的事物，培養新的興趣，吸收新的知識，如此一來我們的競爭力將難以斗量。

　　最後，談起對政大的期許。老師希望學校的發展越來越好，但是我們也有困境必須去面對。在社會上，現在的人容易趨於功利化，所以我們要有警覺性，不論是教學研究、社會服務、學生素質提昇等，皆要盡心的去培養，使政大人可以卓越超凡。誠如校歌所言「政治是管理眾人之事，我們就是管理眾人之事的人」，有如此的體認和抱負，相信每個步出政大校門的畢業生，將來對於個人、社會和國家，將有許多顯著的貢獻。

深度，由文火慢慢燉出

── 廖棟樑老師專訪

廖婉茹、王俐茹

剛踏進廖棟樑老師的研究室，映入眼簾的是老師專心研讀文學評論的樣子，以及四周整齊排列的書櫃。見到同學的來訪，老師很害羞地立刻表示他沒什麼可訪問。可是當我問起老師的學思歷程時，其所回溯的學習過程又是如此的有趣，一點不像是老師口中所說的「不有趣」，同時也令我驚訝於原來老師的學習路上是如此的風起雲湧，正是這種際遇下才得以造就這種理性與感性相容並存的學者。

先苦後甘的中文路

自稱極晚開竅的棟樑老師，談起他的求學過程顯得有些靦腆，尤其在說起一年級時曾把考卷揉爛、從正心中學到彰化中學的轉學之路時，臉上都帶著類近於頑童的笑意，從微笑中我看見了求學歷程的艱難並沒有打擊到當時的老師，反而使老師在命運所安排的「因緣際會」下一路鑽研中文到現在。

事實上，讀大學以前，老師的求學歷程跟我們想像的很不一樣。小學時代，除了考卷不會寫，棟樑老師坦承，那時的他甚至連媽媽的姊姊該如何稱呼、手表上長針短針各代表了什麼意涵，一概不清楚。經歷了考不上私立中學及台中一中的打擊，老師依

舊沒有放棄讀書這條路,「我也不是不認真,小學時還有過早上三、四點就起床讀書了,可是仍抓不到竅門,成績沒什麼起色。」除了最喜歡的歷史,其他的科目成績總是平平。直到大學聯考,憑著歷史地理的高成績,填進了輔大中文系,從那以後的考試生涯,才慢慢開始順遂起來:大學畢業後考進輔大中文碩士班、開始當助教並且兼課、當兵回來後繼續回輔大教書。民國八十年,輔大有了博士班,老師便又理所當然的往上讀,並且一直待在輔大,直到民國九十四年,才轉來政大教書研究。

「這樣辛苦的求學路程,難道,老師都不會想要放棄嗎?」我不禁這樣問。「其實,當我考上輔大中文系時,我母親也問過我是否要重考。但是我拒絕了,我告訴她這已是我的極限。」而那時台灣的私立大學並不多,重考是一個艱辛又渺茫的路程,他沒有重來一次的打算。

在訪談的過程中,我忍不住好奇心而向老師詢問:前期的讀書路既然如此艱辛,那何以能在當時競爭激烈的求學環境下考上大學,並且一路唸到博士班呢?只見老師帶著笑意說:「那是靠著我歷史考九十二分的功勞!」他甚至是高中班上唯一一個考上大學的人。老師表示,他原本對歷史有興趣,想靠著聯考的高分轉到歷史系的,可是卻遇到一個過於傲慢的歷史系學長而打消轉系的念頭。其實中文系包含了文學、哲學及歷史,棟樑老師表示,留在這條路上也許會有不同的發現,遂在中文這個領域定了下來。

這條求學的路,棟樑老師一開始走的不算輕鬆,但是正如他所說的:「要不斷試探、尋找方向。」在老師溫和的笑容下,是身為一個中文人所應該有的學術精神,這樣的精神在我的面前毫無遺漏的展現。

在蹺蹺板上找到平衡

　　目前在系上教授「楚辭」的棟樑老師，專長橫跨文學理論、史記、古典小說等。《楚辭》當然是非常感性的，較之語言素樸的《詩經》，《楚辭》不論是在言語、修辭佈局、情感表現等各方面，都是華麗浪漫而細膩深刻。教導這樣一門科目，我們理所當然的認為棟樑老師的研究方向，合該是一脈的柔軟溫潤；待準備訪談資料時，才驚覺於其學方向之迥異 ── 內容包羅了文學及理論，時代甚至橫跨古今。

　　要探究其因，或許，必須要上溯到很久以前的故事：

　　曾經，有一個少年，他一度被歸類為不太會讀書的孩子，小學一年級的月考，因為不會寫考題，而直接把卷子揉掉；他不像哥哥一樣能考上好的學校，就讀彰中時只能選擇需考試選組的乙丁組。但是，那時候的少年，從小已經累積了對歷史的興趣，在閱讀《今日世界》雜誌的歷史故事時，奠基了飽含人文關懷的感性思想。

　　可是，高中時期無比艱難的數學考題，即使是優秀的甲丙組學生，也鮮少能及格；這無疑重挫了少年的信心。然而此時，少年的轉捩點出現了：當時來客座的台大教授黃武雄先生的一句話：「數學的問題，其實是哲學的問題。」透過理性思維的邏輯建構，讓少年重新去思考數學的學習過程。這一刻，少年在理性的數學與感性的人文之間，似乎找到了一個平衡點。

　　大學乃至研究所，他都選擇了中文這條路。恰逢七〇年代，台大的顏元叔先生帶回的新批評，大大衝擊了中文系的傳統思維；中文系的學生急欲擺脫「印象式批評」的舊框架，於是被鞭策著去閱讀、學習新事物。少年從現代文學切入，咀嚼了白先勇、

黃春明、王禎和等人的小說，奠下關於人文感性的基礎；又因為
對於理性的追求，閱讀了方東美的《科學哲學與人生》以及徐復
觀、牟宗三、唐君毅與余英時等的思想作品，他心中的那個感性
與理性的蹺蹺板，終於透過這樣的過程，而不再晃動不已。

　　「學問，是生命的學問。」老師引用牟宗三的話道。這是讀
了思想作品後的感觸，更是一種對於文學的熱愛表現。為了融合
這兩種截然不同的事物，棟樑老師的碩士論文方向，選擇了六朝
文學的文學批評，這樣的思考所產生的成果正是碩士論文《六朝
詩評中的形象批評》，當時的指導教授是葉慶炳教授，在那時視西
方批評為中文系大敵的學術圈中，葉老師並未阻止棟樑老師去研
究中文與西方理論的結合，一直到博士班完全進入《楚辭》的世
界中，老師一直朝著他所提的「喜歡感性，心中卻又有理性的叛
逆」路上前進，所堅持的正是對於文學感性的愛好以及理性思考
的結合。在兩種情緒思維的搖擺中，「思想」帶著一種微微疏離的
態度去思考批判，中和了作品裡過於感性的成分；「文學」又以其
獨特而細膩的情感氛圍，去融化太過冷硬的理智銳角。

　　因著際遇，棟樑老師曾經任教的科目包括古典詩詞、《史
記》、《文選》、小說、文學理論、文學批評以及《文心雕龍》等等，
經過閱讀與反思，這些迥異的課程帶給他更多的視角，也因此刻
深了他學術領域的廣度。

體會文字背後的細膩之處

　　才剛加入政大中文系的棟樑老師，對於我們而言，無疑是陌
生的。但是因為陌生，讓人更加好奇：到底他是一個怎麼樣的人？
就如同他說的，大學裡面合該有各式各樣不同的老師；棟樑老師
的「慢」風格，畢竟有其思維邏輯。經過了求學時期開竅領悟的

慢，他終於摸索到適合自己的路；教學方式的慢，其實蘊含了對於文字的精細美感之探索。

　　「大學的可貴之處在於多元，而不侷限於單一。」這句話是在訪談尾聲提起的。棟樑老師最後鼓勵學生們：要多看書。不限於教科書，重點在於廣泛的閱讀，並在閱讀中培養接收、拒絕乃至於批判的精神，體會文字背後的細膩之處。拒絕、批判精神是老師的理性層面，體會文字背後的細膩之處就是老師心中存在的感性因子，感性與理性並存、不相違背，正是老師一路走來的堅持，也是老師所要勉勵的精神所在。

　　快速略過的風景，只能帶給我們視覺上短暫的絢爛，而秉持著「美在哪裡」的想法，對於文學、學術的深度探索，細嚼慢嚥地體會其背後的意涵，才能獲得它的深度。這是廖棟樑老師，一個以文火慢慢熬煮，精燉出生命深度的老師。

在荀學中尋找自我
── 劉又銘老師專訪

蔡 宜 穎

　　五月八日，一個晴朗的早晨，我和雅禎學姊一起去採訪劉又銘老師。我們很準時的到達老師的研究室，老師也已經在裡頭了。老師一如我一剛開始的印象，有著濃厚的文人氣息。老師臉上掛著親切的微笑，讓因為第一次採訪，顯得有點緊張的我，逐漸放鬆心情。老師的研究室裡，充滿了堆積如山的書籍，各式各樣的種類都有。

　　雅禎學姊是老師今年「中國思想史」課上的學生，和老師有比較多的接觸，所以採訪的部分，雅禎學姊準備得相當充分。我們訪問的部分主要分成幾個部分：先從老師小時候的生長環境談起，接著是老師走上中文系這條路的契機，最後是老師的學術研究和現實人生的關係。

父親的影響

　　又銘老師的童年居住在海拔一千多公尺的山上，那是阿里山森林鐵路中途一個小站下車後再走將近兩個鐘頭才到的一個小村莊。那裡群山環繞，生活淳樸。「登山火車在遠方的山腰進入隧道、小點般的噴射機拉著凝結尾在高空中飛，這就是當時對外面世界的印象。」老師就是在這麼儉樸、單純的環境下成長的。

　　由於父親對老師有很高的期望，所以管教得非常嚴厲。這樣的嚴格管教，使他性格上變得較為拘謹、沈默和退縮。不過也虧得這樣的嚴格督促，使他小學畢業後能考進省嘉中初中部，然後考進嘉義高中，最後考上成大。

　　父親的影響還有一個重要的方面。老師的父親喜愛收藏各種書報文物，剪貼報紙，無形中薰染了老師對於人文學科的興趣。老師從小就會去翻閱父親書架上雜七雜八的書籍和剪貼成冊的連載武俠小說。心裡頭好奇和一層層的思緒就由此慢慢地展開來。「在那個偏僻的小村落裡，相對於其他人來說，父親可以算是個知識分子和文化人。在那樣貧瘠、落後的地區，我爸爸居然擁有一把古箏、一支嗩吶、一台大唱機和三、四把他自己做的胡琴，他喜歡用自己的方式畫畫，每年春節還幫全村的人寫春聯。若不是父親這一面的無形薰染，我想我不見得會走到今天這一步來，不見得會有動力從村莊走入城市，進入大學，變成一個研究學問的人。」

走進中文系的契機

　　由於父親的嚴格和自己個性的退縮，老師雖然已有對人文學科的興趣，卻不曾意識到可以選擇自己的路。高中時，他依照一般風氣，選擇當時的「自然組」，而考上成大工程科學系。進入成大後，大一時想轉建築系，大二時想轉歷史系，都因父親的反對而打消念頭。直到大三要升大四那年，老師終於下定決心要轉中文系。「我記得當我誠惶誠恐地寫信回家告訴爸爸這件事，請他體諒時，我心裡就已經決定，不管他同不同意，我都要這樣做了。」

　　因當時規定大學最多只能唸五年，所以轉系的申請並沒有通過，但老師大學畢業，當完兵，工作兩年多後，終於直接考上政

大中文所的碩士班，正式踏入中文系圈子，直到今天。也就是說，大三那年的決定，改變了老師的一生。

「那麼老師當時是怎麼確定要轉中文系的呢？」「其實我小時候就喜歡讀課外書。在山上的時候雖然書很少，但是能讀的、拿得到的我都盡量拿來讀。初中時，我常去嘉義市的美國新聞處圖書館借書，讀了許多美國的拓荒文學、現代小說，這無形中讓我對文學產生了興趣。可惜沒幾年那圖書館就關閉了。在成大，前幾年雖然沒轉系，但是，不知不覺的，我所參加的社團，就都是宗教、人文、思想的社團，那些社團還是將我內在的人文傾向一步步加強了。我想我是在社團裡接觸到中文系的人和中文系的東西而被吸引，而終於下定決心的。」

對又銘老師最重要、具有持續影響力的社團是大三、大四時所參加的西格瑪社。這是以理工科為主的一群學生，試圖對文化、社會做整體的接觸、關切和探究的一個社團。這個社多半是社員自己看書、討論，自己拈個專題來發表心得。當時社裡有個靈魂人物 —— 建築系碩士班畢業的王鎮華學長，他組了《老子》、《易經》的讀書會，先是在學校，大家畢業後又延續到台北，老師大四以及退伍後在台北都參加過。「這算是我比較正式讀古書的開始，讀的方式跟中文系很不一樣。關鍵在於從現代社會的問題意識，從現代科技的知識背景出發，在具體的現代經驗、現代意識裡嘗試捕捉古書中令人感動、欣喜的意義訊息。正是這樣的閱讀經驗讓我不擔心以後進中文系會失望。也正是這樣的閱讀經驗，讓我後來一直能從自己對人生、對社會的真實感受出發來讀古書，而不會一廂情願地一頭栽進去。」

「雖然晚了一大步才踏進中文系，錯失了寶貴的時間來打好基礎，但我還是很慶幸先念了工學院，先在工學院學生群中那種

躲閃不得的現代心態、現代處境打滾過。由於有這樣的現實感受，並在這樣的感受中重新找到理解傳統文化的立足點和切入點，我走進中文系以後才知道自己要做什麼，也才不會有中國文化本位的狹隘心態。」

從這番話可以看出，老師雖然大學時期唸的是較為冷硬的工程科學系，但還是具有相當濃厚的人文素養。

選定思想研究的路

「您如何選定思想，作為您的研究領域？」

「當我準備研究所考試時，支持的動力其實是比較廣泛的。當時儒家思想已經是一個重心但我也同時感受到文學、文字聲韻學的吸引力，這大概是為什麼我當時沒想到要轉哲學系的原因。可是當進了碩士班以後，對各領域的課程有了多一些的接觸，我就發現儒家思想才是我真正想認真投入、想讀得更多讀得更徹底的東西，是我最主要的興趣了。大學時期，影響我比較多的學者是胡適、錢穆、馬浮三人。現在想來，這已經多少接近我後來研究的路線了。像我的碩士論文就是寫馬浮的思想（指導教授就是在台北西格瑪易經讀書會裡多次遇到的曾昭旭老師），而我近幾年的研究也以胡適所推崇的戴震為其中一個重點。看來早年的生命型態、性格、際遇無形中決定了我後來的研究路線。」

「那您覺得儒家思想的哪個部分是最吸引您的？」

「我大學時曾經參加過基督教的青年團契和佛教的社團（東方哲學社），但基督教、佛教都有一些因素讓我無法全心接受、完全融入。加入西格瑪社以後，在王鎮華學長那裡，我感受到儒家思想可以很單純的很自然的解決我的人生困惑，似乎我自己所意識到和沒意識到的思緒都可以在儒家思想中找到自然相應的部

分。我覺得儒家思想對於我的人生的安頓是一個再自然不過的選擇，它就是我的信仰。」可見老師對儒家思想的興趣在大學時期就已經形成。

學術研究與現實人生的結合

「您上課時喜歡從思想史的視野來看宗教、政治問題，但您會運用相同的視野來面對您的人生嗎？」

「一個人生命成長過程的意義詮釋，這等於文化史、思想史的一個縮小版。生命中各階段遭遇到的人、事、物對於自己生命開展所造成的意義，一直是我相當重視的。我可以說是從孟學立場走上儒家這條路的。但經過漫長歲月之後，我發現宋明以來的『尊孟抑荀』的價值觀是有問題的。孟學有被過度膨脹、尊隆的現象，而我向來所知道所排斥的荀學原來只是被醜化被扭曲過的荀學而已。但我終於慢慢找到荀學原來可能有的意義和價值。我認為荀子哲學的價值和對社會的意義，並不亞於孟學。這是我近年來的研究側重荀學的原因，我想替宋明以來的荀學做一個翻案。」

「您覺得荀學比較符合現代人的思維嗎？」

「這可以分兩個層次來說。比較保留地說，則我認為荀學不應該繼續被排斥被忽略，它做為跟孟學對等的一個對話者和共同參與者，應該同等份量地被介紹給國人。但若比較積極比較大膽地說，則我認為，正如孟學比較是宋明時期的思想性格，荀學其實比較是清代、現代的思想性格。然而因為孟學思維一直以意識型態的方式繼續存在。這種力量使得荀學只能以孟學的名號，寄託在孟學底下曲折地隱微地不自覺地迂迴前進，我把這樣子的荀學稱為「孟皮荀骨」。這樣不健康的鬱悶的發展，受害的其實是整

個社會，所以我呼籲應該要給荀學一個正當發展的空間。荀學的思路和哲學典範其實跟現代一般學術以及現代社會的種種機制都有更好的呼應和交集。」

「那您覺得您本身是孟皮荀骨的人嗎？」

「我想我以前就是孟皮荀骨的型態，但我這幾年已經坦然承認，我這種人這種生命型態適合的該走的就是荀學一路。但我到研究所的階段都還一直用孟學的角度來定位自己要求自己。這對那些屬於孟子生命型態的人來說不成問題，對屬於荀子生命型態的人來說就是一種障蔽和折磨。我一直到大約五、六年前才比較完全地掙脫孟學的包袱，才能坦然運用荀學來解釋自己的人生和種種文化現象。」

「孟學和荀學對您而言最大的不同在哪裡呢？」

「孟學肯定上天賦予的飽滿的完全的以及能向外發動的價值根源，人只要反求本心，就可以將這個價值根源向外推出、實現，這是極度樂觀的哲學。荀學表面上不認為人有先天內在的價值，可是實質上卻是有的，它其實仍然隱微地間接地肯定了一個有限度的、先天的、內在的價值根源。我認為這種有限度的肯定反而是比較務實、比較實際的觀點。孟學對於先天價值的高度肯定，對有些人來說是真實的、有效的，但對另外一些人甚至大部分人來說其實是美麗的空話。用過度樂觀的想法來解釋生命是不切實際的，甚至是相當危險的。」

回看滄海已桑田

—— 劉紀華老師專訪

高詩茹、張望蘭

推開研究室的小小門扉，劉紀華老師的笑容溫煦如陽，親切一如家中的老奶奶，反倒讓我們的緊張顯得莽撞了。

在系上教授大一國文、詞選、中國文學史的紀華老師，向來以一份特有的詼諧、爽朗，在課堂上、學生的心目中，留下了成串的笑聲、率直的笑顏。自成大畢業後，從民國五十六年進入政大中文所迄今，老師坐看了政大四十年的人事、景物變遷，我們好奇著，昔日的政大應是如何風貌？此般校園與老師的學術歷程，乃至生命經驗，究竟是怎般緣份、怎般糾結？

政大每淹一次水，就長高一兩呎

談起當年的政大，老師和藹的笑容裡，立時染上了一抹淡淡的悠遠。老師說，昔日政大，只是一座小小的校園，但人情極暖，不僅是所裡的同學、學長、師長，乃至是別系的同學，一個個和藹和氣，熱心地給了初來乍到的她貼心入微的歡迎和協助，「立刻感覺對政大不陌生了，來了就不覺得是個外人。」對老師而言，這樣的氣氛和校風，實際上便是校訓「親愛精誠」的具體實踐。透過人與人之間的溫暖情誼，這四個字越過抽象的軍校、黨校教誨，進一步深化，成了老師心目中最為重要、一以貫之的「政大

精神」。

　　「老師在唸研究所期間，遇過什麼有趣或印象深刻的事嗎？」

　　「如果就生活上來講，大概就是淹水吧！以前學校一下大雨就淹水。淹得最大的時候，是一次中秋節，我剛好去探望一個出國好朋友的母親，在她那兒過了一夜。隔天一回來，一路上家家都在清掃，路很難走，等回到了宿舍一看，我說，天哪，怎麼會變成這個樣子？我才知道，水來的時候，我的室友們，除了拿自己的東西，還幫忙把我的書、其他東西都搬到小閣樓上去；到現在水退了，就得趁它還沒退盡的時候，趕快刷地，又得一直踏在臭水裡……。」說到這裡，老師微微笑了一笑，「你們不知道，學校每淹一次水，就長高一兩呎，像現在的運動場，就是這樣長起來的；還有像運動場旁邊的八角亭，你們看它現在是跟地面差不多高的，它以前是有很多台階上去的；還有像是風雩樓下面那個網球場，它以前是個花園，很漂亮的，中間還有個荷花池，以前我們常常讀書累了，走走便坐在那兒看花。現在，這些都全埋在地底下……。」

　　政大的淹水經驗，我們是耳聞過的。但這樣鮮明的故事、這樣直接的今昔對比，卻從來沒聽見過、更不曾深思過。聽老師談起那永埋地底的荷花池、八角亭臺階，不覺讓我聯想起了義大利的龐貝古城。這些隨著淹水、淤積而被逐漸埋沒的一景一物、一情一感，是否能有被重新發現的可能？政大老建築四維堂、智仁勇樓的內部整修、果夫志希樓的保存，為當年的老校友留下了一絲昔日記憶的殘像，然而那已逝去的、被埋沒的種種，又該怎麼辦呢？老師沒有說，但那樣滄海成桑田的風霜過程，已在我的腦海裡默默演示。

思想是文學的靈魂

　　談完了政大記憶，我們轉而探尋老師的學術歷程。老師說，大學以前，她一直是比較喜歡讀子書的。因為從子書的思想裡，能反映出比較多的社會層面、文學表達，而體現出整個時代的精神面貌。而且在子書的研讀中，自然地會有興趣比較各家異同；在時代的脈絡中，觀察思想的轉變、繼承，或者是對後世的影響，這些不但是讀子書的趣味，也在實際的生活裡，提供了許多人生的體悟。那麼，為什麼老師的碩士論文，會是談詩詞的《張炎詞源箋訂》呢？從子學的哲理到詩詞的浪漫之間，我們好奇其中轉變的原因，或者二者是否存在互相發明的部分？

　　「思想是文學的靈魂，詩詞只是其中的一種形式，它描寫了一種凝固了、美化了的情感，來表達作家的思想意念。」透過這樣的觀念，老師對於讀詩詞的體會，便深化成了對作者生命情調的探討，從詞句聲韻間，老師細細挖掘、品味著詞人作家背後的感情和時代意義。

　　「那麼為什麼老師的興趣會從子學轉變為詞呢？」

　　「其實我從以前都還蠻喜歡詞曲的。在成大的時候，教我們詞的老師就當了我們三年導師，跟我們的感情非常好。等後來進了政大，因為一直喜歡詞，又剛好當時所長說，希望所裡的研究生除了有研究經學、小學的，也有研究文學的，就建議我作詞的研究。那時候所裡有一個研究詞的盧元駿老師，我就跟著盧老師寫詞的論文。」

　　談起當年的指導教授，老師的回憶似乎異常鮮明了起來：「盧老師教詞很有特色，他覺得詩詞一定要讀，所以每年春天，三月或四月，早晨七點的時候，老師會找間空教室，用他特殊的方言

的腔調，帶著大家吟唱一個鐘頭的詞。外系的人聽不懂，還曾經問我：『欸，你們中文系早上都唸經嗎？』但這『唸經』，確實給了我很多收穫，因為透過吟詠，才能讓你進入詞的意境裡面。」

「老師，您還記得當年的腔調嗎？可以為我們吟一首嗎？」

「吟一首？」聞言，老師的神情瞬間不好意思了起來，帶著一些些詫異、卻又像年輕特有的神色。

「對嘛，老師，為我們吟一首。」

「其實它真的就像是唸經耶，比方說溫庭筠有一首〈菩薩蠻〉，開頭是『小山重疊金明滅，鬢雲欲度香腮雪。』那時候老師吟起來，大概就是這個樣子 ── 」一頓，老師好認真地回憶起當年的聲調：「小山─重疊 ── 金、明、滅，鬢雲 ── 欲度香腮 ── 雪……」在微雨的窗前，紀華老師微帶羞赧的悠悠輕吟下，我依稀看見：二十餘歲的老師，在晨光下，隨著盧元駿老師吟詞的青春笑語、飛揚思緒，都隨著這般綿綿詞韻，穿越時空而來，重重疊砌成了老師如今的慈藹熱情、陶然摯性。事實上，思想也好，詩詞也罷，在紀華老師身上，這些都是人生經驗與社會形貌的再現，透過這樣思想為骨、詩詞為膚的研究歷程，老師實際上是以自己的學術熱忱，與古人的情感對話，印證了一種傳承自傳統士人的社會關懷。

自愛湖邊沙路免泥行

「談起詞，老師教了這麼多年詞，是否對哪一家情有獨鍾呢？」

「以前，我是教蘇辛詞的。我覺得他們的思想面貌比較多，有不同的內涵，很能反映出他們的精神和人格，讀起來也就格外有趣。他們都是很努力生活的人。像是東坡說過的『自愛湖邊沙

路免泥行』，人生有很多的得不到，但如果能自己放筰於山水之間，自然就能有一種趣味。再像稼軒說『我看青山多嫵媚，料青山見我亦如是』這就像是莊子說的物我合一：物我合一，是先要把掛礙放掉了，心才能與萬物相應。否則你老有主觀，看不到別的東西。就像是『橫看成嶺側成峰』，人生的原則是執著的，但方向卻是可以轉的。詩詞常給人這種感覺，它用精練的語言把人特別的情感給寫出來，篇幅雖小，能表達的韻味卻比一篇文章要廣一點、角度還多一點。不管是什麼樣的體裁的詩歌，實際上都是將複雜的情感，選了一個符號表達，那和用理論剖析的感覺，是很不同的。」娓娓道來，老師的學養、熱情，甚至是人生觀和生命體悟，在這段話語裡，都隱隱起伏著它鮮明的脈動和灼然的熱，聽著記著，我似乎隨著老師的聲音，走了一回兼具哲理與文學的生命思索。

　　說到老師的教學生涯，如果從老師這樣一個「老政大」的眼光，看現在的學生們的學習態度、生活型態，以至於師生情誼，老師的慨嘆固然是有，更多的，卻是對學生們的理解和寬容。以大二必修的詞選課為例，老師笑道：「現在的學生比較懶散，看到他們能來課堂上吃早餐，就覺得不錯了，至少他們都還『趕上』了。」相較於傳統上對學生的嚴謹要求，老師釋然地表示，時代不同了，生活習慣已經不一樣，現在的學生比從前學得雜、接觸得廣，也算是一種好處。直說現在的學生不如以前，其實也不公平。但談到中文系的基本訓練，老師的歎息之意，則沈重多了：「原本詩詞曲的課，都是有習作的，現在少了這些練習，對格律的認識就不夠紮實。但這可能要等以後老師多了，才有希望改回來。」看似雲淡風輕的感嘆裡，老師的無奈和憂心是深沈而殷切的。

　　「那麼，老師有沒有什麼話想對同學們說的？」

　　「在系上氣氛很好的傳統下，除了師生間的良好互動，同學間的情誼還是很重要的，人生的路還很長，同學之間能夠相攜相伴總是好的。幾十年後同學會，雖然大家各有不同的發展，可是到了同學會，他還是當年的那個同學，從前同窗共硯的日子、那副純真可愛、無憂無邪的模樣，是不會變的。這些，都是同學們該在這段日子裡好好去珍惜的。多辦一些活動，多和同學交流，老了的時候想起來，這些都會很有意思。」談著談著，我們竟不覺比約定的時間要多聊了半個多小時。我們連忙起身告辭，請求和老師合照張相片。

　　「哎，怎麼不早點告訴我？我這樣漂亮嗎？」整整頭髮，老師有些緊張地問。

　　「漂亮，老師隨時都很漂亮的呀！」我們答以一抹真誠的微笑，真的，這樣豐富的內涵，早已構成了無可取代的美麗。

美人映菊一鶯首，比翼偕老雙悠活
── 鄭文惠老師專訪

陳曉婷、高慧盈

　　生命裡充滿著許多的不確定，前進的過程中有時總感到迷惘不知方向，但在此時似乎唯有堅定自身的意志才有辦法一路無懼前進。這是一種韌性，一種展現於生命裡的力量，更是一種本質的存在。而在鄭文惠老師的身上，我們看到屬於生命本質的光芒。

　　和老師約在風和日麗的下午，陽光散滿研究大樓裡的休息室，窗外風景帶著幾許悠閒的味道，是個適合聽故事的午後。約定的時間過後不久，文惠老師便背著包包翩然而至，臉上掛著微笑。「不好意思，讓你們久等了。」老師坐下，輕啜了一口茶，笑著，開始了今天的談天。窗外的天空此刻正飄過幾朵白雲，風微涼。

把理想付諸行動，自然會有力量

　　問起了老師最近正在忙的事情，老師眼裡充滿熱情地談起了最近投入較多心力的頂尖計畫。主持「文學院晚清報刊頂尖計畫」的契機，來自於學校在這一兩年發展目標的轉換，藉此機會文惠老師得以將心裡早有的雛形提出具體的輪廓且付諸實行。頂尖計畫除成立跨校際的讀書小組外，又成立全球性的「近現代報刊與文化研究」網路論壇延伸觸角，從台灣、從政大出發，連結世界

各地相關研究者；其帶來的不僅是學術視野的拓展及研究範域的深化，對文惠老師而言，這更是自身所關注的人性關懷，從每次的與會，老師體會到「很多表象都是會騙人的，我們要專注的是本質，看到事物的本質才不會被表象給迷惑。」

然而，如此龐大的計畫，雖是收穫醇美，且擁有無可預期的發展潛力，但同時就必須面對龐大的壓力，外型嬌弱的文惠老師如何調適呢？「很多事情，做就對了。把心裡所想的付諸於行動，自然就會有力量。」憑著對文學與藝術的熱愛，老師並不覺得這是件累人的事；她樂在其中，更從中發現學術更為豐膳富足的動人之處，並發掘了學生更多面向的潛能，這對於長期投入教育的老師來說，也是另一項相當大的收穫。

在老師侃侃而談之下，我們以為頂尖計畫已經是她生活的大部分，想不到老師只是雲淡風輕地回答：「這只是一小部分而已。」身為一位學者，老師同時也是一位妻子，一位母親。在這些多重身份下，老師始終保持著怡然自得的心態，處在什麼樣的身份就作這個身份該作的事。當身為一位妻子、一位母親時，她想著如何維繫一個溫暖而祥和的家，如何陪伴孩子的成長；當身為一位老師時，就樂意教授學生自身所具有的知識，只要學生勇於發問、願意傾聽，那麼老師也會毫無保留地給予。老師認為這並不是在強調她多麼有熱情，而是身為一位「老師」，在她自身認知裡，就該是如此。秉持著對於教育的關注，長久以來老師在語文教育及教材的編纂上也頗有貢獻。即便教育政策及內容時有大幅度更改，文惠老師在這塊領域需要她時，仍在原則之下適時地付出。對此我們相當訝異，這才想起果真在高中時讀過文惠老師編寫的教材呢！談話至此，三人不禁因這樣的因緣而莞爾。

從小對於美有一種天生的敏銳

　　文惠老師教授大一書法課已近二十年，學生們往往認定老師對於書畫藝術領域接觸甚久，然而詢問之下，老師的回答卻讓人驚訝：「我的書法是碩士班才學的啊！小時候也沒學過什麼美術，都在幫忙做家事、帶弟妹。在這種環境下根本不可能有機會去碰觸到藝術或是文學。」文惠老師從小生長在台南的鄉下，除了基本的洗衣、燒飯之外，還必須幫忙相當多的家事：挑扁擔採布袋蓮切碎餵雞鴨，賣甘蔗、賣檳榔、賣雜貨，甚至兼做剪電纜線、剪衣褲線頭等家庭手工業，幾乎現在小朋友無法想像的這些工作對老師來說都是稀鬆平常的。因此，在這樣的家庭環境下，文惠老師對於所謂的文學與藝術幾乎沒有任何接觸的機會。但令老師印象深刻的是，雖然每天都有這麼多繁瑣的事務在進行，她仍會在難得的閒暇時帶著弟妹，去欣賞花朵和豌豆苗爬在竹架上的姿態；她也會自編竹籬笆圍出自己的小花圃，種些喜歡的花花草草。這樣的舉動如今回想起來，自己也感到相當不可思議。那個時候根本沒有什麼對於生活藝術的概念，會有這樣的行為，大概是出於天生對於美的敏銳吧。

　　鄉間的生活帶給老師心靈上的安頓，隨著國中畢業後家裡搬到市區有了些許改變。小時候一直生活在台南的鄉下地區，僅在國小代表學校比賽書法出城過一次，因此初至城市時不太適應。生活型態的遽變帶來的是心靈上的不安穩，老師形容第一次在市區騎腳踏車上學時，「感覺自己彷彿漂浮在城市的上方」。也或許是因為這樣，中學時的文惠老師相對於優秀的姊姊們顯得有些叛逆，不喜歡讀書，成績時常大起大落，因此老是被父親警告：「這次要是被當，就送你去當女工！」然而高中時期身心雖不定，卻

會主動到圖書館借閱英、美詩歌類的書籍，慢慢開始接觸文學的領域。大學聯考時，父親又以同樣的「威脅」提醒老師沒有第二次考試的機會。但不同於以往的是，文惠老師這次卻相當堅定地回應父親：「我一定會考上。」

一旦下定決心便全力以赴，文惠老師在這樣的信念下考上了政大中文系，也開始了這段至今仍在延續的奇妙緣分。大學時期的文惠老師對於課業並不積極，但對社團活動頗為熱衷，大三時還接任國樂社社長。其時國樂社人才濟濟，卻面臨分崩離析的境況，文惠老師不忍看到人才逸散，內在的使命感使她毅然決然地出任社長。當時共有三位候選人，因此舉辦了一場「政見發表會」。大學時期的老師相當文靜，但到她發表時，竟然一腳跳上演講桌，熱情激昂地發表對於國樂社未來發展的藍圖。這舉動不僅使社裡的同學及老師都相當訝異，就連自己也不知為何有如此的勇氣。如今回想起這逗趣的往事，文惠老師仍止不住笑呢！

然而撇開這些外在事務回到自身審視，這期間的老師在心靈上還是處於一個比較不穩定的狀態，到了大三時更加認知到自己的不穩定以及這幾年來對於課程的忽略，因此決定藉著考研究所的機會將大學四年來的課程重新溫習一遍。準備考試的這段時間，文惠老師每天讀二到四小時，在得知患了青光眼後，每天仍堅持看一小時的書，漸漸地也在這樣的專注之下找回了個性中沉靜、堅韌的那一面，將原本長期處於漂浮狀態的自己安定了下來。

嚮往陶淵明回歸本質的生命情調

之後順利地考上政大中文研究所，然而對於其後專攻的文學與圖像部分，這時老師的接觸仍稱不上多，直到碩一時遇見書法家寇培深老師，才真正開啟這道連接的門。也許是天生就具備對

藝術的敏銳感，不到半年的時間文惠師老師便領略了寇老師精熟的筆法，但在書寫方面，卻因課業繁重疏於練習，遲遲未能達到一個境界。直至博士班一年級時，為應寇老師師生書法聯展的邀請，文惠老師不得不動筆了。在數幅楷書皆不盡滿意的情況下，她決定一改風格寫幅狂草。沒料到這狂草作品竟得到寇老師及藝術界前輩姚夢谷先生的讚賞，這顯露了她在藝術上的天分，也因此文惠老師便順著自己的能力發展，選擇前人涉入未深的跨領域題材作為研究的範圍，正式開啓了文學與藝術領域的研究生涯。由於前人資料不多，因此有很多文獻資料都必須從頭開始閱讀。這是個艱鉅的挑戰，但也因此培養了老師在研究資料上快速而精準的閱讀能力，對其往後的研究生涯助益相當深遠。

　　文惠老師僅花費四年便完成博士學位，同時也成為一位母親。民國八十二年老師回到政大中文系擔任專任教師，正式在這個大家庭生根落腳，獻身於這個陪伴她成長的所在。一路從大學部到博士班，老師在政大中文系得到的不僅是知識上的飽足，更甚者是生命與生活上的滋養。在此遇到許多師長都讓文惠老師相當感恩，也成為她生命裡的盞盞明燈。從一位身心不安定的女孩變成一位成熟的母親，文惠老師所倚靠的不僅是本身的才智，更重要的是個性裡的那份韌性，及童年時期培養出來的堅定與腳踏實地。下定決心後便努力去做，不問結果只問過程；看重的是事物的本質，而不是那些華麗、表象的東西，這是一種內化的沈著個性，同時也是一種生活態度。老師不僅在學術研究上展現這樣的定力，在家庭生活上與馮藝超老師也以如此坦然的態度面對人生。他們不在意身外之物，認為只要保有本質，隨時隨地都可以再造人生風華！

　　這樣的老師在我們看來是不可思議的，在她那氣質出眾、纖

弱的外表之下，我們難以預料可以聽到這樣的故事，及這樣的人
生態度。然而，這就是鄭文惠老師：面對人生，走得坦然、走得
自在，回歸本質的生命情調，如同老師最喜愛的陶淵明一般。一
個人擁有的其實可以更多，只要能夠回到自身審視，沉靜堅定地
往前走，那麼走得坦然自在便不是天方夜譚。文惠老師所教會我
們的，就是這麼一份比什麼都重要的人生寶藏。

「歌」劇「妹」影
── 蔡欣欣老師專訪

葉愛施、李文媛

「我是身段比較柔軟的人，當學者時受各界器重與尊敬，
當執行與策劃活動時就變身為服侍所有人的小妹。」

你若是問我蔡欣欣老師是個怎麼樣的人？我會告訴你，她是
一位認真研究的好學者。你若是再問我蔡欣欣老師是個怎麼樣的
人？我會告訴你她是一位熱愛戲曲的堅強女人。頂著一頭烏絲、
白皙的臉蛋、中等的身材、嫻靜的氣質，專注地在整理資料，在
那層層疊疊的書籍中，隱藏了一部二十四吋的電視螢幕，這與眾
不同之處正顯示了老師的研究方向 ── 傳統戲劇。

求學歷程 ── 從小就愛看戲

欣欣老師從小便對文學與藝術極為鍾情，在大學時期就讀中
文系的她，發現了古典文學中蘊藏了古人智慧與文化的菁華。個
性內斂的她暢遊於古人智慧的寶藏間，對於能與古書接觸、與古
人談心，她是十分享受與陶醉的。

不愛拋頭露面的欣欣老師從小就愛看戲，她喜歡當一名觀眾
勝過當一名演員。她認為以讀者或是觀眾的角度去閱讀、了解文
本以及舞臺上演員的詮釋，可以從中觀察到世間人生百態以及各
式的人生風景。

　　欣欣老師的學士、碩士乃至於博士學業，皆於政大修習完成。在碩士班時期便跟隨指導教授臺大曾永義教授參與執行民間劇場、規劃調查研究以及進行各種田野調查。在博士班畢業後的第一年，先於國立國光劇團研推組工作，實際參與劇團的行政與演出事務；其後轉任國光劇團劇本編修委員會秘書，開始著手劇本資料庫的建立，及對演出劇目的規劃與諮詢討論。這期間也在曾永義教授與洪惟助教授的領導下，籌備中央大學的戲曲研究室，並進行文建會委託的大陸六大崑劇團錄影計畫，以及崑曲傳習計畫的執行。

「臺灣人的戲」 —— 歌仔戲

　　會走入戲曲這條路，老師表示這與其個性有很大的關聯。她原是以古典戲曲為研究的主軸，探討雜技；但戲曲是生存在社會與觀眾之中的，因此她也重視庶民文化的研究。在研究所時期所參與的民間劇場活動，開啓了她涉足戲曲界、民俗界，更參與了民俗調查與研究計畫的契機，使得自己對臺灣戲曲的生態更加了解且關懷注意，也因而打下了紮實的良好根基。

　　歌仔戲是臺灣傳統戲曲的表徵，在臺灣的政治環境下，京劇一向受到保護與扶植。臺灣的歌仔戲則不然，歌仔戲劇團得在廟會中演出、打拼，自食其力方才得以維持。臺灣有許多歌仔戲藝人將一生都奉獻給歌仔戲，其堅韌的生命力與對藝術熱誠，令欣欣老師為之深深感動且敬佩疼惜，因此也使得老師注入了更多的精力與時間，去關注與護持歌仔戲這塊瑰寶、園地。

　　在了解臺灣戲曲界的同時，老師也認為臺灣的戲曲應當現代化、當代化，不能只是案頭，古代文本固然重要，值得細細品味聆賞，但戲曲還是要活在舞臺上，因此最好是能夠回歸生活，再

度成爲人們的生命禮儀與休閒娛樂。有了這樣的目標，老師這幾年便以當代的臺灣傳統戲曲爲關注焦點；除了致力於各個演出活動籌辦，也擔任臺北市現代戲曲文教協會理事長，舉辦兩岸歌仔戲創作研討會與新加坡歌仔戲交流等活動；其後又接任了財團法人廖瓊枝歌仔戲文教基金會執行長，實際執行規劃各種推廣活動、保存計畫、田野採集與學術研討會等。這些豐富的活動充實了老師的生活，更成爲其生活重心，而學術研究方面也自然地聚焦於此。

「動」「靜」之間

　　戲曲是活在舞臺上的、進行式的活動，雖然古典劇本的內蘊極其豐碩，戲曲研究卻不能只專注於研讀劇本，需落實於舞臺實踐並與社會結合。因此老師從不只是把舞臺表演當成研究的文本，有距離的審視，而是親身投入其間，關注劇場生態，將理念落實到舞臺實踐。所以與劇團形成了良好的互動，也成爲政府與民間重要的溝通平臺，以藉此努力打造屬於臺灣自己的戲曲文化。

　　雖然總是在學術研究與推廣活動之間兩頭忙碌，但對蔡老師來說，還是較中意學術研究，因爲學術研究可以憑藉一人的努力建構起學術觀點。相對來說，執行策劃與推廣的工作就異常複雜，不管是經費來源、人力配置與計畫構思等等，都需要花很多心力去溝通協調。然而推廣活動卻更具意義，可把屬於小眾的學術研究回饋給大眾，將學術理論落實於創作與舞臺實踐，提升觀眾對戲曲的喜好，盡一份知識分子的責任，並且能夠幫助相對弱勢的歌仔戲，這樣的想法也使老師能堅持不放棄。

　　而在靜態與動態兩者間的調配，老師表示不會放棄學術研

究，另一方面也秉持「重質不重量」的原則來主辦活動，不求多，但每個活動都認真做好，保持一定的水準。

　　儘管忙碌，欣欣老師卻對自己的生活感到滿意：「能夠結合自己的興趣與職業，這讓我感到非常幸運。」老師笑著說。但老師的幸運卻不只如此，還有一個愛好戲曲的女兒，以及寬厚包容的丈夫。老師的丈夫是北科大教官，因此家庭生活單純，而老師也十分重視家庭生活，有空會盡量在家裡做飯，享受家人一起用餐的溫馨；大抵會與先生協調工作時間，一定留一個大人在家裡陪女兒。遇到全家人都有空的時間，便攜手看戲，看戲以及下戲後的討論，是老師與家人相處最多也最快樂的時光。談及家人，老師的笑容就像在桌上那幅顯眼的全家福照片裡一樣的燦爛。不同於時下父母，老師不會一定要女兒從事傳統戲曲的工作，然而卻也期盼不管將來女兒從事什麼行業，都能對戲曲有所回饋，如：從事寫作，從事設計，或者在工作之餘，也能撥一些心力在傳統戲曲上頭。老師雖然對女兒的未來保持開明態度，語末的但書卻也顯示了老師對傳統戲曲界面臨人才斷層的憂慮。

傳統 V.S 時尚

　　「傳統是永恆的時尚。」戲曲在社會價值觀中居於弱勢，因為不少人將「傳統」等同於博物館的古董。但老師則對傳統提出不同的解讀，她認為透過創意，可以賦予傳統更符合當代的美學內涵。其實今天的創新何嘗不是明天的傳統，然而經過粹取，經過錘鍊，創意可以使傳統變成現代文化的源泉活水、永恆傳承的經典符碼。臺灣在各種文化的衝擊之下，不乏創意人才的湧現，但是在社會的價值觀以及教育環境中，傳統戲曲無論是人才投入的意願、培育的機構以及提供試煉的舞臺都極為缺乏。因此她認

為可以從校園做起，透過戲曲教育在校園中播種，就算學生們未因此投入戲劇界，也能夠透過學習、實地操作將戲曲藝術內化成自己的一部分；將來成為社會的中堅份子時，也能保有對戲曲的喜好進劇場看戲，成為支持劇團生存最重要的觀眾群。

　　長期對校園戲曲示範推廣講座等的推動，似乎無法有效率的提升學生對戲曲的喜好，令欣欣老師也不免悃悵有一股無力感。不過老師並不氣餒，反而構思了新的推廣方案，譬如邀請劇團長期進駐校園，透過各種活動規劃與各科系進行親密的接觸；或者與劇團及藝人合作，製作影音視聽教材與文字出版品，以輔助學生欣賞舞臺唱念作打的表演藝術與劇本文學；另外也構思讓戲曲與中文系的各種課程可以相互搭配，譬如上「左傳」時看《驪姬與申生》、上「史記」時看《西楚霸王》、上「莊子」時看《莊周與田姐》、上「話本小說」時看《十五貫》、上「紅樓夢」時看《王熙鳳大鬧寧國府》等，其實都有不少傳統戲曲劇目可以對照文本加以觀賞，此不僅可達到推廣傳統戲曲的目的，也可以讓書裡的人物與事件更立體、更深刻。

　　今年欣欣老師主持兩個大型計畫，首先是即將在九月舉辦的「華人歌仔戲創作藝術節」，邀請三個現代都會的臺灣、新加坡、廈門的歌仔戲劇團，以「城市對望」為目的交流彼此的歌仔戲創作觀念，以「古戲新詮」的共同命題各推出一齣精緻大戲相互觀摩，以及透過「傳統三小戲」與「現代戲」的實驗小劇場創作，創意探索解構歌仔戲美學，讓歌仔戲激發出更多的藝術能量，屆時將在臺灣演出二十一場；此外也持續去年的網路建置，持續擴充對歌仔戲主題知識網的建構，針對學者、學生與社會大眾三種對象，提供相應的介面與內容，使歌仔戲能夠透過活潑多元、即時性、互動性的方式，將較為全面的歌仔戲知識呈現給各界使用，

網站預計在今年上線啓動。

　　忙完這些事後，老師有意去國外進修充實自我，將全副心力專注在學術研究上面，把多年來在策劃活動時的歷練與經驗內化，也讓自己的生活悠閒一些，養養身體。「希望自己可以達到更高的境界，在形體上忙碌，但在心靈上從容。」老師說著對自己的期許，但也露出了稍許無奈，期望老師可以早日達成心裡的目標 —— 悠閒的度過每一天。

輯　二

清談不覺斜陽晚，籠得春風滿袖歸
─ 朱自力老師專訪

林宥全、許建民

楔子 ─ 相逢未道晚

　　是五月間的一場電訪約會，那端是朱老師緩慢而穩健的幾句回答，便確定下這場約會。終於在十六日下午，進行了這場訪談。交錯在季陶樓前後的兩道階梯，回到了百年樓，在教授休息室裏，老師清健的外表，一抹微笑，還沒等我們講解完「操作流程」，老師便迫不及待的拿出準備好的資料，一邊聽著我們的問題，一邊指陳著致理技術學院為老師所做的退休專刊，以及剛上任時的校訊，是害羞般，亦或是早慣了這樣的「生命回顧」，忙著解說著這問題的攻防。拗不過我們的幾番托求，娓娓的展演他的人生在言語中。窗外飄著雨粉，卻把這室內空間完整封存了起來。

思家只為離家久，卻把家鄉作客鄉

　　朱自力老師，籍貫江蘇漣水人，那裡歷來都是文風興盛，地靈人傑，卻還是沾染了時代的氣息，躲不開戰亂的歲月。

　　民國三十八年五月間，年僅八歲的朱老師，在倉促間隨著父親與堂哥三人來到台灣，一年後定居屏東。

　　八歲的孩子，對故鄉的記憶或許不深，卻足以綿亙了四十多

年的光陰,「那時戰亂,先父只來得及帶上我和堂哥,而母親與姐姐、弟弟都留在大陸。」說到這,朱老師眼光中似流露出些許歲月的傷痕。趕忙問老師回故鄉了嗎?太師母還在嗎?回憶起當年,老師在開放的前一年便回去了,戲謔的對老師笑道:「這是偷跑?」,老師憨厚的笑了笑,直言不諱:「對,是偷跑!」回去了兩三次,故鄉的地理,或許已成了老師的歷史,母親仍在,姐弟仍在,但蹉跎的時光,卻是在海這端的台灣屏東,拉拔了一個客鄉的遊子,又在這異鄉島上成了故人,「我常說屏東是我的第二故鄉。在第二故鄉卻比第一故鄉久啊!」如今,對朱老師來說,記憶最深的是屏東,或許恰如兩句詩 ──「思家只爲離家久,卻把家鄉作客鄉。」寥寥十四字,卻是多少午夜夢迴琢磨而來?沒說出的那些,又豈能一一推敲出來?而親人,在台灣只有一家三口,故鄉,姐弟子孫卻已成群。如今朱老師定居台北,屏東卻又成了他另一個化爲「客鄉」的「家鄉」了。

家在哪裡?或只能借得東坡一句「此心安處是吾家。」在蒼茫歲月裡,在兩地親情中。

大志非才不就,大才非學不成

「大志非才不就,大才非學不成」這是朱老師一生求學與研究的寫照。

在屏東求學,高中後,考進了政大中文系,大學畢業後,順利的進入研究所。在盧元駿老師的指導下完成了《拜月亭考述》。畢業後幾年,機緣偶然,留學法國巴黎大學東亞所,乍看之下,是順遂的康莊人生,然而,這其中多少努力與汗水,卻鮮爲人所知。

「爲什麼選中文呢?」將這樣中文系入門學長學弟間必問的

基本題型轉問老師，稍作停頓，老師張口便答：「那是大學聯考啊，填志願填的。」一句話還沒說完，老師繼續答道：「我小時候作文也寫得很好啊，在班上算是出色的。這可以說是有點……有點……」老師略顯害羞，含著笑而遲不說出。「有點天分？」我問。老師笑道：「哈，可以這麼說，是有點天分沒錯，其實一直都喜歡中文啊！」和戲曲的緣分，雖是從小便留連在歌仔戲演出間，但真的說來，卻是國三、高一間青澀時期常在書店翻閱的全本《西廂記》。朱老師回憶道：「現在書店真是好啊，還有位置給人坐，我們以前站著白看可是會被趕的。我那時就站在那看，怕被書店老闆罵，看三十分鐘還得換另一家書店。」說著信口唸起一段曲文，和戲曲的緣分也是那時開始正式結下的。

　　說到了老師的大學生活，曾任系總幹，舉辦了郊遊，自己編相聲、唱戲，一切自力自為，幾乎把平日所學的點滴應用在學生的休閒活動上，較之今日，不免令我們稍為汗顏。碩士畢業後，在友人鼓勵下，老師前往法國求學，說及這一段過往，老師眼光裡便彷彿譜出了一段異國旋律。巴黎生活不易，幾個異國留學生互相扶持，當時往往是輪流在幾家同學間相互開伙，雖是略簡了些，卻將那段留學生涯添上無數色彩，當時許多越南留學生，今日與老師仍時有往來，可見情誼之深，不因時空而磨消。

　　直到老師在當地的理工學校開始兼課，教授中文，生活才稍見寬裕。朱老師說：「要是當時我在餐廳打工，那我可能就畢不了業，太累了，沒辦法唸書啊。」到此，老師也不忘讚揚法國的教育制度：「他們只要有學生想修，幾個學生就可以開一堂課了。我這樣一個月上一兩次課，薪水就夠我一個月花用。」我們也不禁好奇老師在巴黎的研究，朱老師說：「法國人他們要你的研究，是讓你寫你本國的東西，你自己最了解你本國的東西，像我們讓韓

國人講孔孟，講得過我們嗎？人家的確有他一套的方法。」稱讚
完法國的教育制度，老師繼續答道：「我是研究顏習齋（顏元）的
教育思想。」不由令我們滿腹疑問，為何不選擇自己喜愛的曲作
為題目呢？老師笑了笑，答道：「那些戲曲文學要翻成法文，對我
來說太難啦！」三人相顧大笑。

　　「聽說老師去法國前不懂法語？只稍稍在補習班學了一點
便去了？」根據事先做的功課，我們仔細問著，「對！那時也就去
了，年輕，有這樣的機緣，衝動之下便去了。」，老師也透露，當
時在法國，沒有語言基礎，確實不便，「某次上課時，有一個字不
了解，老師比手畫腳我還是不懂，他便拽了一個女學生做擁抱狀，
又是撫胸口做心跳狀，我仍不知什麼意思？回去查字典，原來是
個『愛』字。」但慶幸，那是個「美麗的衝動」。在法國度過了七、
八年，起初只有老師隻身一人，後來才將師母也接了過去。

　　問及與師母認識的過程，老師解釋道：「師母是盧老師的千
金，那時常去盧老師家，去了幾次認識了，後來交往，也就結婚
了。」簡單，順遂，就如同老師說的那些往事，自然有些是不足
為外人道的了。結束了法國求學生涯，回台後，便在政大中文系
任教，擔任專任教師，長達二十六年，並在民國八十九至九十二
年間擔任本系系主任，到九十二年卸下職務，僅休息了一年，即
獲聘出任致理技術學院校長，直到去年（九十五年）退休，如今
擔任系上兼任教師，講授「專家詞」課程，春風化雨，誨人不倦。

　　十數年的求學歷程，我們看到的是老師的成就，過程多少付
出，老師說來仍是一派輕鬆，如同他說起幼年的磨難般，仍是這
麼簡單。那一抹微笑，如今看來卻更為深刻鮮明，漾開的紋路，
無一不是生命歷程的磨難與成長。「涵養須持敬」，知識學養的豐
厚，不正是歲月花間露水匯聚累積的一泓清泉，而又將這點滴揮

灑在無數學子身上，教與學，鋪疊成一條無止處的學術大道，引人邁進。

望之儼然，即之也溫

最後，我們好奇老師生活的一些趣事，老師也慷慨與我們分享。

擔任研究所助教的明順學長曾在致理學院贈朱老師的退休專刊中，這麼形容老師——「望之儼然，即之也溫」，聽著老師的一些趣事，愈發的覺得貼切。

老師從小便喜愛聽歌仔戲，到如今，指南路上土地廟前只要有歌仔戲，仍常見老師佇足的身影。前些日子明華園在中正紀念堂演出，還特地拉著師母去看，「看到歌仔戲，好像回到自己小時候的時光。」頓了頓，從老師敘述中，我們彷彿窺見的是台灣歌仔戲的小歷史，也是他童年的一段美好回憶，「小時候有同學家裡就是開戲院的，我常去看，那時年紀小，不用錢，常常到戲院去看，台上演著台下我便跟著哼，到後來電影興盛，戲院也都變成了電影院。」老師興奮的說道，對未能親逢那樣時代的我們，這不啻是新鮮的歷史，老師接著道：「小孩子嘛！就喜歡看那些燈光啊、特效啊、飛劍的，後來演的都沒那麼好看，楊麗花演的也看過，但就是不一樣了。」我們不禁好奇老師喜歡的劇目，「三掀美人圖」，沒有多少猶豫，老師立即答道，「這麼多年了，我還記得。」好像時光並無多少改變，那個佇足鑼聲中的，仍是賣力叫好的孩子。

身為中文人，當然還要問問老師的酒量如何，畢竟中文系的學生，多少都知道老一輩的老師們都有小酌的習慣，老師也不諱言，他的酒量實在不怎麼樣，但就是喜歡喝上一兩杯，然而老師

的酒品，卻是屬一屬二的好。

　　「我喝醉了也沒什麼，就是想睡覺。」我們好奇地問道：「那老師有發生什麼糗事嗎？」老師想了想，說：「有一次，是系上聚餐吧，我中午喝醉了，董金裕老師送我回家，才到樓下便要他別送了，自己走上三樓家門口，誰知道在門外用鑰匙開門卻怎麼也插不進匙孔裡，但覺得好睏，就在門邊睡著啦！剛好那天晚上我家裡請了客人，傍晚五點多，客人來了，我還在門邊睡，師母也不知道啊，在裡邊煮菜，客人把我扶進家門，也只能睡下了，招待不了。」笑了笑，兀自為我自己也曾發生類似的糗事而感到熟悉，老師接著道：「還有一次啊，我和系上老師去喝酒，後來回到家附近的停車場，便想睡了，拉下車窗便睡著了，你看我還算清醒，知道要開窗透氣。到十一、二點，兩、三點啊，師母見我還沒回去，忙打電話問住附近的老師們，大家都出來找了，結果找啊找的，才發現我在停車場睡著。」一邊講，老師自己也開懷的笑了，卻突然正色道：「不過啊！喝酒不開車是對的，像我這樣喝醉了就是找個地方睡著，也沒有什麼，如果發生意外害著自己也就算了，害著別人，那可就真對不起人了，我後來只要知道出門喝酒，就一定不開車，開了車，就一定不喝酒。」這是老師的堅持，不能因一己一時私娛，害得別人誤了終生，（猜想老師認為這要登上刊物，趁機給大家提醒，實有師長風範。）交代完了，老師又恢復一貫的笑臉。

尾聲 ── 雨後見新晴

　　一個半小時的訪談，也正好到了尾聲，送別了老師，想到這短短的訪談時間，仍覺得意猶未盡。認識一個人最快的方法莫過於聽聞所有他的故事，但要認識的稍微深刻，卻非得與他交談過

不可。

　　聽過了許多朱老師的故事，再聽得他自己談起，重現的卻是一個人的人生。聽取一個人的生命經驗，看一個人的生命風景，雖不至於「知彼」，卻透過這樣的交談，回饋到自己的生命，也更加了解自己。生命是不停變化的風景，何其有幸，這一小時半的時光裡，我們參與了一位長者的生命，透過交談，也更加欽服於老師的風範，老師當初毅然踏上異域的勇氣，也激勵我們往夢想他境行旅，「生命，就該浪費在美好的事物上。」而美好的事物，來自於不懈的追求與體驗。

　　回想起來，老師那常掛在嘴邊的一抹微笑，不啻是對生命最誠摯的感動，那麼，美好的事物，豈不在著手之間？想到這，不由得也微微笑了起來。

有情的「善袖者」
── 李崇遠老師專訪

張倍菁、柯如娟

舉凡政大中文系學生，於大三必修課「曲選」，所選用的教科書，必是由朱自力老師、呂凱老師、李崇遠老師三位權威所選注的《歷代曲選注》。而此刻，站在餐廳入口，也許就是這份熟悉，我們輕易地在餐廳一隅，發現其中之一 ── 李崇遠老師的身影。

這抹極為專注的身影，孤立於眾聲喧嘩的環境中，似乎感覺到我們的到來，一抬頭，便漾開一臉溫暖的笑容，同時將手邊正在校對的文章收了起來。

飄洋過海，實非我願

十八歲那年，李崇遠老師隻身從香港來到台灣求學。

離鄉背井的原因簡單卻無奈，只因台灣的學費比起香港算是便宜很多，家裡三個兄弟在台灣唸書的學費，在香港僅夠支持一個人讀大學。「我是家裡的長子，因此便想辦法打工，一個拉拔一個，所以他們現在都對我很好，常常問我要什麼東西，但其實我也不需要什麼。」說到這裡，老師難掩喜悅之情地笑了笑，笑容滿溢著卸下重擔後的輕鬆與喜悅，同時也驕傲於弟妹如今的成就與體貼，層層包裹出老師幸福的家族關係。

談到打工經驗，老師回憶起當年在夏威夷進修的往事。由於

政府補助的金額不敷使用，老師便開始在餐廳裡打工，從端盤子一路做到二廚的位子。由於家裡八個小孩中，僅有兩個妹妹，所以媽媽從小便將家裡的男生當女生用，家事通通都要做，於是從小就學會照顧自己的老師，在這次進修中，不僅不會有適應不良的問題，更額外從二廚那兒學來一身好手藝。「我很會煮菜唷！」這句平凡的話中，蘊含著老師對於自己能夠照顧自己，感到很得意。

駐足山城，放眼四方

老師從學生時代至今，在政大也即將行過半百的歲月。回想起在政大求學的學生時代，老師的第一印象便是：「水災啊！」聽著老師細數學校從前的建築、地勢、上課範圍、人數等等，一句一句都包含著老師無限的懷念。

「以前被老師叫到家裡吃飯是件很光彩的事，我們都會穿得整整齊齊地去老師家。」提起學生時代的恩師 —— 盧元駿老師，老師的語氣充滿著尊敬與感謝，不僅感謝在學時，給予如同自己親生孩子的關懷與提攜，對於已畢業的學生，更是義不容辭地介紹工作，讓學生無後顧之憂。「以前的老師不只授業、傳道，更要引導你去工作。要注意學生跟老師在一起，是自然而然的事，不過學生應該主動去找老師，這只會有好的效果，不會有壞的效果。」走過半世紀的老師，對於我們就如同當初盧老師對待老師一樣，不遺餘力地拉拔後輩，只想要給後輩多一點關心，多一點囊括知識內外的學習。由於感念當初老師們的愛護，老師曾在僑輔組待了十五年，對於同學的困難，老師總是很輕易地便能理解，然後給予最大的幫助與鼓勵。

政大中文系畢業，順利直升研究所後，便開始在夜間部任

教。第一間任教的學校是育達商職，那時許多曾經紅遍半邊天的歌星，如張琪、夏台鳳等，皆是老師的學生。「其實那時我也才大他們一、兩歲，他們卻喊我老師。」想到這段回憶，老師仍不掩覥覥之情。之後便到東南工專（即今的東南技術學院）兼課，現在則是還在文化大學兼課。

　　教書三年後，前往當時稱作「中西薈萃」的夏威夷大學，進修莎士比亞西方戲劇。然而，帶著充實嶄新的內容與創新的理想歸國後，卻因中文系學生害怕讀原文書而無人選修西洋戲劇，這曾經一度令老師十分懊惱難過，認為自己沒辦法發揮所學。但老師沒有放棄，藉由觀察其他老師的教法，再加上自己的理念，重新出發，結果所開的傳統戲曲大受歡迎，欲修課的學生，排兩年也教不完，受歡迎的程度，可想而知。

　　接著，有一段時期在大陸講學，第一次去天津的開南大學交流，第二次去武漢著名的武漢大學。老師去武漢大學講學時，連湖北大學的學生都跑來聽，光是來聽課的學生就有九百多人，每天都有一堆學生主動親近老師，或是與老師聚餐，或是在老師的宿舍待到晚上，老師在那裡兩個月，師生相處氣氛融洽溫馨，每天都過得非常充實。

　　或許出國留學，或許在大陸授課，或許去各地探訪親友，但李崇遠老師始終都以政大為圓心向外展開他的旅程，學校各處充滿著他或新或舊的足跡，就連兩個女兒都是從政大實小開始啟蒙的。生活皆以政大為中心，必然有股難以割捨的情感。

中西薈萃，能歌善袖

　　「並不是特別對戲劇有興趣，而是情勢。」由於大學的指導教授是盧元駿老師，因此大學便專攻戲曲，等到去夏威夷進修時，

才開始學西洋戲劇、莎翁戲劇。

　　問起老師最喜歡哪幾齣戲劇，老師笑了笑說，傳統經典的戲劇就這麼二、三十齣，現在的新編戲劇，無論在服裝上、唱腔上、劇本上等都一直在修改，除了作為藝術上的突破外，更方便推廣給時下的年輕人，讓傳統戲曲能在新世代以不同的姿態保存下來。然而，「歷史就是歷史，我們不可以去竄改，至於新編的劇本，必須建立在傳統的基礎上，我們要一直去看，一直看一直看，看哪裡好，哪裡需要改進。」反覆看了相同戲劇無數遍，在一遍遍的播放中，一遍遍的回味與學習，看出老師對於戲劇的執著與不悔。

　　除了理論，老師自己也親自粉墨登場，演過許多大大小小的戲劇，將理論親身實踐。「我很少每天起來練嗓子、花時間練戲，我大部分的時間都花在學習戲劇理論，可能是有一點天賦吧，可以學什麼像什麼，所以只有在寒暑假時請專業老師指導一下。」雖然老師覺得這件事十分不好意思拿出來說嘴，但若非親眼見過老師演戲的身段，唱曲的宏亮聲音，實在很難想像老師不需要花很多時間，即可呈現出不輸給專業演員的效果。

　　然而，比起演戲，老師更希望能創作劇本。在老師眼中，劇本是浪漫的，可以有很多空間，透過不同手法的書寫，去表達無限寬廣的想像空間。其實看似不苟言笑的老師，骨子裡充滿著浪漫的血液。親身經歷過世界各處的巡禮，實際看到詩文所呈現的景象，真正地連結古人的情感，體驗幾千幾百年前遷客騷人的感觸，當「景象」凝凍成「意境」時，我們就會明白為何有麼多文人為其賦詩填詞。老師印象中最深刻的即是在大陸講學時，遊歷洞庭湖的經驗，身陷霧濛濛的湖中央，真的就是天連水水連天，孟浩然「洞庭湖水平，涵虛混太清」的意境不用多說，就油然

而生。

真知灼見，人生體驗

　　老師一直相信，中文系出身的同學，都能找到符合自己興趣、同時發揮專長的工作。老師以自己早年為例，當年是連續劇「包青天」的八個編劇之一，光靠寫劇本就賺了錢，買了房子，因此從事劇本創作，本身就是一項相當好的工作。寫劇本不難，其實有一套固定模式，就像數學要先學公式是一樣的道理，學過公式後，將來就跟著公式編寫劇本，這就是老師所講的「方法」。因此，老師在大陸講學都不講曲，而是以講劇本為主，因為大陸省分多，有著為數龐大的電視台，所以編寫劇本的人扮演重要的角色。

　　對於現在的學生，老師認為「語文」相當重要，無論大家將來要往哪個領域發展，語文能力都將是最大的幫手。至於在現代社會的競爭下，對於工作的態度，老師也給予懇切的鼓勵與建議：「將來出社會，如果所選擇的工作不是你的專長，剛開始一定很痛苦，不過痛苦是一陣子的，想辦法將痛苦轉變成力量，就可以度過那一段日子。」老師覺得讀書是一種事情，應試是一種事情，出去工作又是另一種事情。以前的人都很謙虛，但現今社會就是得勇敢表現自己，你有多少才華就展現多少，你必須告訴別人你的實力，但不能過份，有多少說多少。在知識爆炸的時代，老師覺得能夠多讀點書，就盡量讀，可以存著，或許哪天真的派得上用場。更重要的是，婚姻跟學業和事業不會相抵觸，顧此失彼是不必要的。

　　講台上的李崇遠老師，是專業的；下了台後的李崇遠老師，是浪漫的。然而，人生如戲，戲如人生，無論是站在專業的講台、

表演的戲台，甚至是人生的舞台，老師都能在專業與浪漫中取得平衡，始終如一的完成每一階段的人生課題，雖然看似無情實有情的「善袖者」始終堅稱：「我可是很酷的人！」。

甘 之 若 素

── 林素珍老師專訪

林　靈、劉怡萱

　　帶著有點忐忑不安的心情，不時地將頭從窗戶探出去，查看素珍老師是否到達。雖知老師是位溫柔的人，但仍對接下來的採訪有些緊張。心中幾個念頭轉了轉，就看老師從遠方走了過來，臉上堆滿著笑容，就像是一位慈祥的母親……。

受人點滴當湧泉以報

　　教授「國語語音學」的林素珍老師以溫柔的語調開始訴說過去：「我是宜蘭人！我們的學校附近很漂亮……」當時的社會經濟並不富裕，素珍老師本來無法升學，但幸運的遇到了一個貴人，高中住校的老師有一副古道熱腸，幫素珍老師出車費，終於得以到台北進行升學考試，聰明伶俐的素珍老師果然如願以償地繼續升學。

　　素珍老師是家中長女，依靠自己掙來的獎學金生活，不但不需要家中的經濟資助，還憑藉一己之力將剩餘的金錢寄回家裡。事後素珍老師想要報答高中那名老師，他說：「不必了！將來你們有機會就幫學生。」這句話深深烙印在素珍老師的心裡，終於到了自己任教的時刻，素珍老師大方地對學生說：「安心讀書，你們有問題就找我。」受人點滴當湧泉以報，素珍老師非常積極的幫

助學生，曾經有一個學生面臨失戀的痛苦，素珍老師不但幫他走出困境，還教導她要打開心胸將自己的生活圈擴大，後來那名學生仍時常和素珍老師聯絡。

愛好文學，涉獵廣博

「對文學一直就很有興趣，現在讓我重新選擇，我還是會選文學。」素珍老師說。老師回憶起對文學的熱情，臉上泛起一陣欣喜之情，十分開心地說：「那時我對中國文學史很有興趣，把它當作課外書來看，無論何時何地都想翻來看。」學富五車的素珍老師家中以前必定閱讀五份報紙，曾經是中央日報的忠實讀者，民國六十三年中央日報創刊至停刊之間老師都有訂閱，然而家中現在訂閱三份報紙，也訂了一些雜誌，譬如：遠見雜誌、天下雜誌、PCHOME 等等，無所不包。儘管在學校教授語音學、聲韻學、應用文和歷代文選，素珍老師涉獵的知識範圍仍然相當廣闊，舉凡財經、國際時事、地方新聞等等，無一不納入老師的書架上，而非侷限在文學上，在老師的知識版圖中不僅僅只有文學，尚有許多新大陸等著老師去挖掘探索。

疾病纏身，朋友關懷

素珍老師的婆婆身體不好，為兼顧家庭，白天在學校教書，晚上回家照顧婆婆，幾乎沒有睡眠休息的時間，連兒女們也只能委託一名世新大學夜間部的學生幫忙照顧。素珍老師因為壓力太大導致免疫功能失調、偏頭痛，老師舉起她的雙手略帶無奈地說：「妳們看看我的手，這可不是白化症造成的，是壓力太大、免疫功能失調才會這樣。」看著老師毫無血色的皮膚，瞬間能感受老師當初所面臨的壓力是多麼的沈重，沈重到身體都無法招

架。素珍老師說起初吃止痛藥治療一段時間，後來連止痛藥都無法見效，身體差到了極致，去長庚醫院時醫生說：「妳什麼病都沒有，只是壓力太大。」此時老師仍然不懂何以會有如此病痛纏身，直到自己的恩師一句話當頭棒喝：「林素珍，妳偏頭痛，一定是因為妳很厭惡這個環境，但卻又不得不面對。」老師才開始參與一些活動來舒緩自己的壓力，一段時間後，果然不藥而癒。不過最重要的一點是，素珍老師身邊的朋友一路走來支持著她，幫助老師順利擺脫身體疾病的困擾，老師語重心長的說：「朋友是很重要的。」若不是當初朋友們的鼓勵和幫忙，老師不可能這麼快擺脫病魔的控制，走向自主的人生。

由於晚上沒有休息的時間，因此素珍老師無力從事文學的研究，只能在課堂上教授學問，儘管如此，樂觀積極的老師仍不覺得可惜，認為自己能在教授一職上得到許多經驗，和同學的互動也讓老師倍感滿足。

家庭、學校兩頭燒的蠟燭

素珍老師的婆婆身體每下愈況，在民國九十一年時智力已退化到只剩兩、三歲小孩的程度。除了素珍老師之外，老師的女兒也一起幫忙照顧，然而卻因工作忙碌無法負荷；而老師的先生雖已從正中書局退休，但天生的古道熱腸使然，依舊留在書局幫忙。因此後來素珍老師選擇了提前退休這條路，全心全意地照顧她婆婆。

照顧婆婆的工作非常的吃重，但素珍老師仍無怨無悔。到後來，老師的婆婆連老師的先生都不認識，在這樣的情況下，老師知道必須做出一些改變了。因此老師對常在外當義工熱心的丈夫說：「你不能再接那麼多事了，媽媽需要你，你就留在這個家當義

工吧！」於是老師的先生開始空出時間來一起幫忙照顧老人家，漸漸地老師的婆婆認得了自己的兒子，而素珍老師也稍微喘了一口氣。

　　但是，提前退休的素珍老師並沒有因此放棄她喜愛的教學工作。在空閒時間，老師仍回學校來繼續從事教職。

瀟灑自得的人生哲學

　　「我常跟學生說，如果別人惹你生氣，你就必須表現你已經生氣了，但千萬不要真正入你的心，講完你就沒事了。」素珍老師笑著對我們如此說道。從言談之中可以看出老師能夠用開闊的胸襟來面對人生中的風風雨雨，在她總是帶著笑容的臉龐上，找不到一絲對於現實的怨尤。

　　十五年來忙於照顧老人家的生活，素珍老師仍舊保持健康的心態，其中的秘訣就是要「移情作用」，也就是在生活中要有所寄託，累的時候找個朋友聊聊天，就能稍微紓緩壓力。老師也會利用暑假的時間，出國去走走。而這段時間的休息，能讓老師走更長更遠的路。

　　除此之外，素珍老師也樂於用各種管道來解決學生的問題。當聽到現在中文系沒有開心理學的課，忍不住驚呼。素珍老師認為教書一定要懂得心理學，這樣才較能了解學生的心。素珍老師相信大部分的學生都挺信任國文老師，因此常常把自己的心事寫在作文上，希望能夠獲得老師的幫助。遇到心情不好的學生，老師總會親自去私下開導，並用心傾聽學生遇到的挫折和發洩。老師總是會提供許多方法和建議，來讓學生走出陰影，而這些學生也在老師的開導之下破涕為笑。擁有積極、樂觀的人生是素珍老師再三叮嚀同學的話，老師說：「這樣的人生比較快樂，人總是要

活下去的，何必把自己的人生搞的一蹋糊塗呢？」

政大求學生涯中難忘的事

「淹水！」

當我們問起素珍老師求學階段中最難忘的事，老師想都沒有的就脫口說出。讀研究所時，老師住在學校的女生宿舍，老師引用了莊子〈秋水時至〉中「兩岸之間不見牛馬」來形容當時的慘況。淹水總是在中秋節前後，最誇張的時候是一個禮拜淹兩次水，書才剛從閣樓搬下來，沒多久又得趕緊搬上去。有一次所長家中淹水，老師和其他同學就一起到所長家幫忙清理、曬書，老師最記得的是那時師母還做了魚餃子請大家吃，素珍老師開心的對我們說：「我從來沒吃過魚做的餃子！」除此之外，有一年中秋節研究生一起去教授家玩，後來看到新聞的豪雨特報，她們幾個女生不管外面風大雨大，立刻手牽著手奔回宿舍去救書。老師講到這邊，臉上興奮生動的表情彷彿又回到了學生時代那在風雨中跑回宿舍的快樂生涯。

退休後，放慢步調生活

退休之後，素珍老師的生活步調漸漸放慢，開始可以去做自己喜歡的事。在民國七十九年以前，老師是學山水畫的，但後來由於要照顧婆婆，就無法再繼續下去。老師從以前就習慣寫日記，出外旅遊時也會做筆記，但總是沒有時間去整理，現在時間比較多了，素珍老師開始把這些筆記寫成旅遊文學。老師除了用電腦來打日記，也用毛筆小楷來寫日記，順便訓練自己的小楷字，也能陶冶心性。

現在老師下課後，都慢慢的散步走回家。有時也會和先生兩

人從景美走到公館，去發現還沒去過的地方，夫妻倆一起在台北這個都會叢林裡探險，享受這美好休閒的時光。

　　素珍老師的臉上總是一直掛著笑容，在她身上可以找到一股堅定而樸實的力量，這股力量總是默默地保護著學生，使學生感到心安。而從素珍老師的言行舉止中，我們也不難發現她開闊自得的人生態度，就如老師所說的：「人總是要活下去的，何必把自己的人生搞的一蹋糊塗呢？」

金錢總是身外物，虎嘯直行桃李道
── 柯金虎老師專訪

朱　俞、彭千慧

　　柯金虎老師是熱情純樸的高雄人，家中有四兄弟，老師排行老三。當時家境貧困，使得老師的大哥在念完小學後就無法再念書，因此能夠好好念出一番出息，爲家族揚眉吐氣的重責大任就落在老師身上了。相對的，因爲有機會受教育，又一路認真地讀書，父母對老師一直都很疼愛。

終生不忘母親的慈愛和期待

　　人的最初起點總自家庭開始，家庭對一個人的深遠影響更是不可言喻。當初老師也是在母親的期待下，踏上當教師這條路。那時候台灣的經濟正在起飛，老一輩的觀念仍是當公務員、吃公家飯才有保障。確實，在沒有豐厚財力的家庭背景烘托下，能夠領國家的薪俸、靠國家來養家活口，是當時最佳的選擇。

　　因此老師想：「不是軍人就是公教人員了，就這兩條路吧！」軍人是受到一些傳記文學的影響，年輕人總是有對國家有一股熱血忠誠和抱負，雄糾糾、英姿勃發的軍人正符合老師年少時的想像。公教人員則是符合母親的期待，能有個穩定不愁吃穿的「頭路」。

　　不過命運總是在冥冥中牽引著他，也許這樣說有點宿命論，

但老師回想過往，仍不免覺得這輩子的轉折有時真的身不由己，似乎就是「命運的安排」。只是認命的態度不該是失志喪氣，而是去享受去發現其中的樂趣和收獲。老師說：「我那時除了參加大學聯考外也報考了軍校，不過聯考先放榜，考上了台師大，所以就放棄軍校了！」畢竟再怎麼說，當老師也比做軍人要穩當，那個年代還有著反攻大陸的思潮，軍人可能還要上場打仗呢！因此，軍人和教師，兩條截然不同的岔路，老師轉向了後者。

不論如何，老師總是不忘母親的慈愛和期待；不似我們現在年輕人，常常堅持自己的想法而不顧家人的勸告，老師對於母親的話語總是銘記在心、不敢忘記。提起母親時，老師眼光飄得深遠，他感嘆道：「前陣子聽隔壁政大實小在唱『天下媽媽都是一樣的』，眼淚又差點掉下來。」老師還說，先母曾經叮嚀他不要打牌，所以在二十七歲前連牌都沒碰過；先母在家鄉鄰里是非常受到敬重的。老師對於母親的敬愛和深厚的情感，不曾隨著年紀的增長和母親的逝世改變，說慈母是影響他一生最大的人也不為過的吧！

生命中的大風大浪如家常便飯

老師的生命旅程中，大風大浪對於他來說就像是家常便飯。帶著一點微笑，老師說：「記得剛結婚時，那時住的房子讓我過敏嚴重的發作，都以為自己活不了多久了。只好趕快寫了封信給弟弟，交代若母親問起，要說我去韓國唸書了！」在老師身體欠安的時刻，卻仍掛念著母親，可見老師的孝順。

金錢的來來往往對於老師就彷彿是過眼雲煙，在老師的生命中，錢財總是來來去去。投資學校虧損時，老師也曾兼任補教業，因此在補教業闖出一番名氣；老師上課的活潑，總是貼心的用雅

而不俗的笑話來振奮上課的精神，難怪會成為學生爭相指定的熱門名師。老師豪氣的笑著說：「那時候真的是謀學生的財害自己的命啊！」由於長期奔波忙碌的補教生活，讓老師的健康又再次的受到威脅，開始有了心悸的毛病。老師高大健壯的體魄，很難想像是怎樣的奔累才能將他打倒！

　　問起老師現在的家庭生活，才知道老師目前育有一對兒女，與師母的離異以個性不合而帶過，但老師憶起當年師母對其疼愛時，還是難掩老師重感情的真性情！說起對兒子的教育時，更能感受到一個身兼母職的父親是多麼用心！為了兒子的教育問題，老師四處奔波，望子成龍的心情也盡在不言中！

　　訪談過程中，很容易發現老師具有牡羊座重義氣、重朋友的豪氣本色，老師所結交的朋友遍及工商士農，老師對於他的朋友以真誠相待。在訪談結束的時候，老師也很熱情的說要和我們當朋友；這樣的老師完全拋開了自己的身分地位，而只是以真心的感情去面對他生命中的友情。

　　這些生命的轉折在老師神態自若、輕鬆自然的神態下娓娓道出，讓我們感受到一種屬於老師特有的生命情調。對於很多事情老師都相信這是宿命論的帶領，也因此瀟灑自在的活出自己的當下，即使有許多難關，也總是能迎刃而解，這應該歸因於老師的個性直爽，使得他交友廣闊，又樂於助人，因此在面臨困難的時候總能有貴人相助。

悠遊於浩瀚學海中的古文經典

　　在中文系博大精深的領域中，金虎老師特別專精於先古的經典，像是《左傳》、《尚書》，或者是小學中的文字、訓詁。根據有上過老師尚書課的大三學長的說法，老師上課非常風趣，能將枯

燥乏味的經書內容講得津津有味，趣味橫生。不過老師很自謙地說，因為沒有創作的才華，所以只能讀這些比較死的「功夫」。

其實在先古，文史之間的分野是有些模糊的，經書往往也是史書；《左傳》、《尚書》等經典不但在中國文學史中占有崇高的位置，對研究中國歷史來說也是不能不讀的書籍。而老師在唸書時期就對地理、歷史有興趣，高中聯考時更是兩科都拿下八、九十分。在研讀這些經典時，可謂如魚得水。

對中文系的學生而言，因為刻板印象和出路問題，每當別人問起：「那你讀中文系要做什麼？」總是茫然或搖頭的多過有堅定答案的。一來在這個金錢掛帥的社會，如何賺取高薪成為大家專注的焦點，從商、高科技產業等遂成為大家認定的捷徑。中文系，給人的印象往往是捧著古籍低聲吟詠，或是對於週遭事物有超於常人的感受與心得，自古文人風流卻不多金，更多的是窮困潦倒、一生不得志的。關於這點，老師看出系上的學生，也因為社會普遍的觀點，認為自己沒有出路；這樣看輕自己，也就限制了自己的道路。雖然就現實而言，全台灣幾乎每個學校都有中文系，可說量供於求，但是也不該對自己失去了信心。

夢想在古坑買地種蔬果，安養天年

做為一個大學教授，和做為一個中文系的教授，老師說大學教授不就是研究、教學、服務嗎?而他最重視「服務」。因為他自己一路的求學過程正是備受師長的幫助與鼓勵，如果不是這些貴人的相助，也許老師無法順利地念到博士。所以老師不單單是教書，更多了份服務同學的熱忱。

老師的熱情和親切，即使是初次與他聊天的我們也感受得到。或許是因為他高大挺拔的身材，和歷經歲月的風霜留下的痕

跡，金虎老師在初見面時給人一種威嚴正氣的風度，然而在談話過程中卻不經意的看出老師天真如小孩的一面，像是愛吃花生糖和巧克力等甜食，還有模仿時逗趣的生動表情，以及跟其恩師撒嬌的模樣，都是老師自然流露的天真可愛。老師也說以後的夢想是在雲林古坑買塊地，種種蔬菜水果，以安養天年。他很熱情的邀請我們將來可以去體驗一下田園生活，吃他辛苦耕耘的作物，然後聊天說地。這樣的愜意與怡然自得，真的是「金錢總是身外物，虎嘯直行桃李道」。

山簡醉酒，文海浪人

── 洪讚老師專訪

洪鈺雯、林慧明

戰戰兢兢的撥下電話號碼，腦中打了千百個結，就怕被老師拒絕；想不到洪讚老師聽完採訪小組的解釋後馬上就答應下來。當時除鬆了一口氣外，著實也對老師的乾脆豪爽印象深刻。

小學第一名畢業，卻打算去種田

洪讚老師，彰化芳苑人，民國四十三年小學畢業，成績優異足以保送彰化最好的初中 ── 北斗中學，但因為家庭環境不好只好忍痛放棄。為此，國小老師還特別上門遊說他的父母，希望能讓他繼續向上發展求學。好不容易洪老師的父母答應了，卻錯過招生日期，從此與北斗中學無緣，轉而唸離家最近的二林農校農藝科。

從家裡到學校大約七公里路程，洪老師每天早上六點多起床，半走半跑大約一個多小時就到了。「大概就是因為那時候這樣走很長的路，身體練的不錯，所以後來年紀大一點，跑步、爬山我都還可以。」老師笑著說；民國四十七年考取台中師範普通師範科，後分發至中正國小四年甲班，初農老師要他繼續升學，於是他申請到廣興分校，第二年就升分校主任。

本來，憑老師優異的成績可以直接保送師範大學，但因為在

這段教書期間兼任經費稽核委員與校長意見不合，一時衝動之下差點上演全武行，所以那年考績只得了乙，保送無望。

　　幸好初農的教務主任林克禮先生大力幫忙與鼓勵，送洪讚老師許多書要他好好自修，民國五十三年師範服務期滿之後，考取政大中文系，從此與政大中文結下不解之緣。

照顧王夢鷗老師，師徒情深

　　在初農唸書的三年，可說是奠定洪讚老師與國文姻緣的里程碑。「當時有位老師叫余遠謀，大陸人，教了我們三年國文，我們的作文他都改得很仔細。」洪老師回憶道，這位國文老師很強調背的功夫，所以一拿到縣政府送的禮物──《古今文選》，老師就整本背了下來，除此之外還包括《經史子集名言 800 句》連同翻譯……等等，「包括我現在上課需要用到的古文詩詞，都是當時背很多書的基礎累積。」甚至日後學英文的時候也是如法炮製。「我背了很多英文單字、還有作文範例，對我考研究所時幫助也很大。像我背過一篇〈我的大學生活〉，剛好就考出來了。」

　　林克禮先生對於洪讚老師一生的影響至關重大。大洪老師一輪的他，除了在學校時對他照顧提攜，後來兩人更結拜為兄弟。不僅如此，他也是洪老師的媒人：大四的時候他介紹師母給老師認識，見過幾次面兩人就決定在民國五十七年十二月一日步上紅毯。

　　說到在政大中文系的日子，老師先是笑了笑，然後有點不好意思的說：「大一時其實很少上課，所以成績不好。因為那時候王夢鷗老師在研究漢簡，我常常幫王老師刻鋼板，很花時間。」由此，師徒感情深厚，王夢鷗老師一直鼓勵他多寫文章，對他的影響很大。

　　王老師的晚年幾乎都是洪讚老師在幫忙照顧的。例如烤麵包機、熱水器壞了……等，都會請他去幫忙修理，並且大肆宣揚洪老師的手藝精湛，有時候真是會讓人忙不過來呢。

　　洪老師畢業之後先去當預官，不久政府成立國民中學，下部隊之後收到三、四張聘書，最後選擇在離老家較近的芳苑國中任教以便照顧雙親。但不到一學期卻遭逢父喪，後經由朱守亮老師的介紹改調至明倫國中。三年後適逢盧元駿教授徵求助教，希望是個活潑、能激發系上學生熱忱的人，大學同學黃志民老師於是推薦洪讚老師。「民國六十一年九月二十五日我去見盧元駿教授，十月一日就叫我去上班了。」盧元駿教授很忙，系上行政，如文書、輔導學會活動……一概委託洪讚老師經手，也因此讓他深感應用文的實際與需要，於是花了一番功夫向別的老師學習、請教，現在開授「應用國文」可說是當年累積下來的實力。到政大中文系工作時，為了提昇工作效率，洪老師主動幫系上建立檔案，使資料更有條理，這個觀念也讓其他系的老師起而效法。之後洪老師想以一篇學術論文〈金雜記院本考〉升級當講師，不料當時的校長李元簇先生就在同年廢止助教升等，眼看升等無望，於是洪老師便決定考研究所。

　　三年後洪老師以羅宗濤老師給的題目「安史之亂對杜甫的影響」為碩士班畢業論文，指導老師曾齋虹因為學生少，所以非常仔細，給予洪讚老師不少協助。升上講師之後，又半工半讀唸了六年的博士班，王夢鷗老師給他一個題目「唐代戰爭詩研究」，以此完成博士學位。

一醉值千金，酒後趣事多

　　「吃檳榔、喝酒其實都有他們的生活背景需要。」一提到酒，

洪讚老師便細數起喝酒的歷史：「我爸爸本身也很愛喝酒，捕魚的時候很冷，只有喝酒取暖。」除了父親愛喝酒，同事們也頗好此道，無形中就養成了喝酒的嗜好。

　　說到喝酒時候的趣事，老師又靦腆的笑著說：「有一次跟學校同事拼高粱，他喝一杯就投降了。剩我一個，喝完三杯之後，回家開始一直吐，還是我太太請人到三重把我扛去馬偕，才知道原來食道都燒壞了，十天不能吃東西，只好吊點滴。」說完，三個人都笑了。還有一次他去貓空「世外桃源」聚餐，見到老朋友自然酒興大發，酒醉的結果居然是掉進邊坡啦！同行的朋友趕緊把老師拉起來送回家。第二天卻發現錢包什麼的不見了，跑回去前一晚失足的地方一看，還好端端的躺在溝裡呢！

　　老師還說大家都叫他「洪兩百」，因為從前只有他開 BMW，戴勞力士，本來還有一顆大鑽戒，但某一次喝醉酒被送回家之後就怎麼也找不到了，可能是被人拿走了，「大概它跟我無緣了吧！」老師的語氣中有幾分感慨。

　　比起鑽戒，勞力士可說非常幸運的了，就算一時找不到，也總是能失而復得。不過也不是沒有驚險鏡頭，比如說有一次又是喝得酩酊大醉，不知怎地竟把手錶扔進垃圾桶，酒醒之後找來找去都不見蹤影。「我那時候就想：『完了完了⋯⋯這次大概真的無緣了、找不回來了⋯⋯』一方面又怕我太太發現⋯⋯」幾天之後師母倒垃圾發現垃圾桶裡的手錶 便問老師怎麼回事？情急之下，老師撒了個小謊：「那天回家看到家裡沒人，怕手錶被偷，所以藏在垃圾桶啦！」令人莞爾。

　　雖然發生過不少糗事，但仍不改愛喝酒的本性，洪讚老師真可說是性情中人哪！

每天寫日記，記憶力佳

　　談話之間，我們對於洪讚老師的記憶力都非常佩服，彷彿他就是一台詳細記錄自己所有生平的電腦，「我每天都會寫日記，」老師解釋道：「以前用手寫，寫完之後還會收進袋子裡蓋章、彌封，現在都用電腦啦！不過我從來不給別人看，連我太太也沒看過。我什麼事都會寫，好事壞事都寫，沒有什麼好隱瞞的啦！」老師說的一派輕鬆：「我這個人很真，過去的事情既然都已經發生了，爲什麼要隱瞞呢？」

　　「真」，是洪讚老師一生的寫照。

雲煙已遠，島嶼依舊

── 尉天驄老師訪談

王韻智、胡文歆

　　談到尉天驄老師，你可能第一個映入腦海的印象是「鄉土文學論戰」六個大字。的確，當我們在網路上或是資料室搜尋這個名字，所看到的資訊不外乎與 1970 年代的鄉土文學論戰息息相關，其中又以 1978 年尉老師所編的《鄉土文學討論集》最為人所津津樂道。因此，專訪尉天驄老師的過程，自然著重於鄉土文學論戰的討論，而要撰寫尉老師，自然也非從鄉土文學論戰入門不可。

　　如果你這麼想，那就大錯特錯了。

　　「鄉土文學啊，大哉問！」當我們提到這個問題時，尉天驄老師只是笑笑的這麼說，而淺淺的帶過，為什麼呢？他說：「人的想法是會改變的。」二十年前被認定是左派的尉老師，現在卻自認專門批評左派；而關於鄉土文學論戰，有其自身的時空背景、特殊人物與因素，當時縱身論戰下筆虎虎生風的尉天驄老師，此時對於當時的論戰又有了新的想法，這些都已不是簡單的寥寥數語能夠帶過，也不是一個簡單的訪談能夠解釋得清的。

　　因此，在這炎熱的夏季，還是讓我們以一杯茗茶的時間，淺談尉天驄老師的生活，貼近尉老師輕鬆的一面吧！

一個與尉老師相遇的下午

　　跟尉老師的相約，是在一個陽光和煦的春日午后。老師的家離政大不遠，就座落在大誠高中對面，信步可至，門口淡淡書寫著「田園大廈」四個字。田園大廈四周並不是田園，但也是依山傍水，別有一番情致。

　　當我們到達老師的家，老師親自爲我們開門迎接，一身短褲綿衫的他，對於初次見面的我們並不馬虎，招呼我們坐下後，便開始忙進忙出，「這是誰誰誰那天送來的西瓜，你們多吃點！」、「啊，這是我兒子女朋友從法國帶回來的巧克力。」、「要不要喝杯茶呀？」親切地彷彿我們便是他多年不見的老友。以爲這樣一個在文壇上佔有重要一席之地的人，想當精明內斂、字字珠璣，要不也該嚴肅沉穩、話鋒犀利，沒想到一開始的平易近人與熱情款待便讓人感到極大的反差。而當我們開始訪談，尉老師只是笑笑的說：「你們來我這兒，不要拘束，我們呢，也不必太嚴肅，就聊聊天吧！你們的標題，不妨便是『一個與尉老師相遇的下午』吧！」

　　就是如此樸素又如此踏實，如同尉老師對自己寫作的簡單描述 —— 就是「感受」。尉老師認爲，寫作不應該只寫一些大事件、大敘述，而應該由感情引導寫作，要「捕捉偶然的刹那」，一個從枝微末節處感受生命的人，即使是很囉嗦的、很細膩的小動作或一些不起眼的生活瑣事，都能找到他的價值，如天邊的星子，恆常溫暖每一個人的心。因此，尉老師的作品，平實而不花俏，沒有任何生難的字詞，卻能在細讀之後，彷彿回望低酌其間生命的況味。

　　「一個與尉老師相遇的下午」，這該是個怎樣的下午呢？

鋪排而開的豐富生命

　　而後我們是怎麼開始的呢？

　　對的，從小事情開始。相較於大事件給人的印象，小事情更能引發人的情感。「越是小事情越感動人。有時候到了我這個年紀，很多事情都忘掉了，可寫著寫著，那些遺忘的往事，都突然間回來了。」老師急切的說著。

　　小事情像是一把鑰匙，開啟過往記憶的大門，而後靈感受到牽引，便慢慢的走了出來，開啟你的竅門，以後的事情，是連自己都控制不住的。靈感來時，人是被稿子牽著走的，和原先設定要走的方向都不一樣。情感流動，文章就有了風采。

　　就像平日上課一般，尉老師滔滔說起了他的一些藝術觀點：同樣的事情如何在你手中開展不同的風情？和指揮一樣。不同的指揮家指揮同一首曲子，力度強度就是不一樣的。即便符號都是相同的。好比貝多芬的命運交響曲，在德國卡拉揚的指揮下就好似火燃燒般的開展，相較於此，英國的指揮家指揮之下，命運交響曲就變得沈穩厚重，這是和英國人的民族性格有關。因此，作品在你手中和別人手中必定是不同的，這就是第二度的再創作。

　　有時候，當我們從作品中更動一點，就好比音樂的變奏。藝術是流動的，就如同燒陶，假若今天我們仿明朝的瓷器，隨著心情不同，我們燒出不同的顏色，不管是色彩，或是像音樂的氣勢、畫畫的神韻筆觸等等，個人所賦予的色彩與詮釋都是獨一無二的。將藝術從文學中拉回來生活中，好比相同的房子，我們佈置的方法一定不同。生活方式反映了我們的生命基調，而藝術就在這之中開始創造。我們未必是藝術家，但生活隨時都在創作。

　　「文化是個現象，時間會改變個人觀念。」尉老師說，年輕

時候的他喜歡《水滸傳》大口喝酒、大塊吃肉的豪氣，中年時欣賞其狂放且叛逆的性格，現在卻開始質疑起小說的另一面 —— 這些轉變的關鍵點在於自己的心態，以及立足點的不同。隨著時間昇華蒸餾，很多事情都會有所不同。

每個人對文學作品的解讀都是不盡相同的。好比莎士比亞寫的威尼斯商人，在大部份人看來是齣令人哈哈大笑的喜劇，可是給海涅看了，卻令他涕泗縱橫。為什麼呢？海涅是猶太人，因此當他讀威尼斯商人時，想到的是猶太人從中古以來不斷的被欺壓，沒有自己的領土，多數只能從商生活，卻還要被寫劇本挖苦，因此不禁悲從中來。在這方面來說文化就是一個大現象的解讀。回到《水滸傳》來看，我們又何嘗不能在《水滸傳》中看到另一種文化現象的解讀？

我們藉著對作品的解釋來激發自己，並且從解釋中看見不同觀點的存在。

遍地鄉愁中栽出一樹甜澀的棗

「我這本新書叫散文集，可是我後面幾篇又像小說，你說像什麼便是什麼。」

是先有書寫，而後才有理論，文體僅是整理，但不能束縛文章的情感。就好像七等生的小說，有些並沒有情節，但讀他小說能感受到的情緒衝擊卻是無庸置疑的。小說難道一定要用故事才能表達？所以怎麼能用文體來限制文章？因此尉老師說：「我現在寫作，想要怎麼表達，就怎麼表達，覺得它是什麼文體，就像什麼文體。」

《棗與石榴》是尉天驄老師 2006 年年底新出版的書，裡面所收錄的多半是尉老師近年來的作品，少數幾篇則是自舊錄中翻

改重寫的。書中散文風格與尉老師之前的作品一脈相承，帶有濃烈的鄉土文學氣味，那些事物都已經過去了，但往事並不如煙，如地底出土的陳釀，帶有難以排遣、化散不去的情懷。

　　書中分爲三輯，由「山棗」、「遣懷」、到「歲月十帖」，每篇都是一個具體而微的人文社會，透過鄉土寫作，尉老師表達了他的思想。〈長素〉寫了中國人的厚道，即使歷經苦難歷經血淚，但人性中最美好的部份仍然不會消失；〈關山〉運用了特殊的技巧，時空交錯之下，已是秦時明月漢時關；〈眾鳥之什〉透過對鳥的描述寄托了人的關懷；而歲月輯十篇中則寫大陸開放後到現在的光景。

　　尉老師自己在後記中寫道：「不管爲人生也好，還是爲藝術也好，如果缺乏生命的真誠體認，其實只不過浮面的喊叫而已。」無論是《棗與石榴》或是尉老師以往的作品，所根基的不外乎是「誠懇」二字，即使平凡、平淡，卻是結實地扎根其中，是在字裡行間所透露流露的、甚至超然於字裡行間的「真」。而這樣的體認，不只表現在尉老師的文學作品，還有其生活之中，音樂、繪畫、植花弄草等等，你可以感受到尉老師廣博的知識與脫俗的品味。藝術便是空間的處理，並且在生活之中處處呈現，開啓後便源源不絕，這便是一種獨特有致的生命情調。

　　訪談結束之後，老師邀請我們去參觀他位於八樓的花園。生活呈現生命情調，老師的花園種的都是我們日常生活所易見的，像是蘋果樹，梨樹，還有梅花，荷花等。在開到荼靡花事了的春季末端，呈現的景象也像是老師爲新書所做的期許，在平凡中求見不平凡的韌性。

稱快平生書香第，擁榮中山靖節心
── 陳錦釗老師專訪

李貞慧、劉珮如

一個悶熱的季春午後，兩個初出茅廬的小記者小心翼翼地捧著地址跟汗珠，按著門牌指引我們的方向，越走卻越是雲深不知處，為這趟旅程的開頭增加了幾筆刺激；驚慌於時間流逝的我們，猛然抬頭，卻發現不遠處的公車站，老師正活力地跟我們揮手。豁然開朗的當下，我們也走進了陳錦釗老師的桃花源。

開筵面場圃，細數私家珍

第一次跟老師近距離的接觸，卻意外發現老師不似外表看起來的那麼嚴肅；一件南洋風味的襯衫，迎面就給這個下午輕鬆的氣息。老師找到兩個狼狽的孩子後，不是帶我們直接進去房子裡，卻帶領我們彎進一片菜圃，就像愛麗絲一樣，我們闖進了老師的秘密花園。

那裡是老師的寶藏，菜園裡的每一株小菜苗都沒有使用農藥，灌溉的全是老師的悉心呵護；黃瓜開了小小的黃花點綴在綠藤上，絲瓜蔭涼地在架上悠遊，而一顆顆豐碩的南瓜，憨直地在地上微笑。老師像是一個滿足的園丁，站在陽光裡，一一為我們介紹他的心血。

而老師真正的花園，藏在房子前方的門廊，種滿了爭奇鬥豔

的花兒。泰國櫻花在枝頭綻放緋櫻色的繽紛，修長而筆直的竹子帶有文人的雅興跟心性，在桂花開的時候會帶來滿室芬芳。「退休後的生活其實愜意又充實，早上我研究、整理子弟書的資料；下午呢就爬個山，回來後種種菜、澆澆水……。」老師看著腳下兩隻撿回來的流浪狗，安閒自適地趴在地上：「日子也就是這樣過了。」

海上生明月，埋首黃金屋

從馬來西亞來台灣唸書的錦釗老師，真正的籍貫卻是廣東；民國三十一年生的他，有大半生都是在台灣度過。原先是鑽研英文及理工科，來台灣後卻轉換跑道，致力於中國文學上的研究。「影響我的人有很多，但我最感謝的還是指導我的王夢鷗老師。」

在王夢鷗先生的指導下，錦釗老師從事李贄的文學思想研究，在文革思想較敏感的那時，由於大陸大力推崇李贄批孔揚秦的理念，於是在博士班的時候便改成對於朱熹的《詩集傳》研究，沒想到一波三折，準備了好久的研究資料，被一個教授抽取了部分給別的學生做了其中的一部份，於是也不能再往這個題目做下去。

剛好那時中研院需要整理一批從大陸運過來的俗文學資料，因緣際會他就開始從事了子弟書、快書的研究，從此就和這塊領域結下了不解之緣。這一研究，就是數十個年頭。

看看案頭跟書桌旁邊的置物架疊滿了大大小小的資料，有的甚至要跟人一樣高！「退休後的生活，我就在做這個。」老師看著這些別具意義的紙，彷彿折疊了他過去及未來的光陰：「子弟書的資料，我很主動積極地去蒐集，不單是外面有的我有，就是外面沒有的我也有，之前常跑大陸的好多地方。」

　　抱著一個堅定的信念，數十年來如一日，孜孜矻矻地整理著大量的資料。「這些都是寶貝啊！很好很好的東西。」老師激動地說。他說做研究要很嚴謹，不僅要下很深厚的功夫，還要能給這個世上留點東西。古人最重立德、立功、立言，在言談間老師流露出對文化真誠的熱愛，而中國儒家的氣息也在他對於研究兢兢業業、不敢有一絲懈怠上，一覽無遺。他說，如果稍有疏失，後人可能就會將錯就錯，一直傳下去，這是不可以的。

　　老師花白的頭髮在午後陽光的照耀下閃著動人的光，師母剛端來自己釀的酸梅湯安靜地躺在書桌上，窗外的櫻花剛謝，但它在不久之前可是叱咤這附近花海的景象。一塵不染的書房寬闊雅靜，長條形的設計，隨著一本本書被完好地放在架上，一路蔓延到智慧的真境。

　　一個美好的下午，樹頭的生物此起彼落地唧啾著。

中山獎桂冠，快書樂民間

　　在靠窗邊的書櫃上，一鼎精緻的獎座安穩地站著，那代表的是老師辛苦研究後具象化的心血，在民國七十二年，以《快書研究》一書榮獲第十八屆中山學術文化獎，那一年，他才四十一歲。

　　做研究認真嚴謹的態度，力求周詳，寧缺毋濫，讓錦釗老師在壯年時期就能獲得這樣的殊榮與肯定。快書是清代北方俗曲的一種，因為演唱時會越唱越快，因此稱之為「快書」；而演唱者多數是滿清貴族子弟，因此又稱為「子弟快書」。老師那時接受馬來西亞新聞專訪的時候有提到，快書的故事獨立，結構完整，文字簡潔，加以演唱時簡便經濟，優點極多，因此文學價值絕不遜於原小說。

　　「這真是好東西。」老師說：「做研究就像維持一個人的身體

健康一樣是很不容易的，每天都需要均衡飲食，定時定量，注意
運動；但當你不要命的時候，一秒鐘以內就可以結束了。學術生
命也是這樣的，要好，不容易，幾十年的努力，才可能建立了一
丁點的成就。」

　　這樣穩紮穩打、不花俏的治學態度放在教學上，老師抱持著
「甘願做歡喜受」想法，認為只要做好自己的本分，就是對得起
他的老師和學生。現在總還有幾屆以前大學部教過的學生，每年
教師節的時候都會來跟老師聚聚 到現在那些學生們都各有成就，
這就是老師最心滿意足的事了。

櫻桃入幽徑，青衫寄山頭

　　日近薄暮，師母端來了一大盤櫻桃，老師突發豪勁，邀手一
揮：「走吧！我們三個一起上山走走，帶你們看看這裡的環境。」

　　帶著櫻桃還有兩隻狗兒，老師精神健朗地拄著一根枴杖在前
頭健步如飛，我們兩個蘿蔔頭跟在後邊氣喘吁吁，老師微笑地回
頭看著我們「怎麼？你們這樣就沒力啦？我以前在大學時代還跑
過一萬公尺的比賽，還是校隊呢！」我們驚訝地看著他，歲月未
在他身上留下太多痕跡，隱隱還看得出當年意氣風發的喜悅。

　　「我讀高二的時候便取得英國皇家救生協會高級救生員的
資格，在讀博士班的時候，學校游泳池蓋好，我又成立了學校水
上救生隊並充當教練，參加了很多活動。」沿著建滿房屋的山坡一
路蜿蜒走去，穿過一村又一村，柳暗花明越過幢幢華美的屋子後，
我們開始爬著山上的小徑。旁邊懷抱著種種綠色的植物，夕陽從
綠蔭下走過，若有似無的雲海中，佇立著台北 101 的影子。

　　到了最頂端，底下的信義快速道路擁著車水馬龍，壓縮成比
螞蟻還小的模型，老師突然問著：「現在崑曲社怎麼樣了呢？」身

為校友的老師，原來是當年崑曲社創立人與復社的發起人，那時候賣力地宣傳，因此號召到很多社員跟觀眾，風光十足，和師母也是那時結下牽手的緣分。

我們三個人站在山頭，剛吃完的櫻桃在嘴邊還未消散氣味，清爽的風拂著，安靜地沈澱著黃昏，登泰山而小天下，大概就是近似這樣的感動。「我們下山吧！」過了好久，老師緩緩地說。我們又沿著之前的路走下去，一邊走老師一邊跟我們說著一幢幢房子的故事，裡頭的人們縱使有著黃金百萬，卻終究買不到快樂，「退休之後的生活多好呢，我每天平淡地過著自己的生活，早上可以做研究，下午爬爬山，跟自然說說話，不用因為趕課而匆忙，也不會因為教課而擔憂。這樣的生活雖然平淡，卻是最有味道的。」

「我的老師王夢鷗先生在快過世的那段日子還是手不釋卷，最後一刻還是要看書，這真是了不起。」他的眼眶突然濕潤了：「什麼事都要先放一邊，健康才是最重要的一件事。」

夕陽無限好，曲終歸晚霞

老師的話總在閒談時透露出人生哲理，在與鄰居擦身而過時儒雅地交談幾句，經過建築工地時對於工人的調侃還是笑語盈盈；這一走路回來，剛剛那一趟旅程就像經過了五百年一樣，恍若隔世。

日落黃昏，師母殷勤地邀我們下次再來玩，老師也一路送我們到公車站；他們寧靜的住家在一群有故事的房子中座落，他們也在說著自己，最好的故事。

「明年春天可以再來看櫻花，我們這裡的櫻花開得很漂亮。」老師在曲散的時候給了我們一幅美麗的圖畫，那是春天，落英繽

紛夾雜在幽靜的小徑，或許老師已經完成了子弟書這一階段的研究，喜悅地迎接我們，明年的三月吧。

　　我們搭上車子，開往社區的小巴士又帶著我們前往捷運站。老師回到他生活的規律，在他的小菜園，繼續種下希望的種子；我們看著他的背影，平穩而堅定，一轉彎，便消逝在晚霞的那一端。

一抹廣納百川的微笑
── 程南洲老師專訪

林毓珊、張孝慧

陽光和煦的禮拜一下午，南洲老師面帶微笑的準時赴會；而我們原本懷著忐忑不安的心情，在老師熟悉的笑容與親切的話語聲中，很快就消失了。百年樓最近瀰漫著迎接五十周年系慶的喜悅，就在這股既懷舊又新鮮的氣氛中，開始了我們和老師的訪談對話。

順遂且充實的求學過程

民國三十年，老師出生於雲林西螺。六歲開始小學一年級的學生生活。十二歲進入雲林縣最好的初中 ── 省立虎尾中學。因在校成績優異，家人亦支持老師繼續讀大學，順理成章，直升虎尾高中。回憶高中生活，老師言及該校文史老師擅於教學，引發老師對文科的興趣，欲以文科為專長。然而，老師接著說道：「高一高二還趕時髦，要考甲組（理工）；到高中三年級才改讀文組。」即便如此，因著老師對文科的興趣與努力研讀，如願考上師範大學國文系。

在大學生涯中，老師最感興趣的科目有三：詩、中國思想史與小學中的文字訓詁。老師害羞的說自己很怕聲韻學，但幸而老師喜歡以台語吟詩，因此對中古音一直有一定的熟悉感。

　　師大畢業後，老師回母校虎尾中學實習一年，而後入伍當兵。退伍之後，想繼續讀研究所，考上了日本自費留學。然而在家人的建議之下，老師決定留在台灣讀研究所。於是一邊教書，一邊準備考研究所。當時的師範體系在畢業後需要教書教滿五年才能夠轉職，老師在教滿五年時也恰好考上了政大與文化大學的中文所，最後老師選擇了政大的中文所。

　　在政大中文所碩士班，老師決定研究的論文題目是《經傳釋詞辯例》 —— 讓我們很驚訝的是，現在教經學的老師在碩士班時卻是專門研究訓詁。老師表示，除了對此題目有興趣外，亦希望藉此打好小學基礎。

　　到了博士班，老師開始研究自己最有興趣的經學。如何在眾多經傳中做出選擇呢？「左傳！因其既是經，又是史。我非常喜歡，因為我對國文和歷史都非常有興趣。」老師如是回答。而東漢是研究左傳最發達的時代，只可惜少有當時的研究成果被完整留存，直至晉朝初期才有杜預的《春秋經傳集解》流傳下來，老師蒐集了眾多春秋左傳資料後，將東漢時代研究《左傳》的資料做了一個總整理，完成了博士論文《東漢時代之春秋左氏學》。

投入教職，教學相長

　　南洲老師研究所畢業後再次投入教職。回憶起曾經開過的課程，在大一國文的課上老師就曾經教過《荀子》、《老子》、《墨子》，除此之外，還有《管子》、《韓非子》、《左傳》等專書課程。其中「諸子學通論」和「墨子」是老師在本系長期開授的課程。但提及這兩門課的開課過程，老師透露了一段小插曲：在擔任「課程委員會召集人」時，系上想要開設「墨子」課程，然而因為「沒人挑，所以就召集人教！」老師就此接下了「墨子」這門課一直

到現在。「諸子學通論」則是受當時系主任朱自力老師之託，所以雖然老師知道「『諸子學通論』不大好教，第一是時間很趕，第二是一定要取其精華。」但仍義不容辭的接下。不過老師對自己所開授的課程沒有一絲一毫勉強之心，他依然很傾心於自己教授的課程：「一方面配合系上開課，一方面自己對諸子學本來就很有興趣。」南洲老師就是這麼一位能夠廣納四方學識的學者。

當然，除了配合系上的需求外，還是會考量自己的學術專業開授課程。「像『曲』我就不敢教，因為我唱不好。」老師幽默的說：「教書就是這樣，有興趣，又有研究，教起來就很棒。」從老師堅定的眼神與柔和的笑臉上，我們看到老師對教學的努力與熱愛。

談到自己的教學歷程，老師認為在站上講臺之前，一定要對自己教授的內容有充分了解；即使有疑問，也一定要把它弄清楚，上臺時才能融會貫通，自自然然的講解。「真正在教書時，才是最切實的研究。」這是老師最常說的一句話。並以實際經驗證明教學確實相長。

言及此，老師認為在虎尾中學的教書生活對其之後的研究生涯有很大助益 —— 因為教書必須多接觸文字、聲韻、訓詁，才能充分向學生解釋課文內容，使他們能理解並習作。而在教書期間的努力與盡心，使老師更加熟悉小學，故能順利完成後來的碩博士論文。

在大學殿堂中，老師最想要教學生什麼呢？「在專業上多指導學生；而自己的教學偏重思想，所以一定會將古人的人生思想提出，供給同學參考。」此外，有時課文與時下的政治、做人處事相關聯，老師也會就事論事，客觀的分析當下的政治社會議題。而且在閱讀先人對人生的看法後，可以思考其中有哪些可以運用

在我們的現實生活當中。「時空一定有差距，在用的時候，也要做調整。」老師補充。老師始終很細心耐心地說解自己對人生、對學術的研究與體悟。

宗教信仰與學術研究

修過老師「墨子」課程的同學都知道，老師會請大家比較墨子與耶穌基督兩者「無等差的愛」。我們當然也想聽聽老師自己的看法。「耶穌的愛是『博愛』，稟承『上帝的意志』，其出發立場是『宗教』；墨子的愛則是『兼愛』，稟承『天的意志』，是以『社會運動』的角度出發。博愛和兼愛是接近的思想，但耶穌和墨子提出的基準點不同，所以衍生出的做法就不同。」老師清楚點出了問題的關鍵點。

當我們問到老師的信仰時，老師首先表明至今自己並沒有一個特別的宗教信仰。但隨後提及自己出生於天主教家庭，老師的祖母、父親和母親都是虔誠的天主教徒，所以從小老師就常常到教會，和神父有良好的互動。老師很喜歡部分天主教規矩，但有些教義不能接受，所以至今仍未受天主教的洗禮。

後來老師亦接觸佛學，老師認為佛學較多推理，也探討人生道理的問題。老師花很多時間研究，然而其中仍有一些想法尚未能完全接受。天主教和佛教是老師真正有興趣的宗教，但還未「皈依」於任何一個。「說不定過兩年會選擇一個皈依也不一定。」老師微笑說道。

至於老師的信仰與學問是否有矛盾之處呢？老師認為兩者實乃相輔相成，不會有衝突。因為中國文學是學術討論，不是宗教；兩者根本不在同一領域，何來矛盾？「宗教有三大特色：一為有教義、教規，二為有宗教儀式，三為追求死後靈魂的歸宿。

與宗教的特色相比，學術思想勉強可視其爲宗教中的教義，但學術沒有宗教儀式；至於靈魂，學術思想也不談靈魂歸宿。」老師更深入地說解宗教信仰與學術研究的異同，使我們有茅塞頓開之感。

從丈夫到祖父，家庭生活美滿

老師的家庭生活也是我們頗爲關心的，於是從老師的戀愛過程開始問起。「大學畢業後，在朋友介紹下，認識當時在正聲廣播電臺工作的師母；交往一年後結婚。」老師腼腆地回答我們的問題。「那老師在大學時都沒有交女朋友喔？」老師笑了笑，說大學生總會一起出去玩，但自己沒有和任何女同學有正式交往。「我們這一屆很奇怪，一對班對也沒有。」老師補充說明。看著老師單純可愛的表情，使我們感覺到老師和師母美好浪漫的愛情。

這份美好的姻緣也使老師家中有了一雙寶貝兒女。身爲中文系的老師，是否特別注意孩子的中文能力？老師說自己會教小孩寫國字，力求正確工整；此外，書法也要求好好練習，故老師的女兒寫的一手好書法。至於孩子想走什麼專業，老師則讓孩子自己決定。

老師亦提及兒女從小在政大實小受教育。「我一直很欣賞政大實小，學校讓孩子自由發展，環境好，讀書都不用父母操心。」因此老師和師母都不必扮黑臉，兒女們自然乖巧上進；至今都已找到自己熱愛的事業。兒子已經成家，並爲老師添了一個小金孫。

老師升格當祖父，一定很疼小孫子吧？「小孫子和阿嬤較好；要到全家都沒人，只剩阿公時，才會來黏阿公。」老師說的有點委屈，「因爲阿嬤現在沒有上班，但我還在教書，所以比較少時間和他玩。」老師隨即解釋其中原因；臉上還是難掩爲人祖父

的喜悅。

　　臉上永遠有一抹微笑，淺淺的，搭配紅潤的氣色，澄澈的眼神；講話深入淺出，總能在學術研究或人生哲理上給人啓發。這就是我們認識、喜愛的程南洲老師。

澄澈之眼，赤子之心
—— 黃志民老師專訪

莫凱君、蔡佳雯

太極拳與狗

　　採訪黃志民老師之前，我們對老師的瞭解很少，只知道老師平日運動是太極拳，還有即使上課也總是被狗圍繞著。

　　「你們的標題就叫『太極拳與狗』吧！」聽著我們說出對他僅有的一點認識，老師爽朗地說：「這樣保證你們不會跟別人重複。要不然吹牛自己當年多用功的話，我可不好意思說。」

　　於是，老師娓娓道出當年接觸太極拳的經過。

　　「我是從民國六十八年四月九號開始練太極拳的。因為學校裡有教職員的太極拳社，老師父是山東人。每週一三五晚上七、八點開始練，每次大概有兩個小時，一開始有一、二十個人一起練，練到最後只剩我一個。」對此，老師似乎有點驕傲。至於為什麼選擇了太極拳，老師卻也說不上來具體原因。「這其實經過很長時間、各種運動的嘗試。後來爬山之類都是插花的，只是跟年輕人在一起偶爾吸收一點青春氣息。」

　　然而，老師與狗的緣分，則是從一隻叫小麗的狗開始。

　　其實老師小時候有點怕狗，甚至對狗有點誤解，覺得「狗」是罵人的話。小時候印象是：養狗的通常是有錢人，所謂的『阿

舍』，養狗很神氣地拿來嚇人，因此對狗沒有好印象。當然以前也聽過，狗有靈性，狗有感情，但真正讓老師體會到的是小麗。

從小麗身上，他看到了人與動物溝通的可能性。從牠的眼神，牠的尾巴，牠看到老師的反應，好像把老師當成朋友。原本對狗並無好感的老師，因為從樟山寺跟著師母下山的小麗，使他對狗完全改觀。小麗一直緊跟著師母，愛狗的師母就將小麗帶回家，幫牠洗澡，給牠吃、給牠住。現在老師家中的狗幾乎都是師母在照料，而老師則負責牠們的「康樂活動」。「小麗每次都跟著我，每次我在打拳，牠就乖乖蹲著。我打完拳要走，牠就跟著我走；過馬路遇到紅燈，我停下來牠也停下來；我看電視牠在我旁邊，我讀書牠也在我旁邊。所以就被感動了，人嘛！都是這樣的。」談到已經過世的小麗，氣氛有點感傷。

避開有點沉重的話題，話題轉到系上。而我們也準備動身，跟老師一起爬山去。

除了當兵，都在政大中文系度過

黃老師大學部念政大，研究所碩士班、博士班繼續留下來，後來又在這裡教書，從民國五十三年至今已過四十三年，除了當兵那一年之外都待在這個地方。老師笑稱自己「血統非常純正」，是我們的「老大學長」。那麼，我們不能免俗地問起「老大學長」對學生兼學弟妹的政大中文人有怎麼樣的期許？

「研究文學的人一定要從文本入手，不能只讀文學史。讀文學史只是一個導覽，就好像帶著你到園區走一趟，帶你看看重要的景點。」

「所有文學系學生都應該大量閱讀文本。我上課隨口提到一首詩、一篇文章，看同學的表情好像都不知道、沒聽過，這是很危

險的。沒有閱讀，怎麼對文學有直接的對話跟瞭解？這樣就會變成：聽所謂專家學者說文學是什麼、小說是什麼，但現在有很多專家學者也是不負責任的。」

　　閱讀的心得跟人家分享切磋，不懂的地方找老師問，這樣對大學生來說才是紮實的 ── 這是中文系學生一輩子要做的事，尤其是經典，需要不斷地、一而再再而三地閱讀。如此隨著年齡的增長，閱讀的深度才會不斷地加深。老師說他自己沒讀什麼書，市面上的書他是不太讀的。對中文系的同學而言，《孟子》、《論語》、《老子》、《莊子》一定要讀，這是有關思想方面的經典，是中國文化最根本的基礎。

　　其他像李白、杜甫、蘇東坡這些大家的作品，至少要讀選集，這樣才算是中文系學生。現在中文系學生多方面發展，跳舞、主持節目、各種才藝什麼的，花去很多時間。這沒有錯，但我們的角色是中文系學生，人家要求我們的不會是你舞跳得如何，舞跳得再好大概也比不過舞蹈系的學生。人家要求的是文學的造詣、閱讀的深度，所以一定要閱讀文本。

　　至於閱讀方向，可以從國高中時代比較喜歡的作家找起，譬如說莊子，有興趣、覺得好奇就去接觸，即使有難度也沒關係。談到學生或許會因自身程度不夠而「誤讀」莊子的問題，老師反問：「好多人讀了莊子，誰讀的莊子是真的莊子呢？」並且提及義大利文藝復興時期米開朗基羅的大衛王像。

　　當米開朗基羅完成了大衛像，有人問：「這真是大衛王的像嗎？」米開朗基羅回答：「千百年後誰管大衛王長得如何？他們看到的大衛王就是我塑造出來的大衛王！」

　　千百年後誰曉得莊子原先的意思是什麼？千百年後的莊子，就是我們讀出來的莊子！因為語言的障礙，我們需要借助別人的

翻譯，但是無論是哪一家的翻譯，都是「僅供參考」。因爲，翻譯者的翻譯只是他讀出來的莊子，我們透過他的眼睛要看到的，其實不是我們自己看到的莊子，只是因爲還沒開眼才要借眼。

未來計畫註解《文心雕龍》等喜歡的作品

接近夕陽西下的時分，我們跟黃志民老師一同走在學校後山環山道的路上。今天的風特別大，不過天氣非常晴朗，春夏交替的季節，後山一片綠意。

如何選擇好作品呢？依我們的鑑賞能力，似乎也容易淪爲「人云亦云」。聽了這個問題，老師笑了笑，回答：「不是分不出，而是不敢自己去判斷，沒有信心去判斷說好還是不好。很簡單嘛，你覺得好的就是好。人家可能會問你，哪裡好？好在哪裡？你必須要能夠說出理由出來。」

老師談到，鍾嶸的《詩品》爲求客觀，把詩評爲上中下三品，但鍾嶸也說，這三品上下之間是可以調整的。作爲一個評論家，他很清楚，文學欣賞帶著相當的主觀性。好或不好，都得先有自己的主觀意見，再去跟他人溝通、討論，在溝通討論當中，讓自己的看法變得更理性，而非純粹的感性：「所謂好壞，首先憑感覺。你感覺得到好，那就是好。接著可能要問它好在哪裡？喔，這裡寫的親情讓我很感動。那麼人間的親情到處都有，又怎樣感動你了。喔，他這裡面寫得很細膩生動……漸漸的你就能深入的討論，『獨學而無友，則孤陋而寡聞』，一定要有討論或者師長的指導。」

老師提及自己求學時，資訊相對於現在來說比較閉塞，圖書的印刷發行的種類和數量都不如今天：「我們都是聽老師講，老師講什麼我們就記什麼。比如說，以前我們的詩詞曲選是教過的一定要背。要我們背，我們就傻傻的背啊。」老師認爲，背誦有助於

理解、分析、鑑賞，所謂「死記」並沒有什麼不好。很多美好的文章、詩詞，小的時候唸，不瞭解、不懂，年齡增長，語言能力增強了，自然能有所領悟。

在爬山過程中，我們巧遇牽著自家愛犬散步的系上同學，活潑帥氣的黃金獵犬馬上引起老師的興趣，尾隨老師的小白默默坐在一旁，似乎內心有點受傷，老師笑著對牠說：「沒關係，你本來就是流浪狗嘛！」

在這個電腦使用充斥的時代，對老師來說，使用電腦打字讓思考有所阻隔，因此仍習慣親手寫稿。這十幾年來，老師花了不少心血編國高中的國文課本的教材，預計明年會退休。有鑑於現在市面上的《文心雕龍》的註解對於一個剛入門的人來說可能講得不夠透徹、不夠清楚，老師計畫寫《文心雕龍》的注解、分析、翻譯。除此之外，如修辭學、陶淵明的詩、辛棄疾的詞、李白及杜甫的詩等等老師自己喜歡的作品，也希望在有生之年完成註解工作，讓初學的人可以進去名家們的世界，進去之後能夠得到深度的東西。

無欲則剛的活老莊
── 葉程義老師專訪

許倍甄、陳苓云

　　早晨，離約定的八點還差五分鐘。匆匆趕到研究大樓門前，四周行走的是一張張睡意猶存的面孔；心裡盤算著：「還有一些時間，去買個早餐吧？」旋踵之際，卻接到老師已赴約的電話！驚地趕忙奔回大樓內，只見通往二樓的樓梯頂端，站著一位身影略顯矮小、神色遲疑的老人，正探頭探腦的望著。

　　趕忙迎上去，果然這等待的身影正是葉程義老師。邊懷著十分不好意思的心情跟老師寒喧著，邊走進二樓的教師休息室裡；當我們還在打量著周遭，葉老師竟彎下腰替我們倒了兩杯茶來！這真是使我們更加惶恐了！老師接著招呼我們坐下，倚著深色木椅的扶手，前傾的姿態、溫煦的微笑，傳達著鼓勵的訊息，安撫我們有點緊張的心情。

嚮往孔子與子路的師生情誼

　　葉老師愛學生。那是發自內心的關愛，甚至教學就是他的興趣。對於師生間的相處，受到當時在東吳執教的臺靜農老師非常大的影響。老師說臺靜農先生雖不愛運動，但學生來訪時，一定親自送到門口，非常有禮貌；又說學生請吃飯時，臺先生總是不讓學生付錢。而這樣替學生著想的精神也成爲老師效法的榜樣，

不管怎樣的場合總是不願意讓禮數成為學生的負擔；因此訪問結束時，雖然只是聊表心意的巧克力，老師也推託了許久。

孔子與子路間的交往也讓老師津津樂道；孔子能接受子路的當面指責，子路過世時孔子發自內心的悲傷；這樣亦師亦友的感情正是老師所嚮往的。中文系五十年的歷史，葉老師就參與了四十年，因此目前系上許多教授都曾是葉老師的學生；看到自己的學生有成就，是老師最開心的事。

四十年的歲月不短，老師隨著中文系一路走來，看著時代與系上的轉變，也給了現在的年輕學生們一些叮嚀。環境的改變使學生容易受到各種誘惑而分心，無法專注於學問的考察；老師說學生還年輕，不用著急，但也要學著慢慢沉澱，腳踏實地的累積涵養，確實做到思考辨正的功夫。另外，現代文學的研究風氣日盛，古典文學漸漸式微，老師不可謂不擔心；身為中文系學生，老師希望我們能重視古文的學習與運用，繼續傳承中文專業。

對於未來，老師建議唸研究所是必要的，並叮嚀學生做選擇時應考慮師資而不是名氣；應轉換環境，到不同的學府感受不同的氣氛、接受不同老師的思想啟迪，以拓廣眼界。此外，打好英文基礎，配合中文，那麼就沒什麼問題了。

曾經組詩社、創作現代詩

除了教學外，老師的另一個興趣就是研究。自小就熱愛中文，讀著《紅樓夢》、《西遊記》等古典小說長大，但創作是從現代文學開始。創作過新詩、散文、小說，進入研究所之後才開始研究古典文學，一路走來志向始終如一，從來沒有後悔。

大學時就讀師大，許多同學，如謝冰瑩等，都著力於現代文學；受他們鼓勵，會互相討論，也曾一起組過詩社，因此在現代

文學與現代詩方面都有創作。老師對詩特別有興趣，當時知名的詩人覃子豪常替老師修改詩，作品也曾刊登在《中華文藝》上，「實在是年輕時候很得意的一件事。」老師笑著。

老師寫詩偏重抒情，比較不是直接的批判寫實，就算有話要說，也是暗含在詩中；因為戒嚴的關係，許多話只能靠詩隱晦的表達。不過進入研究所以後，接觸古典文學較多，師長們也多希望研究論文能以古典文學為主題，因此便由現代文學創作轉向古典論文寫作。不論現代或古典，老師的喜愛是不分軒輊的。「我喜歡寫作論文，也喜歡現代文學的創作；真的很喜歡中文，以前和現在都一樣，從不後悔，所以我希望你們也不要後悔。」老師說。

無欲則剛是保養秘方

教學與研究，是老師的工作，同時也是興趣；除此之外，老師唯一的嗜好就是書法了；教學研究之餘，練練字，能將生活與興趣結合得如此完美的畢竟不多。該說老師是幸運的、還是佩服老師無欲無求的心境呢？或許老莊哲學的所學專長可以提供答案吧！仔細觀察，老師的臉龐上並沒有太多這個年紀應有的歲月痕跡，問及養生的秘訣，老師哈哈大笑的說：「無欲則剛而已！」不爭逐名利，自然沒有煩惱，又能潛心浸淫在自己的興趣裡，這就是老師保養的唯一秘方吧！

操著濃濃的浙江口音，隨國民政府播遷來台時，老師已是十幾歲的少年了；沒有太多的鄉愁，動盪時代的歷史包袱並未壓住老師平靜的心頭，只用淡淡的「因緣際會」四個字就接受了。老莊哲學的「無欲」使老師的外表維持在耳順之年，卻無法阻止那股諄諄長者的儒雅之氣在舉止間顯露；而老師唯一有所求的，就是他所熱愛的中國文化能千秋萬世的傳承下去。

覽觀百家術，靜聽千聲佛
── 熊琬老師專訪

陳貞秀、方姿堯

　　一束斜陽悄悄染起西邊一抹淡紅，我們走在時光的隧道裡，一起踢著路邊的小石頭，彎進一個靜謐的小巷子裡。剛剛還是車水馬龍的木柵，現在側耳聽到鳥聲啁啾。抬頭望見了秀明路，巷弄裡真如其名之秀美。地上樹影斑駁，倒映著幾個身影交錯。一個尋常的白色小房子，搭著淡藍色磚瓦出現在眼前，尋常的房屋，我們想著。當門輕輕被推開時，那時光迅速倒流到一個橙黃色的年代，我們進入了「果庭書院」。

果庭風範傳諸後世

　　踏入果庭書院，四周用木頭建造起的人間靜謐，有著幽淡清香。熊琬老師非常得意的指著庭院的一小方格說：「這名爲『一簾幽夢』。」在門旁一個小角落，自成一個天地，盆林造景中矗立一個彷若達摩面容的石頭，兩卷舊簾子就靜靜的在架上捲著，睡著。

　　歷史就是這樣被拼湊起來，一針一線密密縫著。

　　「果庭」之爲「果庭」，源自於老師父親熊公哲先生號「果庭」而起，書院的牆上掛滿一幅幅書法，上面寫著對公哲先生的讚揚。果庭書院的興起，主要是爲了紀念老師的父親一生對學問的三大堅持：一、傳承唐宋八家一脈之傳，二、紹述孔孟思想之

宗旨,三、秉承孔子經世致用精神,希冀傳揚予後世,繼往開來。

　　歷史回溯到五四運動時期,當至聖先師孔子牌位被砸毀,碎片斑斑落下,敲響在熊公哲先生二十歲的心中。親眼目睹中國傳統文化的傾頹,給予他極大的震撼,決定親手接下這歷史的重擔,一輩子以發揚傳統孔孟文化爲志。現在的政大中文系便是傳承了首任系主任 —— 熊公哲先生的思想理念,一磚一瓦建蓋出來的。

　　「群經淹貫齊師表,諸子精華宋世家」,書院裡的一副對聯,透露出公哲先生在學術上的風範,也隱約透露出書香世家的血脈傳承。我們喝著茶,聽著熊琬老師說著有點遙遠的故事。現在書院大多作爲講堂使用,邀請學生同來談論佛學、討論經學,儼然就是一座現代的學術殿堂。

「靜」中有天地

　　「我的父親讀書是過目不忘,書讀一兩遍就滾瓜爛熟,屁股還沒坐穩,就記得了;而我讀書卻是『過目就忘』……。」老師笑著說著。

　　當鄰居的小孩都出去遊玩的時候,熊琬老師卻要面對父親交代的背誦「四書五經」和「摹帖」的功課,這樣的作業需要極大的專注力與耐心,老師形容自己個性是「急躁暴躁又浮躁」,一點兒都沈不住氣,於是所讀的書幾乎都記不太得,成績也不盡理想。

　　直到十三歲那年,偶然接觸了一本蔣維喬先生寫的《靜坐法輯要》,裡面提到「人的心像波,當我們的心變成水平面一般平靜,所看到的就會不一樣。」後來老師豁然頓悟自己的浮躁個性,開始練習打坐。打坐讓老師感覺「氣」沉緩了下來,而公哲先生對老師摹帖的字體評價也改變了:從「像山上砍下來的柴拼湊出來」到「你的筆姿可以好好練書法」,讓老師發現,打坐不僅可以變化

氣質，讓聲音不再沙啞，記憶力大爲提升，而且就算不練書法只憑打坐，書法竟也會進步，寧非怪事。所以這一坐，就坐到了現在。

　　老師的求學路上，有波折也有平順。高中就讀於建國中學，畢業後考上淡江大學，先去當兵，退伍後就讀淡江大學中文系，後又轉學到台大中文系，畢業後攻讀輔仁大學中文系碩士、政治大學中文系博士。老師在當兵期間，於軍中閱讀老莊思想，在大學時代，又廣泛接觸了佛教社團，開始發現自己對「思想類」的文學起了興趣，這都爲他的學術志向舖下了道路。

學貫儒、釋、道，三家合一

　　談到自己的學術研究，熊琬老師形容是「儒、釋、道」三家皆俱，受父親影響頗深。老師的研究主要在「義理」和「古文」兩大方面，因此，碩、博士論文多朝這方面發展，寫的是《荀子、韓非子思想比較》、《朱子理學與佛學比較》，都是屬於「諸子思想」與「比較」的範疇。

　　老師善用「分析」的方式讀書，應用在作學問方面也自有一套特殊的方式：多讀論文、多讀評論、注意「評點」的方法等。例如：讀《史記》，一定讀三家注、瀧川的《史記會注考證》、史記批評、史記論文、史記精華等等論文，一一都要詳讀，觀覽百家說法，一併思考。

　　談到文學，老師回憶到父親公哲先生曾教導他說：「作文章要有自己的見解，但是一定要合情合理。」當時在考台大中文系轉學考時，老師就依照這個準則而榮登榜首。此外，公哲先生又以《東萊博議》、《古文觀止》教導老師論文，並傳授「十四層」文學基本理論：縱說、橫說、進一層、退一層、**翻案**、高一層、

低一層、前一層、後一層、淺一層、深一層等，後經由老師深入研究而成二十五種，由此而寫了一本書：《文章結構學》，主要是以「正反說」、「對比」等方法研究文學。

除了專精古文、義理的研究之外，老師還喜歡向老居士、法師學習傳統佛學；更有一個鮮為人知的興趣－拜師習武：學習長拳、螳螂拳、太極拳、少林拳等。老師向我們解釋螳螂拳是道家變化出來的，而太極拳屬柔、少林拳屬剛，是不同的思考方式。說到興起處，老師甚至起身為我們示範一兩招拳術，看著老師紮實的馬步以及剛勁的拳法，我們不禁讚嘆老師身段之靈活！

飲一杯學問釀的酒

「現在才是真正要著作的開始，」熊琬老師說：「作學問如釀酒，需要時間，如果時間不夠，酒的味道就不醇，尤其研究文史領域，更需要時間的歷練、陶冶和醞釀。」

熊琬老師認為自己在學術方面真正成熟，是在年逾知命、耳順之後，因為中國的歷史太悠久、文化的底蘊太深厚，不到這個年紀，無法真正融會貫通。老師還清楚的記得戴君仁老師在大學的謝師宴上，對他們說：「你們現在大四畢業，在國學方面才算剛剛入門而已，一直要到博士畢業，才勉強差不多！」當時聽了這席話的熊琬老師覺得很不服氣，但是現在回想起來，認為很有道理。

老師的專業和興趣就是寫書，尤其想要傳承老一輩師長的人生經驗、學術思想。「我認為這是我們這一代的責任，」熊琬老師認真的說道：「應該要把他們那一代的經驗、在傳統學術上的優點傳承下去，因為如果不這麼做的話，與下一代之間將形成斷層。」老師退休之後的心願就是將自己畢生所學，濃縮成一本《中國學

術流變史》，包羅經學、文學、史學、學術思想等領域，立萬言書，這將是一個相當龐大的工程。

訪問到最後，我們請熊琬老師給中文系的學子們一些建議，老師語重心長的說：「在學習現代文學之餘，別忘了打好古典文學的基礎，因為現代文學是從古典文學蛻變出來的。就好比《紅樓夢》是用白話文寫的，但是正因為曹雪芹有深厚的古典文學基礎，才能寫出這麼傑出的白話文作品。」老師並指出「傳統古典文學」與「現代西方理論」的平衡，「最好以傳統為本，再吸收現代文學的養分，有本有末，才不會導致邯鄲學步的窘境。」

有些人總認為中文系是一個「冷門」的科系，但談到對中文系的看法，熊琬老師認為中文系的出路應該更寬廣，不只有讀研究所、教書如此狹隘而已。他比喻中文系就像水的源頭，先受過中文的陶冶，再研究其他學類便可如魚得水。老師就常在課堂上勉勵學生：「諸葛亮、王安石、曾國藩等人，他們都是讀中文出身，可是他們又精通政治、經濟、文化、文學、軍事等領域，幾乎什麼都懂，為什麼？因為『士先器識而後文藝』。所以不要只把文學當作單純的文學，而是要注意深度、廣度，並學習古人的智慧和精神，才不會越走越狹隘。」老師的一席話，展露了他對中文系的殷切期望，以及那份信心與願景。

夜幕逐漸低垂，天空亮起了滿天星斗，閃著閃著。我們在老師與師母親切的道別聲中，推開果庭書院的木頭大門，告別那古雅又書香滿溢的小小世界，走出時光隧道，回到現代喧鬧的街道上。兩個小時的訪問說長不長，但對於我們而言卻是彌足珍貴的經驗。清風吻著我們的髮梢，走了幾步，回頭朝那白色小屋望望，裡面果然，別有天地。

珍珠衫中見韌性
── 趙振華老師專訪

程歆淳、溫柏嵋

趙振華老師一直以來在學生印象中，眼鏡下的雙眼總是和藹溫煦，臉龐時常掛著微笑，聲調輕潤圓暢，相當樂觀與積極；但暢談過去二十年的生命歷程後，我們發現了一個不一樣的趙振華老師，可以說，現在所見到的老師，已然從挫折與困境中脫胎換骨，展向新生。

新生命帶來的震撼

老師的女兒在出生十個月時被發現罹患類風濕性關節炎，名作家劉俠亦是病友；此種疾病病因不明，僅知是免疫系統發生病變，產生許多自體抗體，在抵抗外來病菌之時，也連帶破壞了身體正常運作，導致關節、肌肉等器官疼痛與退化。女兒是家中第一個孩子，在發病前活潑可愛，完全沒有徵兆，因此發病當時對全家的衝擊可想而知。身為母親，振華老師承受著巨大的壓力與痛心，尤其是「小孩因為還不會說話，痛起來就只能哭，我們也不知道她到底是哪裡不舒服，聽到那哭聲真的心都碎了！」由於疾病的影響，女兒直到五歲才學會說話，雖然比別的孩子慢了許多，但卻使老師非常欣慰。

當別的孩子於七歲入學時，女兒卻仍在幼稚園中學習。因為

起步比別人慢，也需要旁邊有人照顧，八歲才念小學，此後直到國中都是老師陪讀，辛苦自不在話下，但看到女兒的進步，「一切都值得了」；這期間老師也常帶著女兒去醫院復健，並以中藥治療，原先被診斷無法走路的女兒，在經過復健和醫藥的雙重治療下，病情漸漸獲得控制，也能夠自行走路，疾病帶來的陰霾暫時遠離了振華老師一家人。

親子關係開始緊張

在女兒出生後五年，老師又添了一個兒子，「當初其實很不敢生，怕小孩子之後也有相同的病，我們照顧這一個真的已經夠累了。」由於女兒身體較虛弱，因此老師大部分時間都花在照顧女兒上，也時常引起兒子的不滿。「他最常說的，就是『你們只疼姐姐』」老師苦笑著說。對兒子並非忽略，而是希望他可以學習獨立；但此景看在未諳人事的孩子眼裡，卻被解讀為「偏心」，也著實使老師相當困擾；而同時間女兒進入青春期，叛逆的因子開始蠢蠢欲動，拒絕吃藥，也抗拒母親的陪讀。「你這樣同學都會笑我啦！沒有人長那麼大還有媽媽陪上課的！」女兒不了解母親的苦心，也一度讓振華老師心力交瘁。

照顧女兒的這二十多年，前期老師也像一般父母一樣，不明白「為什麼是我？」，也出現自怨自艾、容易緊張、焦慮、易怒等負面情緒，「我後來想想，我那時可能有輕微的憂鬱症」，在心理影響之下，身體也時常出現狀況，「女兒生病，我自己心臟二尖瓣、三尖瓣也有小毛病，前二十年可以說是蠻黑暗的」。女兒在八十八年間開刀之後併發輕微中風，振華老師在心力交瘁的情況下開始接觸氣功，但直到九十二年才開始正式練習，氣功幫助老師調養身體，讓原先疲憊的臉龐又紅潤充滿神采；同時靠著佛法

的薰陶，振華老師放下了對命運的執著，也體悟到「看開」的真諦，唯有「捨」才能夠「得」，不再對兒女過度的要求，發現一切都是因果的安排，就這樣，老師藉由習佛與氣功走出了生命幽谷。

隨緣自在笑看過往

回首過往的一切，振華老師微笑著說她在佛經中得到的超脫：「放下」。這看似簡單的兩字，卻整整背負了二十餘年，一切只因太過執著，不能看透。從佛經經文裡放鬆身心，老師豁然開朗，退了那麼一步，即是海闊天空；如今的生活清閒自在，一周仍需兼四堂課，但空檔之時，老師會選擇運動、散步來讓身心舒暢，「幾乎是在退休之後才知道如何過生活」，「終於可以做自己喜歡做的事」，過去的緊張與辛苦，都將其視爲人生的淬煉，「生活即是生佛」振華老師這麼說。

看著這可親的笑靨，我們幾乎無法與過往的憔悴聯想在一起，走過幽暗的生命，老師藉著宗教與運動來超脫自己，使家庭氣氛更加和諧，整個人也容光煥發。對於女兒的病情，老師抱持著樂觀的心情去看待，以佛教的哲理去思索，則女兒的病也是一段因緣。面對疾病，可以將其視爲「緣分」，和平共存，而非「敵人」，與之相爭；由「執著」轉爲「隨緣」，振華老師的人生風景，亦由顛簸轉爲綺麗，也正呼應那句古語：「境由心生」。

鍾情戲曲至今不改

基於對元曲研究的好奇，我們亟欲了解的是，究竟是什麼樣類型的元曲創作者得到青睞，振華老師思索片刻便說道：「我最喜愛的元曲作家應數關漢卿吧，他的作品內容多爲旦本，能夠確實反映出古代的婦女生活，這當然與他的生活環境以及成長背景有

著密不可分的關係。」她笑著說：「關漢卿是一個風流浪子，時常出入社交場合，發展了許多風花雪月的故事，難得的是他能夠貼近女子的生活，看見其中的不平等處，並替這些社會弱勢發聲。」不僅如此，老師更強調了其作品傾瀉而出的瀟灑氣度，一派任真自得的生活本色，身在官宦人家卻不戀棧功名利祿，不被紅塵俗事所牽絆，此種活在江湖而灑脫塵外的精神，實在令人心嚮往之。

振華老師在言談之中流露出對於戲曲活動的高度熱衷，對於戲曲文化的喜愛不但讓她在大學時期參加了戲曲社團，而有了多次粉墨登台的難得機會，如此的熱情持續延燒，數十年後依然烈焰如熾，不曾消退。

老師面露微笑地說道：「是的，因為對戲曲表演的喜愛，現在我擔任了校內國劇社、歌仔戲社以及崑曲社的指導老師，有機會也上台演出，能夠實際將戲碼搬上檯面，讓自己融入其中，真是一件非常吸引我的事。」至於這三樣地方戲曲的不同之處呢？老師分析說：「國劇走的是較為通俗口語的路線，用意為使群眾都能夠真正貼近，在劇情或表演方式上呈現出完整的生活面貌；歌仔戲則在相較之下具備了高度的活動性，你們可以看到除了主角之外，其餘的配角是更為活潑，對白也較淺白；至於崑曲呢，風格典雅，對白與劇情也深入一些。」

語罷，我們在振華老師舒緩的語調之末，腦海忽忽浮現出白先勇先生近年來新編的青春版牡丹亭，此種老戲新編，既要求確實體現舊日風貌，又必須兼顧現代洶湧的思維浪潮，所要灌注的心力必定更為困難艱深吧？忍不住詢問老師對於現代新編崑曲之看法如何，「比如牡丹亭等，時代的演進讓這些老戲曲也跟著做了調整和改變，為了傳承這些作法都是可以理解的。但是 ── 」她笑了笑：「我還是喜歡傳統的戲曲表演方式，雖然沒有花俏的場景

或俊美的演員，但是我認爲那些前輩表演者數十年的舞台經驗，才是真正能傳達出戲曲精神的關鍵所在。」

史記曲選體現人生

除了曲選之外，振華老師在中文系教授《史記》，她提及了《史記》這類傳記文學的描寫方式，深深地影響了後代戲曲的發展，司馬遷以神來之筆細細勾勒了繁花盛景般多彩的歷史場景，人物的動作、樣貌乃至於整個事件的起伏跌宕都成爲之後的戲曲素材，諸如伍子胥出逃他鄉、霸王別姬的慷慨悲壯……，這些含意深刻的歷史，唯有真正經過歲月歷練、被時間揀選出來的表演者才能體現的吧。

「我之所以喜歡老演員的緣故，也正是因爲他們的人生已被千錘百鍊，生命歷程深深地影響演技發展，時間可以讓情緒的揣摩更加細緻，所以年輕一輩的演員無論天賦多麼出眾，在這點上依舊是吃虧的。」振華老師如此說道，令我們想到昔日曾看過幾部描寫戲園生活的電影，幕中人物從小學習吊嗓等基本功，只爲了有朝一日順利成爲名角，等到終於能夠登上舞台，初試啼聲之時，往往都在顫抖的嗓音中帶有幾分青澀不安，無法將飾演的角色詮釋得淋漓盡致，有待歲月緩慢淘洗著戲角的眉眼與肢體，生命經歷了眾多可解與不可解的悲歡離合之後，方能完完全全地將自身與戲劇合而爲一。

每個人的生命都充滿著悲欣交織的時刻，而振華老師在歷經風霜的數十年間，將自身全副心力放置於家庭之上，縱然難免遭遇失望、沮喪及傷心的時刻，思及人生確實充斥著諸多執念，牽掛難捨，使人心折，雖然捨得二字易寫難行，但確實也正如她所說：「學習放下，所有也就痊癒了。」老師對於戲曲之鍾愛或許也

恰恰爲其跌宕多姿的生命下了最精準的註腳：人生是一齣千迴百轉、劇情難以逆料的戲碼，也許中有險阻橫生，然而亦存在著柳暗花明的燦爛。不再沉溺於一時的困厄與苦痛，學習放下與向前，如此想來，紅塵翻浪，也就有所憑依了。

甘之如飴的耕讀者
── 簡宗梧老師專訪

王皖佳、徐千惠

簡宗梧老師出生於南投，早年畢業於臺中師範學校，任教小學後，又再繼續深造於國立政治大學中文系、中文所的碩士與博士班。並在畢業後接任政大中文系講師、副教授、教授、系主任、文學院院長等。退休後，目前為政大中文系兼任老師。儘管簡老師在學術研究及教學領域上耕耘多年，享有豐碩的成果，但在風光的背後，其實是幾經峰迴路轉的。

環環相扣的研究田地

年輕時由於喜愛文學創作，秉持著這一股狂熱，在高中國文老師陳光棣先生的啟發之下，簡老師進入政大中文系就讀。但是基於經濟因素的考量，儘管擁有足以進入日間部的資格，簡老師卻毅然決然選讀夜間部，以半工半讀方式完成大學學業。

在大學四年期間中，雖然生活有些艱苦，但簡老師仍然寫作不輟，表現活躍亮眼，曾獲得全省文藝創作比賽大專組小說第二名與散文佳作獎。此外在學術研究方面，簡老師更發掘找尋出自己的興趣所在，在文字、聲韻方面亦多有心得與斬獲，於是在服畢兵役後，決定投考政大中文研究所，走上學術研究的道路。

就讀研究所期間，儘管以聲韻學作為論文的題目，很容易陷

入不斷整理龐大資料，卻可能難以提出嶄新見解的困境，但簡老師仍撰寫了碩士論文《經典釋文徐邈音之研究》，以及博士論文《司馬相如揚雄及其賦之研究》，從前者的聲韻學研究，逐漸轉向後者的文學研究，乍看之下似乎沒有什麼相關性，但其實是簡老師發揮小學所長，加上敏銳的文學觀察細胞，以文字聲韻的角度切入，深度觀察剖析漢代的口語文學——「賦體」，藉由觸類旁通，將所學互相貫通，建構出跨領域的研究。

當時漢代賦體的研究其實仍是一塊未開發的處女地。由於在大陸地區，賦體被視爲是資產階級的文學產物，是墮落、腐敗、不知民間疾苦的宮廷文學。研究賦的學者往往也因此受到牽連批判，故於大陸淪陷之後就成爲乏人問津的研究範疇。但因爲簡老師是採取不同以往的聲韻學的視角，以新的研究方法順利帶出許多不同的發現，可說是爲當時的漢賦研究注入了全新的研究面向與生命力，很快地，他在學術界得到了很多鼓勵與掌聲！

在聲韻學及漢賦方面的亮眼表現，並沒有使簡老師因此而停下他的腳步，反而繼續轉往其他學術領域拓展，開墾出一片《左傳》研究的田地。據簡老師自述的機緣，是由於當時在輔仁大學開授《左傳》這門課，因而有機會將教學與學術結合應用，對《左傳》有了更進一步的研究。簡老師源於對文學創作的熱愛，留心於古代以至現代散文的創作，上至《左傳》下至許地山等人的創作，皆有許多精闢的見解研究。而古代的散文與賦的發展兩者間有著十分密切的關係，使得老師能以原有的興趣專長進入新的研究領域而不感艱澀，並且同樣地能展現出與前賢不一樣的立說。

一般而言，中文學術研究的領域可以區分爲幾大塊，許多人視跨領域研究爲艱途，但簡老師卻能以文字聲韻的基礎，秉持著對文學的興趣，而進一步在其研究的耕耘上建構出超於前人的創

見。以辭賦爲中心，發展到古代文學，尤其是散文學，以及研究現代文學。雖然看來頗有轉折，但其中也顯現了不一樣的美麗風景。

曾經造成學生清晨排隊選課的盛況

簡宗梧老師在政大中文系曾開設過許多方面的課程，可說桃李滿天下，儘管近幾年來許多莘莘學子已無緣跟隨簡老師學習，但以往開課授業之事仍舊廣爲流傳，蔚爲佳話。

舉例來說，簡老師碩士班畢業後，本其所長，在系上講授文字學課程，用力頗深，曾將《說文解字》中的字例逐一整理，做成一張張的卡片，一張卡片一個字，在上面寫上該字的小篆、演化等等。在電腦尚不發達的年代，就猶如最原始的投影片，在學生間迴響廣大。由於老師的碩士論文研究是屬於聲韻學，不久後簡老師又轉而開授相關課程，重視應用與了解的教學目標，加上多元教材的細心揀選，使學生受益良多，在政大中文系更是好評如潮。之後簡老師也開授比較有故事性的《左傳》課程，生動的講解，很受學生歡迎喜愛，甚至曾經造成許多次凌晨五、六點學生排隊搶著選課的空前盛況！

快樂人生的辛苦耕耘

受到許多學生喜愛的簡宗梧老師在學生時代和許多「混四年等畢業」的學生不同，家境貧苦的老師自大學時期便一直是以工讀的方式完成學業，還要負責照顧家中的弟妹，中間經歷了許多不足爲外人道的艱辛。但是在訪談當中，簡老師卻自述這一切如今回憶起來都是甘甜的，因爲有辛苦的耕耘才能嚐到收穫的喜樂。無論在求學，還是研究的路上，簡老師都花費了超越一般人

的心血，才能從人生的田地中培養出結實纍纍的豐富收穫，並感謝人生機緣與上天的造就，謙沖的態度與篤實的精神，非常值得後進學習砥礪。

擁有跨領域研究經驗的簡老師，在訪談中所帶給有志從事學術研究學生的相關建議是：要具備「市場性」的觀點。畢竟學術研究貴在創新，不只爲了要得到掌聲、受人注目，更是爲追求研究內容的豐富度與完整性。倘若研究時只將重點放在單一的專業方向上，視野很容易受到侷限，難免變得狹隘。儘管常言道：「多才多藝藝不精，專心一藝可成名。」但是簡老師認爲研究的道路上，也必須藉由博學其他知識，來達到觸類旁通的效果，發展不同的新見解。故簡老師建議同學們，選課之時不要輕易排斥、畫地自限，廣泛的吸收不同師長們的專長，開拓跨領域的眼界，對未來的走向將是很有益處的。

對於簡老師來說，做學問就好像建造一座金字塔，四腳要能廣，塔頂才能建得高。四個支腳要以自己的思考爲基礎，要有自己的特色，不能囿限於前人的治學方向，否則將會一直籠罩在他人的影響之下，很難開拓出自己的能見度。

訪談過程中的殷切叮嚀，以及在治學上的眼光獨到，足見簡老師不是一位守舊的研究者，而是擁有創新精神的學者。這一路走來，無論是艱苦的人生，或是學術研究的辛勞，老師總是欣然承受，並更用心去耕耘、付出，讓自己有限的生命，綻放出無限的美麗花朵！

輯　三

水 滴 石 川

── 尤石川助教專訪

陳 怡 潔

　　褪去高中制服，步入有小社會之稱的大學生活，少了各處室主任們在身旁耳提面命，校園的行政似乎離自己越來越遠，唯有一個單位在大學四年中與我們形影不離，那就是各系所處理行政事務的系辦公室。

　　走進政大中文系系辦，簡單的陳設、為數不多的辦公人員，支撐起整個中文系所的大小事務，系辦按學校制度劃分，研究所業務由蔡明順助教打點；新增的在職進修國文教學碩士學位班，另闢一間辦公室，有張月芳助教坐鎮；大學部則分成三個區塊，林淑禎助教打理學務及學生活動，人事總務由吾家珍助教管理，而與學生息息相關的教務、課務事項，負責處理的便是本篇報導的人物 ── 尤石川助教。

該怎麼辦？系辦幫你辦！

　　學生該如何接近系辦？石川學長認為系辦的存在很單純，是一個溝通師生間問題，重新組織、創造合適教學環境的行政部門，站在系辦的立場，學長希望學生能主動發現自己進入校園學習的問題，並且了解這些問題能否獲得解決，學生必須了解這些行政單位有哪些資源可以使用、去哪裡尋求幫助，主動提出需要

什麼樣子的協助，這些協助是否在可允許的範圍，有了這個前提，才能談到學生對系辦的看法。

說起學生對系辦的看法，石川學長笑著思考了一下，「學生對系辦應該存在一種去取得協助的態度」學長這麼回答。學生到系辦應該是尋求幫助，而非做出要求，系辦雖然是幫助老師和同學的組織，卻是協助的角色，無法解決所有的問題。大學是學習的最後一個階段，之後就要投入社會之中，因此學長認為學生處於小孩和大人之間的尷尬角色，進入大學唯一的目的就是要學會獨立，獨立處理所有的事物，包括課堂上的學習、選課，甚至生活上的瑣事，一直到莫可奈何的時候才去尋求幫忙，這是必要、也是最後的訓練。突破不了這層訓練，在社會上將面臨同樣問題，差別在於大學四年，學生可以重複的犯錯、學習，在社會上恐怕得不到這樣的寬容。

「現在學校對學生太好了，好到有點縱容的味道……」想起這最後的訓練，學長有些擔憂、有些玩笑似的回答，從選課、聽課、成績、求學機會（雙主修/輔系），學校制度的放寬，讓學生擁有許多的自由，卻也使學生失去了許多培養獨立能力的機會，在太舒服的環境內予取予求，「像是自助餐吃久了，吃到後來不會煮飯菜一樣。」石川學長再三憂慮的，始終是學生獨立、競爭力的問題，「以前有太多的限制，逼得你不得不去讀書」，當然這種放寬，也不全然是壞事，在多元學習的口號下，學生能較以前更廣泛的接觸不同領域的知識。

態度決定深度

同是中文系出身的石川學長，他求學時的樣子自然也令人好奇，訪談的過程中，學長鮮少提及自己的事，惟獨分享了讀書的

要領：讀書前，學長首先思考的是讀書的目的，讀這些書要做什麼用？然後才思考用什麼方法去讀這本書，例如中文人爲之色變的聲韻學，學長也不諱言的同意這是個難讀的科目，但是非讀不可，那就用最有效率的方式去讀它，學長的方法是整理出聲韻學中所有難懂的部份，逐一擊破，學通後再回頭看書本，會更容易閱讀，這是針對一些不喜歡而又非讀不可的科目，學長提供的實用小撇步。

學長同時也透露了自己的小心得：如果是一本讓人享受的書，就用閒適的心情去看它；如果是一種語言，就必須集中時間，每天花三到四個小時去讀它，集中在三個月到半年的時間，把語言的基礎弄懂，「因爲你不可能花四年去學一項語言，那就失去了那個效果」，語言和文學的界線往往被模糊，卻又是真實的存在著。

讀書的方法，依每個人的天份、材質、習慣而不同，沒有一定的準則，在學長眼裡，讀書最重要的不是選擇了哪種方式，而是「態度」二字，加上「有恆」這個要件，才是讀好書的基礎。

學術風氣，敬請期待

學長將學術風氣擴大到整個政大來看，一個學校的學術風氣好不好大概可以從圖書館和宿舍知道。學校的學術環境提供的包括硬體設施和軟體，「政大的硬體設施夠不夠，其實我們大家心知肚明（笑）。」學術風氣則屬於軟體的部份，這影響到學生讀書欲望和讀書的態度，學生有沒有主動在唸書、對唸書有沒有熱誠，風氣若形成了，整個政大校園應該處處可見有人在唸書、在研討，會在有限的時間、空間底下，不停的閱讀、討論和思考，學長認爲這種活動是不自覺的在形成，也是學校經營的主要目的，學術

風氣不容易培養，只有有和沒有，沒有好跟壞。

　　「目前看到政大周圍其實是沒有學術風氣的。」石川學長語出驚人的說出自己的看法。不能說政大以後沒有，或是以前沒有，至少目前這個時間沒有學術風氣的形成，我們要看到的是大部分的人在研讀、研討，甚至其他文學性的活動，是同學主動、老師主動，是不刻意安排的，到達這個程度，就是學長認為的風氣形成，現在校園中僅有一小部分的人在做這些事。「但那是可以期待的」，此時學長眼中又透露了希望。

　　提到學術，不免想起前陣子在校園內沸騰一時、教育部所公佈各大學論文數量排名事件，身為政大的一份子，學長也有自己的看法，他認為台灣的基礎教育已經具備（文盲變少了），然而台灣整體對於學術、學習環境要求不算高，論文的數量是以量計算，真正的學術應該看「質」，一篇有價值的好論文勝過五十篇不好的論文，這才是學術的意涵。那麼這份以量做為數據的排名是否沒有意義呢？不同於當時校園內的氣憤，學長認為這份評比仍具有一小部分的意義，台灣正在累積學術的「量」，藉由量的刺激使某些人產生質，創造更有份量的論文，未來那些論文就會取代量。這需要一段長期的時間，畢竟台灣脫離日據時期不過五、六十年的光景，還不足以營造一個地區的文化，起碼要有一百年、在有計畫的前提下進行，現在還看不出這個計畫的朝向，但仍然可以期待台灣未來出現大師級的人物，這些大師級的人物會將台灣的風氣往上提升。

前途錢途，看你怎麼讀

　　不管過去未來，想到中文系，人們的第一個反應多半是「中文系？沒有前途吧？」學長有自己獨到的見解：「進到大學來，究

竟是爲什麼？」哪一個行業真正有前途，每個行業需要的其實不外頂尖的兩、三個人，或許成功就是那百分之一，只是那百分之一可能致富億萬、千萬，讓人覺得這個科系有前途，「把每個系頂端的人拿出來比，就會知道錢途是什麼了。（笑）」只要放在百分之一那邊，中文系當然有前途。

　　大學的規劃分爲兩部份：一是普通大學教育，一是職業培養科系。學術和職業在大學內分的不是那麼清楚，才會出現有些科系一畢業便能得到工作，而認爲該科系特別厲害的誤解；在我們考慮中文系是否有前途的時候，應該反過來想，大學是不是一個職業的培育機構，如果不是，在大學問前途便有些倒因爲果了，該問的是在大學中應該充實到什麼樣的程度才會有前途，大學不是爲前途作準備的，但是可以在大學中準備自己的前途，這不是科系的問題，而在於自己的企圖心，企圖心可以說服所有的人，包括父母、整個社會；對於家人的壓力，學長認爲來自自己的信心和行爲，自己的行爲無法給家人信心，自然無法相信自己的選擇，這個問題會永遠存在，它的存在不是因爲中文系，而在每一個人自己的概念是否清晰。

讀書是一輩子的事

　　從學生到助教，接觸許許多多的師長們，在臥虎藏龍的中文系，哪些老師對學長的啓發最大呢？學長提及了尉天驄老師、唐翼明老師、黃志民老師……等族繁不及備載，其中與學長最貼近的是指導老師 ── 尉天驄老師，尉老師最令學長敬佩的，是老師從沒中斷過讀書這件事情，對週遭知識、環境大量去閱讀、吸收和思考，不侷限於一定的範圍，這是極不容易的一件事，真正做到「活到老，學到老」，大量的閱讀產生大量的創作，在退休的這

幾年，寫出的作品比以往更多、更豐富，學校若有許多老師能像
尉老師這般不斷閱讀，相信學校的風氣會大幅提升。

不設限足跡，走出美麗地圖
── 吾家珍助教專訪

許 育 婷

　　沒有家人的房子，便只是房子；一旦有了人，氣息流轉才成為一個家。不少人總喜歡把系上的大環境比喻為一個家庭，假若中文系是個家，除了師長、學生以外，助教又是另一個閃著不同光芒的角色。

　　在炎熱的中午，玻璃帷幕溢了整室陽光，跟家珍助教面對面的坐著，沒有預設題目，像是談天一樣地聊起來。其中所說的每一句話除了是讓我能夠更了解她以外，也隨她的記憶追溯再次遊歷她的人生 ── 如迷宮般有著曲折與驚險。我們不約而同覺得「真是太不可思議了」！她想不到她當時的勇氣從何而來？我想不到家珍助教居然有這樣不同於現在的安穩狀態。

在狂妄闖盪中尋找出路

　　「我的家庭對我而言是很重要的。尤其是我原生的家庭。」學姐在我按下錄音筆後，認真地說了這一句作為開場。我點了點頭，再怎麼曲折顛簸，總是得從家庭出發，一個家從生活細節累積了最多的時間，密密實實地鍛鑄出生命底色。

　　學姐說她們家是標準的「芋仔蕃薯」，外省籍父親與本省籍母親的結合，省籍之外，年齡也有一段距離。父親軍人式的教育，

嚴厲管教與求好心切加諸孩子身上，最後變成反彈。當她有機會離家時，她便選了一個離家甚遠的學校 —— 淡水工商。

從新營上台北的那天，父親母親跟著她，三個人提著大袋的行李，零零碎碎地塞滿了東西，以為該帶的都帶齊了。直到淡水的低溫來襲時發現沒有一件像樣的棉被。「那個時期的南部小孩上北部，總覺得自己像土包子。一群南部的小孩在一起，四處地玩，書也沒好好讀。」學姐還開玩笑地說，自己以前是個飛女。

「在深夜裡幾個人一起出去，騎著車到處闖。關渡大橋好像才建好不久，沒想到我以前這麼大膽吧！」我腦中浮現了一群人騎著車，在無人的道路上以速度馳騁，看著夜景、說言不及義的話。也許青春帶著有點狂妄的氣味，然而奔放闖蕩的日子，像是為了尋找一條路。

「那時不知道自己的勇氣是哪裡來的，好多事都不知道害怕。只有一次要回淡水，深夜走在地下道裡走了好久，卻一直走不出來。那時我真的慌了。」學姐的父母親擔心得請室友出門，從淡水到台北車站找她。我聽著鬆了一口氣，只見學姐微笑著說：「究竟是怎麼度過的，想想真是不可思議。」講到這裡，我們的談話停了下來，啜了一口飲料，用幾拍的暫停，體會那樣的不可思議。

若不是母親，恐怕早已誤入歧途

人生彷彿是在一座迂迴迷宮裡不斷地行走，不知道下一步為何，沒有固定的路線，只是想走出屬於自己的地圖，找到出口。只不過走得再遠，總渴望一處安寧之所得以棲息。而家便是這樣的安寧之所。學姐說要不是有母親，說不定她早已誤入歧途，不是現在的自己。離家時收到很少提筆的母親為她寫來的一封封家

書，母親對她的關愛，讓她覺得不能離棄與辜負。而父親的嚴厲
雖然讓她想離開闖蕩，但卻也給了她某種激勵，一種亟欲證明自
己的勇氣。

五專畢業後，跟著姊姊來到中文系旁聽，好不容易轉學考上
了政大中文系。旁聽一年的筆記也被補習班蓋了戳章影印成了秘
本，手抄本被同學拿去影印，最後下落不明。這樣的肯定讓她哭
笑不得，還帶點意外。進了政大，身為轉學生，當時系裡一些活
動來不及或沒有投入參與，不免有些遺憾。直到現在當了助教，
看著每一年新進的學生，為各種活動奔忙，分享著年輕的喜悅與
活力，也算是遲到的參與。

然而不同於其他幾位助教，在進入系上擔任助教工作前，家
珍助教曾經做過幾份不同的工作。先是在 sogo 百貨從事文案撰
寫。聽到 sogo 我瞪大了眼睛，「百貨公司？」。學姐笑說在堆滿各
色各樣產品的百貨公司與美工、其他文案設計人才一起工作，周
圍的氣氛愉悅且富有變化，是一份很快樂的工作。

「而且，百貨公司嘛！」我們心照不宣地笑了。只不過日資
股份當時仍多，在文案的要求上便少有發揮的空間，學姐便考慮
轉職。一段時間後，進入台大擔任國科會助理工作，也在這個時
期認識了現在的先生。而國科會的助理工作之後，進入 UDN 聯
合新聞網，專門策劃網頁。報社的工作，分秒必爭的工作節奏，
與婚後的她對於安定的期望拉鋸漸大。

「很奇怪的是，當我下定決心以後，往往就可以得到這樣的
機會。」每天翻閱《中央日報》，關於公務人員的徵聘消息。本身
是校友、曾經在 UDN 策劃網頁，種種的條件，以前在迷宮裡所
走的曲折，給了她另一條路，回了政大。先是在秘書室做校友網
的架設、服務校友。

「校友網雖然什麼都沒有，但相對來說，妳做多少成績就是多少。」在秘書室的生活，對著那些老校友，有時竟也擔任起超級任務般的職責，像是尋人、尋物、補發畢業證書。在接到老校友的電話時，濃厚的鄉音有時聽不太懂，電話那一頭的老人家著急了，有時也不免氣急敗壞。然而一想到這些老人可能與父親一樣，在生命的顛沛流離當中，不過是想要保留一點回憶跟對於曾經的某些依存，也就能多些體諒去完成他們的請託。

沒有設限地讓自己往前走

終於在五年前從秘書室回到了中文系。我很好奇，在助教這個位子看到的老師們是不是跟我們平時接觸的老師形象很不一樣呢？學姐說：「老師們，對我而言都是同事。不過是我的同事裡，素質很高的一群。而老一輩的老師，即使我們當了助教，還是用一種看待學生的眼光看待著我們。」隨即談起有一次託工讀生寫回郵信封的時候，在應用文的格式上出了點錯。老師接到信後，先是稱讚了裡面的文字、條理都很好，然後才提醒了格式上要稍微注意。「如果是在外面的話早就被罵到臭頭了。」我點著頭再同意也不過。

問學姐是如何看待助教這個職務？學姐說助教要做的事情很雜，除了跟系上的老師們聯絡，跟學生、校友也有關係、還有跟校內行政單位的相互聯繫配合，拿起話筒，不知道下一通又會是從什麼地方打來的。這樣可能也是一種成就感，在各種身份、事務交錯的狀態下，將每個細節安頓好。聽著的同時，我不禁想起進系辦時學姐一手拿著電話，一邊用眼神示意將鑰匙遞給我們的忙碌模樣。

「其實這樣的事情不難，你可以照本宣科的做，也可以做到

很圓融很好。」在這個樞紐般的位子上，熟知了每個人的脾氣，也懂得站在不同的角度體諒別人。

「我現在不會把不愉快的事放在心裡，一覺醒來又是新的一天，一切歸零重新開始。」不會睡不著嗎？我問。

「那妳是還沒放下吧。我的朋友常說，都不知道我下一步會往哪裡走，也不知道會走到哪裡？但總覺得不要給自己設限。」學姐曾經投稿到《中國時報》的《浮世繪》，寫出了自己這樣的人生觀。她說她下的標題好像是「迷宮地圖」。

行走迷宮的地圖，或許也曾迷路，也有徬徨，沒有設限地讓自己往前走，每天歸零放輕身上的行李。可能旁人看來是一段曲折的路程，若沒有那樣的軌跡又怎麼能讓一路的足跡走出一幅美麗的圖畫？

時間匆匆，杯裡的飲料見底、冰塊融盡，我們也談到了一個段落。起身拉攏椅子，推門走上外頭的磚道上，各自返回自己的崗位 —— 繼續生活，繼續努力。

百年百年一小萬

── 林淑禎助教專訪

張 淙 哲

　　暮春的午後，我剛結束與學姐的訪談，順道搭了便車一同回山上百年樓。她開得極慢，遇到行人時也必定停下來，待通過後才繼續前進。坐在副駕駛座，我不禁咀嚼著剛才的談話內容，正如同這樣不急不徐的從容，學姐述說了她的人生，平淡而涵蘊著精彩，沖和又帶著熱情，讓我再一次相信了車品即人品這句話，因為就在這種謙讓的行為裡，我看到了中文人的一種氣質。

一波三折尋覓處，政大中文我的家

　　淑禎學姐出生於台中市，是家中獨女，父母的教育程度並不高，但也沒有特別要求自己的女兒努力讀書。也因為沒有特別要求，所以國小時，成績仍在前幾名，但考上了私立中學名校後，便落在了後段。

　　「其實上了這所教會學校對我影響很大。」學姐一面接下送來的餐點一邊說著：「雖然名為美術班，但是因為學風自由，加上很注重心理輔導與日常規範，所以反而感覺不太明顯，所接受的薰陶，對往後的我很有幫助。」

　　到了高中，依然在原中學直升。「大概是待得久了，活動一多，人也油條起來了。」學姐有些不好意思的笑著。在直升以後，

因為高一功課不佳，就被留級，為了不要重讀，只得選擇轉學它去。轉到的是一間私立的綜合高中，然而在辦學上以及日常的規定上，都不如前一所學校，加上學姐雖然喜歡人群，卻不容易適應新的環境，因此壓力驟增。講到這兒，學姐喟然嘆道：「那真是痛苦的日子，雖然老師與同學都對我很好，但是不適應環境，讓我簡直度日如年……。」

隨著話題進行至此，我們各自靜默的吃了幾口飯，讓窗外的陽光曬進來緩了緩頻，然後才由學姐打破沉默：「不過，這樣的際遇，對我來說是重要的人生轉捩點。」

學姐是推甄上政大中文系的，所以當年要不是在那樣的綜合高中，而是在原來的學校，那麼校內成績就不足以推甄，而用考試的方式，又未必會上得了前幾志願的大學。「當年還莫名其妙的拿過獎學金呢。」學姐有些失笑的說著。然而，在那樣的環境中，為了求高升學率，校方並不會鼓勵學生去競爭各大名校，但為何仍毅然決然的選擇政大？

當年就讀的學校有舉辦校園巡禮活動，而學姐雖已轉校，仍可一同前往參觀，甫到政大，就被一片好山好水給吸引了，在繁華都市中，竟有如此幽靜之地，加上校風開放，所以，就做了決定。至於為何是中文系？因為平素就喜好閱讀文學類作品，正好是較為熟悉的領域，加上是家中獨女，家族中又無較長者可以一同討論，就是這樣簡單的理由，推甄上了政大中文系，然後落腳至今。

我愛小萬！我叫小萬！

在系上，可以說沒人有不知道「小萬」這個名字的，但是卻鮮少人知道從何而來。

「大一時受室友影響喜歡一部漫畫，男主角的暱稱就叫小萬，室友掛在嘴邊久了，大家也就這樣稱呼了。」她笑著說：「後來甚至我在當助教的時候，新生只知道小萬，不知道林淑禎是誰。」不過這名號能不逕而走，也應跟大學時代，在系上十分活躍有關係。

大一時，學姐因為適應環境較慢，並沒有參與系上的活動。大一下加入了系上「踏歌」社團（與十九詩坊類似，主要針對現代文學，現在已不復存在），大二接了話劇之夜，從此開始了與系上為伍的日子。大三上接系總幹後，為了號召大家參與，也參加了文化盃與詩詞聯吟。

看著學姐如數家珍的回憶著，我不禁問道：「那麼在大學之中，最令妳滿意的活動是什麼？」

沉吟了許久，學姐才緩緩答道：「大概要算畢業同樂會吧。」畢業同樂會大概是幫自己送舊的活動，有靜態的展覽，與動態的活動。她們蒐集了話劇之夜、迎新宿營、啦啦隊等片段影片、以及各種獎盃、老師及同學們的老照片、同學們的作品都一同展出。「這就不是我在說了！」學姐愈講愈興奮：「因為也許平常不知道這位同學有這項才能，但藉由這次的展出，使得到了大四時可以重新認識這位同學，場面十分溫馨。」

也許在系上的耕耘，在此活動中做了完美的總結回顧，所以令人如此難忘吧，我一邊津津有味的聽，一邊這麼想著。

「其實我還參加過崑曲社。」小萬學姐像恢復當年青春一般，神采奕奕的說著：「還有在外演出過呢！」

當年崑曲社跟現在一樣，演出都是在外，有一次跟國光劇團借場地，但是演出到一半斷電，後來只好重演一次；學姐也有在藝教館演出的經驗，雖然只是跑龍套，飾演小兵或船伕，但是卻

是讓人永生難忘的經驗。「雖然主角不是我，但是能一同正式演出，實在與有榮焉。」不過後來因為系上的事務繁多，就沒有再持續下去了。

除了課外活動，在課業上，最令學姐喜愛的依然是戲劇：「本來我以為影響最深的是現代文學，但是現在想起來是戲曲類的課。」當年大一甫進中文系，就修了蔡欣欣老師的古典戲曲，上了才知道是大四的課。上課時需要另外去看戲，然後課堂上自由討論。「有點像三姑六婆在七嘴八舌。」她開玩笑的說：「但其實在當中仍看出學長姐們在評論背後的學識，同時也感覺到大學自由開放的學風，每個意見都會被尊重。」這種吾愛吾師、吾更愛真理的討論，加上中文系敦厚的風氣，的確讓人神往。

我不介意當萬年助教

大學四年畢業後，先是實習老師，出版社編輯，然後再回來擔任助教。「我喜歡實務性的工作，」學姐說：「而且也不喜歡空擺著的感覺，所以像我禮拜五實習完，週一就轉去出版社；出版社工作做到二月二十八日，三月一日就到政大來報到了。」一來是在任系總幹時便接觸許多系上事務，二來又是熟悉的老師及學弟妹們，所以做起來駕輕就熟。

「題外話。」學姐突然插了一句進來：「有一次我還曾經被公車司機問過薪水，然後笑說才四萬，不如來當司機。」不過當被問到這份工作時，她說：「我不介意當萬年助教。」以前的助教可以進修升等就任教職，現在的助教就只是行政職的身份。但是在系辦之中，可以做最喜愛的行政工作，又可以與可愛的老師與學弟妹相處，因此學姐也期許自己「希望過了二十年都還可以用一樣年輕的心為大家服務。」

　　講到這裡，時間也接近尾聲，我趕緊問了最後一個問題：「請問學姐對學弟妹有什麼期勉？」她思索再三：「要對自己有信心，培養興趣然後勇敢前進。」接著又補充說：「像現在很多人有輔雙，或者為了躲避出社會而延畢，但是其實就我的觀察，政大中文系畢業的學生出社會都十分傑出。不管是哪一方面，都不要渾渾噩噩，就算轉系也好，一次做一件事。像我去日本玩，看到他們敬業的態度，樂在其中，不管職業貴賤都令人肅然起敬，這樣的人生也才會有價值。」

　　餐廳換了一首曲子，是小提琴演奏的聖母頌，輕柔而又神聖。我們在門口與羅宗濤老師題字的楹聯一同拍照，似乎也呼應著一種中文系世代相傳的莊嚴與平和氣氛。

個性影響事業選擇
── 張月芳助教專訪

許慧珊、葉麗儀

　　政大八十，大衍百年，幾日校慶激情後，來到寂靜的百年。此時，午，三時零五分。我們站在 0308 教室門口，戰戰兢兢的，大口深呼吸，準備踏入時，她卻突然出現在我們身後，熱情的跟我們打招呼，原來，她就是我們今天要採訪的對象，國文教學碩士學位班的助教 ── 張月芳學姐。

　　初次見面，寒喧一番。才知道，張月芳學姐，是五年前於政大中文系畢業的校友，但到系辦當助教，卻是三年前的事。這時，學姐開始侃侃而談她畢業後的發展。大學時期，學姐除了中文系以外，也兼修教育系輔系，所以畢業後，就被分派至木柵國中，當了一年的實習老師。即將於畢業後到新加坡任教的麗儀，一聽到學姐提及她曾當過中學老師，立刻抓緊機會向學姐討教。於是我們的訪談內容，就從學姐實習的那一年說起……。

良心事業的開始 ── 實習老師

　　開始不易，堅持更難。一個班三十幾個學生，每個人都有不同的家庭背景，不同的思考方式，但是，處於同一班時，所產生的問題卻是連貫性的。比如某學生的問題，是因為其個人的家庭因素，但在其與人相處上，卻會影響到周遭的其他學生。所以，

老師在面對班上的某些問題時，不能只是個別處理。而要如何處理才算得當？學姐認為那是身為老師的最大難處。

月芳學姐用「公司」一詞來比喻一個班級。「公司」會盈虧，就看其經營方式如何。「班級」的好壞，就看老師的「經營方式」，而每個老師的「經營方式」是依據其個人良心所決定的。所以，「老師」是一份責任重大的良心事業。

問及關於實習的感想時，學姐如此徐徐道出。

聽了感想後，我們好奇的問，學姐為何不繼續從事教學工作？她告訴我們，其實在實習後的那一年，曾經嘗試去考取教師證，但後來發現自己溫和的個性，更適合從事行政方面的工作。於是，她應徵上了政大國教碩辦的行政助教，至今已三年。

個性影響事業選擇 ── 行政助教

了解自我，明確方向。能找到一份自己既適合又喜歡的工作，是非常難得的。當我們知道學姐目前非常滿意助教這份工作時，我們也替她高興。當她提到，國教碩辦與中文系辦是分開、獨立作業的，我們不禁好奇起來。學姐便開始耐心的為我們解釋。國教碩班成立於民國八十八年，迄今已八年，教學性質屬在職專班，招生對象為已取得中等學校國文科合格教師證書，且實際專任國文科年資累計滿二年以上之現職公私立中等學校國文科專任教師。上課時間，主要安排於學期中之隔週星期六、日上課。國教碩辦助教一職的約聘方式是採一年一聘，即每年續約一次。

月芳學姐的工作性質，也跟傳統的儲備師資助教不同，她們就只是單純的行政助教，專門處理行政上的事務。而學姐在國教碩辦的主要職務，除了處理一切學生面臨的課業上的問題之外，還必須扮演時時提醒他們，或幫他們處理些瑣碎事務的角色。那

是因爲國教碩班裡都是在職的，甚至已有家庭的學生，忙碌的生活，難免使他們容易疏忽。學姐也提到，他們在職學生與我們一般學生最大的不同，就在於他們較爲成熟，但也較迷糊。

　　學姐所要處理的事務，聽起來似乎沒什麼難度，但因爲瑣碎，所以需要非常細心的人。學姐不但能勝任，而且無怨無悔的，在此工作了三年，目前並無轉換跑道的念頭，我想，是與其溫和細膩的個性有關。

　　聊完了學姐的工作內容，認識了工作上的學姐後，因爲年紀相仿，學姐又主動跟我們提及我們也認識的一位已畢業的學姊，於是，我們就開始聊起學姐的大學生活並認識私底下的她。

宜動宜靜 ── 大學的她

　　聊起學姐的大學生活，她多次提到了當時系上的排球隊。學姐主動跟我們提及的那位跟我們同是僑生的學姐，也是月芳學姐在大學時參加系上排球隊認識的。問及學姐大學時的美好回憶，學姐說她最懷念的，是球隊時的練習時間。比起班上的同學，學姐坦承，與球隊的隊友之間的關係更好。我們實在沒想到，眼前這位讓我們感到非常親切、溫文儒雅的學姐，在大學時，是一位好動的運動者。

　　另外，當我們問及學姐關於對政大中文系的看法的時候，學姐認爲，中文系的老師，都很和藹可親，很關心同學。而中文系的學生，無論是她大學時候，或是現在，依然會有部份不愛上課的同學，只是時代的不同，大家不愛上課的理由，也不一樣了。所以，學姐在最後與學弟妹們共勉的話，是要大家不要花太多時間在沒有意義的事情上。

多樣的休閒生活 ── 私下的她

助教的工作時間是穩定的，所以學姐平日的休閒時間也頗固定。問及學姐，如何運用自己的空檔時段，學姐笑著說她曾學過語文、上過佛朗明哥舞蹈課程。學姐可以有自己的時間去做自己想做的事，隨時可以開始另一個新的學習，這已是讓我們非常羨慕的。

在訪問快結束之前，麗儀不好意思的問出了關於學姐的感情生活一事。而學姐的答案更讓我們稱羨不已。原來，學姐已有一交往長達十年的對象，兩人感情非常穩定。就在這時候，我好奇的問起了學姐的星座。沒想到，她的答案，又讓我們驚喜一下。因為，學姐竟然跟我們兩人都是屬於同一星座的。這時的我們，聊起了我們的星座，聊得更是起勁。

不知不覺的，我們耽誤學姐快兩個小時的時間了。眼看學姐下班的時間已到，我們就想趕緊結束我們的訪問。在最後，我們請學姐分享她為人的座右銘，及她有什麼話想對我們系上的學弟妹和老師們說，來作為結束。

開心就好 ── 與大家共勉

心安理得，把事情做好，不要鑽牛角尖，活在當下，開心就好！這一句話，雖然是學姐想與大家分享的做人原則，但學姐說，其實她自己本身，也還不能完全的把這一句話做得最好。所以，她是希望以此與大家共勉，讓自己可以做個開開心心的人。對於系上的學弟妹們，學姐希望大家不要花太多的時間在沒有意義的事情上。至於對系上的師長們，學姐希望老師們，在埋頭鑽研知識的同時，一定要多多休息，好好注意自己的身體健康。

　　五點左右，在百年樓三樓國教碩辦，我們終於結束了長達兩個小時的探訪。再三的謝過學姐之後，我們因完成了探訪，心情愉悅的徒步下山。

百年一晃十三載
― 蔡明順助教專訪

曾 覺 瑩

　　我拎著與法籍友人未完的對話晃進系辦，被初夏午後悶得有點煩躁，加上並沒有採訪的經驗，緊張的心情連優雅的法語都被我說得十分粗魯而兇暴，「aurevoir, a jeudi」掛斷電話，踏入研究所辦公室，沈靜的棕色裝潢還有在那等候我的學長帶著笑容的眼神讓我的情緒平緩了下來。茶香溫潤，輕啜一口茶，開始我的訪問。訪問過程十分順利，學長的語氣輕鬆自然，時而使我莞爾一笑，時而又對學弟妹諄諄叮嚀，在我返家重複聽錄音檔時，也能充分感受出他對工作的敬業，對老師的尊敬，與關心學弟妹如同兄長的用心。

我算對得起自己的助教職位

　　復興高中畢業，後來就讀政大中文系的明順學長，是家中長子，下有兩個妹妹。雙親在 2000、2001 年相繼過世。

　　進入中文系的原因其實並沒有很複雜，「選填志願時，把台北市的學校填在前面，所以就到系上來了。」大學時代的明順學長，參加的是彩虹社，此彩虹非彼「采虹」，是與國民黨有關的一個社團，但學長也只有在大一、大二時幫忙辦過幾次活動。所以學長力勸學弟妹，大學時代可以多參加社團，對磨練自己的脾氣、

性格很有幫助，在日後求職工作人際關係上也會很有助益。另外，在當時，教育輔系（也就是現在的教育學程）門檻較現在低，取得教職的機會也相對容易，學長當時也修習了這門課程。「回想起來，在大學時代最遺憾的事情，大概就是沒有修完教育輔系」，學長只修了其中三門課，「因為課程和我所期待的不同，而且我覺得自己的個性不適合教國中學生，比較適合做行政工作。」我環顧辦公室，從有條不紊的公文以及整潔的擺設看來，學長對自己的特質的確相當了解。

　　1994 年底，剛好系上有個助教缺，馮藝超老師便介紹學長回到系上工作，就從那時起在系上服務至今。在回到系上服務之前，學長只在金石堂當過半年的副店長。

　　在系上服務這麼久，難道沒有想要繼續進修的念頭嗎？我向學長提出我的疑問。學長笑稱因為自己可能不夠認真，專注力不夠，以致一直未能考上，「雖然許多老師都期待我能像石川學長一樣，在系上讀完研究所，接著就留下來當老師。」除了中文所之外，學長也曾經報考過南華大學第一屆甫成立的美學與藝術管理研究所，但也沒有錄取。「繁忙的行政工作是沒有考上研究所的好藉口」學長笑著說。「學弟妹以後如果工作之後想要回來讀研究所，恐怕需要比我更多的耐心及用功才有可能。」

　　我接著問學長是否曾經想要轉職，畢竟在這個位置上做了十三年，倦勤是很自然的事情。「現在年紀一大把了，要怎麼去外面找這麼穩定的工作？」想想助教職位的確非常穩定，「目前為止，雖然經歷過許多主管，和不同的老師同學相處，我覺得我算對得起自己的助教職位。」

　　研究所助教並不像大學部的助教和學生互動頻繁，「他們都還蠻怕接到我的電話的」。學長說，往往和學生有所接觸的時候，

大多是學生發生了一些問題,「通常是可能無法在學校規定的時間之內畢業」,或是只能從側面得知學生的消息。加上研究所的學生自主性也比較強,所以關係也沒這麼親密。

看到我的小貓會讓我心情好一點

我隨口問了一句「那學長有結婚嗎?」學長促狹的說,「現在沒有,以前也沒有。」我不禁為之莞爾。「目前也沒有交往對象,所以應該不會突然發帖子去轟炸大家。」跟我想像的反應不同,學長回答這種話題的態度輕鬆而愉快。

接著我請教學長平常的興趣,例如喜歡讀的書,或是音樂、休閒活動之類。

「我會看美國職棒,只要有台灣球員在的球隊比賽我都會看」,所以想必學長也是小王的支持者了。我也好奇,學長是否也會如同某些瘋狂的球迷,半夜群聚替球員隔海加油,「那已經不屬於我這個世代了」,學長幽默的說。也對,畢竟工作為重,熬夜看球畢竟有隔天爬不起床的危險。「在以前職棒還比較風行的時候,我曾經跟著兄弟象跑遍全台灣。不過到兄弟象三連霸以後,戰績不見起色,我就只待在家裡看轉播了。」學長也曾經迷過傳統戲劇,不過在父母過世之後,就比較難重拾之前的熱愛。

喜歡旅行,經常利用休假時間到日本、香港走走。有時生日或是想散散心,便趁著假日飛到東京。也曾經到名古屋參觀過愛知博覽會。2004 年的春節,學長更是在北海道與妹妹們共度。也曾經飛到香港,特地去看音樂劇 Mamamia。

學長的生活十分單純,「除了上班,我下班就是回家陪我的四隻小貓,看到牠們讓我心情好一點」。我問是否挑選過貓的品種。「有在動物醫院認養的,也有在停車場撿到帶回家養的。」

系上老師多的是挑嘴的老饕，我問學長也是否常常跟著他們四處尋找美食？其實我是私心想請學長推薦幾家好吃的餐廳去嚐嚐。「我以前會跟著馮藝超老師、鄭文惠老師、張惠珍老師去吃飯，但自從今年起，學校改採網路簽到之後，時間就變得比較不自由，加上大家都忙，就沒有跟著他們了，而且我也不是很挑嘴的」。

中文的訓練是未來事業發展的基礎

訪問即將進入尾聲，我很想知道學長是否對學弟妹能夠提供點什麼期許或是建議。

學長再次強調團體活動的重要，多參加團體活動有助於變得更加圓融，以及在出社會之後與職場的人相處。他謙虛的說，這還是至目前為止，努力修煉的一個目標，並且謙稱自己在這方面還需要多多加強，因為每個階段都有當時必須調整面對的一些挑戰、課題。學長還鼓勵學弟妹如果還有時間，就盡量多參與社團活動。學長也提到，不知道是否大學部學生也如同研究生，可能有經濟上的壓力，需要打工以供應己身需要，他順便提醒學弟妹，學生的本分還是要優先當作考量。同時，他也提出「社會上文憑主義依舊掛帥」的觀點，所以希望學弟妹能夠盡量攻讀到碩士學位，以助於能夠有更好的工作機會。關於研究所，學長指出，中文系的訓練，可以當作日後往其他領域發展的一個基礎，也可以從輔系、雙主修的科系去尋找自己未來可能發展的方向，屆時就會發現，中文系的訓練將會為工作帶來極大的裨益。